Para John Campbell

LOS 50 ACONTECIMIENTOS FINALES DE LA HISTORIA DEL MUNDO

Las palabras de la Biblia
sobre los últimos días de la Tierra

ROBERT J. MORGAN

PATMOS

Los 50 acontecimientos finales de la historia del mundo

Publicado por Editorial Patmos,
Miramar, FL 33025

Publicado originalmente en inglés por W Publishing, una editorial de Thomas Nelson, Nashville, Tennessee, con el título *The 50 Final Events in World History* © 2022 Robert J. Morgan.

Traducido y editado por Grupo Scribere: www.GrupoScribere.net
Diseño de portada e interior por Adrián Romano.
Revisado por Regina Romano.

ISBN: 978-1-64691-285-8

Categoría: Comentario bíblico / Escatología

Impreso en Colombia | *Printed in Colombia*

Contenido

INTRODUCCIÓN

El curso de nuestra época

Cada día el sol sale y se pone. Así queda registrado otro fragmento de la historia en el pergamino de nuestro tiempo. La Tierra, esa pequeña canica azul suspendida en la inmensidad de un universo lleno de lentejuelas, gira sobre su eje mientras sus habitantes se aferran a la vida. La gente tiene miedo. Hay desorden en el mundo y ¿quién sabe lo que nos ocurrirá a nosotros y a nuestros hijos? ¿Quién sabe lo que nos deparará el mañana?

El Dios Todopoderoso lo sabe.

Él sabe lo que nos espera. Lo sabe perfecta, instantánea, total y omniscientemente. Conoce el futuro tanto como el pasado, y la descripción de sus planes se encuentra en las páginas de su libro. El Creador inteligente es un Comunicador infalible, y ha llenado su palabra con asombrosas predicciones.

Estoy convencido de que hechos que siguen un curso extraordinario están a punto de manifestarse. Los acontecimientos mundiales no se dirigen hacia el caos, sino que avanzan hacia la culminación y la consumación. Hay esperanza para el mañana, y hay esperanza para ti y para los tuyos. La sucesión de crisis se va entrelazando con las palabras de la profecía bíblica, como dos poderosos ríos que se unen y provocan una inundación imparable. No obstante, para los hijos de Dios, esta no es una inundación que nos barrerá, por el contrario, ¡nos levantará!

Necesitamos esa esperanza inspiradora. Todas las personas que conozco parecen estar sumamente estresadas. Las nubes de un cataclismo global se ciernen sobre los exigentes detalles de la vida cotidiana. Vivimos tiempos peligrosos. El mundo siempre ha sido un caos; sin embargo, desde los tiempos de Noé nuestro frágil planeta no se había enfrentado a peligros tan inminentes y existenciales como en la actualidad. Las amenazas nucleares, económicas, tecnológicas, filosóficas, morales, políticas, biológicas, víricas, medioambientales y de otros muchos tipos, pueden causar calamidades de proporciones bíblicas en el mundo. Ese es el tema de este libro.

En estos tiempos, cuando las noticias de última hora nos golpean a la velocidad de la luz, es vital comprender la profecía bíblica y tener un sólido conocimiento de las últimas palabras de la Escritura sobre el fin de los tiempos. Como ninguna generación anterior, necesitamos comprender el contenido del Libro de Apocalipsis, que comienza con estas palabras: «Esta es la revelación de Jesucristo, que Dios le dio para mostrar a sus siervos lo que sin demora tiene que suceder» (1:1).

¿Yo?

Tal vez estés pensando: *¿Yo? ¿Estudiar Apocalipsis?*

Por supuesto que sí. No hay nada más emocionante que conocer el mañana de antemano, sobre todo cuando el mañana viene hacia nosotros con problemas nunca antes vistos. ¡Qué emocionante es estar en el acantilado de la profecía, y mirar a través de la niebla los misteriosos días predichos en el libro final de la Biblia! La historia avanza en una sola dirección, nunca hacia atrás, siempre hacia adelante, hacia su final prestablecido. Avanza implacablemente hacia el mañana, ajena a las catástrofes y los cataclismos que surgen a su paso.

El doctor J. Barton Payne, biblista y profesor de seminario, quien formó parte de los comités de traducción de la *New American Standard Bible* [Nueva Biblia de las Américas] y de la *New International Version* [Nueva Versión Internacional], analizó las partes proféticas de la Escritura y calculó que, de los aproximadamente 31.000 versículos de la Biblia, más de 8000 contienen profecías predictivas: 8352 versículos para ser exactos. En otras palabras, alrededor del 27 % de la Biblia tiene características proféticas. Algunas de estas profecías son predicciones históricas y mesiánicas que ya se han cumplido; sin embargo, muchas siguen señalando hacia el futuro, entre ellas gran parte del material del último libro de la Biblia, Apocalipsis.[1]

Puesto que la profecía es un tema que interesa a Dios, y al cual dedica parte de su Palabra, debería intrigar nuestra mente y emocionar nuestro corazón, sobre todo en estos días de gran tensión. Los demás libros de la Biblia conducen a Apocalipsis. Dios decidió concluir con él la Sagrada Escritura. Los 65 libros anteriores preparan el camino para los 22 capítulos que componen el Apocalipsis de San Juan, el libro 66 y final de la Biblia.

Sin Apocalipsis, la Biblia no tendría una conclusión satisfactoria. Terminaría con el Libro de Judas, que es una epístola maravillosa sobre la defensa de la fe, pero no es un texto que anuncie los planes de Dios para los tiempos y la eternidad.

Apocalipsis es el destino hacia donde se dirige el tren de la historia, y a bordo nos encontramos todos. Los acontecimientos que describe son inminentes. Por eso me motiva tanto estudiar Apocalipsis y enseñar sus verdades a los demás. Me da confirmación, respuestas, seguridad, ilusión, me llama a actuar y me hace más fuerte al dar testimonio de Cristo en mi época.

Me preocupa mucho pensar que quizás el 80 o el 90 % de los cristianos, incluso los que llevan años asistiendo a la iglesia, se sienten desconcertados al leer Apocalipsis. En cierto modo es comprensible, pues el libro está lleno de imágenes apocalípticas. No obstante, ningún cristiano en crecimiento puede permanecer así. Hoy, como nunca antes, ¡necesitamos las respuestas de Dios sobre nuestro futuro!

Mi objetivo es desmitificar Apocalipsis para ti. Es un libro extraordinario, lo he estudiado durante cincuenta años y lo he enseñado muchas veces. He llegado a la conclusión de que la forma más sencilla de entenderlo es tomarlo de la forma más literal y secuencial posible. Con este enfoque, pienso que puedo ayudar a que todos comprendan su contenido.

El último libro de la Biblia no se llama *Oscuridad* ni *Desconcierto* ni *Ambigüedad.* Se llama *Apocalipsis,* palabra derivada de un término griego que significa *revelación,* porque Dios quiere *revelar* su futuro a sus hijos. Esta es la consumación final para la cual se dio toda la Biblia y hacia la cual avanza toda la historia. Es la gloriosa esperanza que tiene todo hijo de Dios.

Es hora de que entiendas este libro desde su primera frase hasta su último versículo.

Es momento de conocer los 50 acontecimientos finales de la historia del mundo. No puedo decirte cuándo comenzarán a suceder estos acontecimientos. Puede ser antes de que termines de leer este libro, o puede ser dentro de 10 años, o dentro de 100 años o más. Jesús expresó: «—No les toca a ustedes conocer la hora ni el momento determinados por la autoridad misma del Padre...» (Hch 1:7). Pero *sí* nos corresponde a nosotros estudiar su Palabra, incluido su fabuloso libro final: Apocalipsis.

¡Él!

Para mantener una mente sana, necesitamos ilusión, expectativa, aguardar algo con ansia. La ilusión es el secreto de la esperanza, y la esperanza es la clave de la salud mental. Ya sea terminar un tratamiento médico, realizar un viaje largamente planeado, esperar el nacimiento de un bebé, hacer planes para la graduación o acercarnos a un gran logro, necesitamos un acontecimiento futuro que nos haga seguir adelante. Con Cristo, no es solo un acontecimiento futuro lo que esperamos; esperamos a un Rey que está por llegar. Hoy más que nunca necesitamos a *Alguien* a quien esperar con ansia.

En Apocalipsis, encontramos a Jesús como nunca antes lo habíamos visto: como un Rey entronizado en la gloria. Camina entre candelabros de oro, preside las épocas de los tiempos y de la eternidad y resplandece como el sol. Recibe las alabanzas de millares, regresa a la tierra como un héroe vencedor y reina para siempre como el León, el Cordero y el Señor de todo. Apocalipsis da el toque final a la representación bíblica de Jesús, y nos permite verlo tal como es en su estado eterno, como la raíz y la descendencia de David, la brillante estrella de la mañana, el Rey de reyes y Señor de señores, y la fuerza que ilumina la nueva Jerusalén.

Nuestra concepción de Jesús está incompleta sin las descripciones de él en Apocalipsis.

Nuestra concepción de Jesús está incompleta sin las descripciones de él en Apocalipsis, y al estudiar estos 22 capítulos, lo verás de una nueva forma y lo amarás con un mayor reconocimiento por todas las glorias de su persona y su posición de suprema autoridad.

Por eso me encanta el Libro de Apocalipsis. Trata de Jesús, y trata del mañana, que llegará según lo previsto. No puede apresurarse ni retrasarse, llegará a su tiempo estemos o no preparados. Para quienes conocen y comprenden el último libro de la Biblia, vale la pena pensar en el futuro. Vale la pena estudiar los acontecimientos de Apocalipsis. En realidad, nuestra vida recibe grandes bendiciones cuando dedicamos nuestra atención a los increíbles 404 versículos que lo componen. Este es el único libro de la Biblia que comienza y termina pronunciando bendiciones especiales para quienes estudian, entienden, obedecen y comparten su verdad.

> *Dichoso el que lee y dichosos los que escuchan las palabras de este mensaje profético y hacen caso de lo que aquí está escrito, porque el tiempo de su cumplimiento está cerca.* (1:3)

> *«¡Miren que vengo pronto! Dichoso el que cumple las palabras del mensaje profético de este libro».* (22:7)

Hagamos nuestras estas bendiciones mientras recorremos las páginas de Apocalipsis y descubrimos la hoja de ruta profética de Dios para los días venideros de aventura y apocalipsis, días que pronto engullirán nuestro mundo y darán paso a las interminables edades de la eternidad.

Cómo aprovechar al máximo este libro

El objetivo de este texto es desmitificar el Libro de Apocalipsis, ayudándote a comprender y aplicar su contenido. Permíteme sugerirte que consigas un buen ejemplar de una traducción moderna de la Biblia y un lápiz de punta fina o un bolígrafo que no traspase las páginas, y que luego hagas lo siguiente:

1. Traza líneas divisorias entre los siguientes capítulos:
   - Capítulos 1 y 2: el capítulo 1 se identifica como el prólogo del libro, así que puedes escribir la palabra *Prólogo* sobre el

capítulo 1. Sobre el capítulo 2, escribe: *Mensajes a las siete iglesias.*

- Capítulos 3 y 4: sobre el capítulo 4, escribe: *Adoración en el cielo.*
- Capítulos 5 y 6: sobre el capítulo 6, escribe: *Primera mitad de la tribulación.*
- Capítulos 11 y 12: sobre el capítulo 12, escribe: *Momento intermedio de la tribulación.*
- Capítulos 13 y 14: sobre el capítulo 14, escribe: *Segunda mitad de la tribulación.*
- Capítulos 18 y 19: sobre el capítulo 19, escribe: *Regreso de Cristo y reino de mil años.*
- Capítulos 20 y 21: sobre el capítulo 21, escribe: *Nuestro hogar eterno.*
- Estas son las divisiones principales de Apocalipsis. Mantén tu Biblia abierta a tu lado mientras lees *Los 50 acontecimientos finales de la historia del mundo.*

2. A medida que vayas leyendo los 50 acontecimientos finales, numera cada uno de ellos en el margen de tu Biblia. Esto te ayudará a seguir el desarrollo del libro.
3. Mientras lees, pídele a Dios que te ayude a comprender el significado de Apocalipsis y cómo aplicarlo. Una oración adecuada es: «Ábreme los ojos, para que contemple las maravillas de tu ley» (Sal 119:18).

PRIMERA PARTE

El punto de partida

Apocalipsis 1–3

CAPÍTULO 1

El código oculto para entender Apocalipsis

Hace unos años, cuando realicé un agotador viaje a Branson, Missouri, para dar una charla, le pedí a mi pasante universitario, Carson, que me acompañara y me ayudara a conducir. En Branson, hablé varias veces, luego nos abrochamos los cinturones de seguridad y condujimos de regreso a casa.

—Ya que estaremos siete u ocho horas de noche en la carretera, ¿de qué te gustaría hablar? —le pregunté.

—Quisiera entender el Libro de Apocalipsis —respondió Carson—. ¿Podrías explicarme cada capítulo mientras conduzco?

Metí la mano en mi mochila, saqué la Biblia y leí sus últimas 20 páginas. Empecé con Apocalipsis 1:1, y fuimos analizando los 22 capítulos mientras conducíamos durante toda la noche. Al hojear un capítulo tras otro, y leerlo en voz alta, versículo por versículo, vi algo que nunca antes había notado. Me asombró no haber notado antes con tanta claridad un patrón concreto en el texto.

En mi opinión, lo que descubrí es la clave para descifrar Apocalipsis, aunque no es algo original mío. Muchos estudiosos lo han señalado antes; es una de las características más evidentes del libro. Sin embargo, nunca lo había notado antes de aquel largo viaje en coche con Carson.

Al día siguiente, cuando viajé para dirigir una gira por Israel, me llevé la Biblia y reflexioné sobre Apocalipsis durante todo el trayecto. De pie en el monte de los Olivos, con su extraordinaria vista de Jerusalén, reuní a mi grupo y les enseñé tan claramente como pude lo que la Biblia predice sobre el futuro. A lo largo del viaje, no dejé de pensar en el contenido de Apocalipsis, y se fortaleció en mí la convicción de que el libro tiene un orden sencillo que a menudo se pasa por alto.

Creo que aquí está la clave para descifrar el texto y desentrañar su verdad. Existe un orden alternante de un pasaje a otro a lo largo del libro. La escena cambia del cielo a la tierra y de la tierra al cielo. La acción fluctúa entre lo que ocurre abajo y lo que ocurre arriba. Es como si un reflector de teatro girara rítmicamente hacia arriba y hacia abajo, y transmitiera ideas desde el cielo sobre los acontecimientos de la tierra. Al comprender esta estructura, podemos aprender a interpretar no solo los acontecimientos futuros, sino también las circunstancias presentes a la luz de la sabiduría del cielo.

La estructura subyacente de Apocalipsis

Permíteme mostrarte de forma abreviada cómo se manifiesta esto a lo largo de Apocalipsis. Si quieres puedes abrir tu Biblia y verlo por ti mismo con los siguientes puntos como guía, o puedes examinar estos puntos y comprender fácilmente la estructura. No te preocupes por el contenido de cada pasaje. Nos ocuparemos de eso más adelante. De momento, fíjate en cómo el punto de vista va y viene del cielo a la tierra.

- **En la tierra: Juan en Patmos (Ap 1:1-11).** La acción comienza en la tierra cuando Juan describe su destierro a la isla de Patmos, utilizada como colonia penal. Al ser Juan el último superviviente de los doce apóstoles originales, su presencia en la ciudad de Éfeso era problemática para los funcionarios romanos, por eso lo desterraron a esta pequeña isla del Egeo.
- **En el cielo: el Cristo glorificado (Ap 1:12-20).** En Apocalipsis 1:12, la escena cambia al cielo, donde Juan ve a Cristo glorificado. Juan escribió: «Me volví para ver de quién era la voz que me hablaba y, al volverme, vi [...] alguien "semejante al Hijo del hombre"...» (Ap 1:12-13). De repente, Patmos no parecía un lugar tan malo, pues estaba iluminado por el cielo.
- **En la tierra: las siete iglesias (Ap 2:1–3:22).** En el capítulo 2, la escena vuelve a la tierra y a la situación de las siete iglesias en el

circuito de congregaciones de Juan, situación que se describe en Apocalipsis 2–3.

- **En el cielo: el trono al comienzo de la tribulación (Ap 4:1–5:14).** A continuación, la acción se traslada de nuevo al cielo y al futuro. En los capítulos 4–5, Juan es testigo de la gloriosa celebración que tendrá lugar cuando las huestes celestiales aclamen el inicio de los acontecimientos que conducirán a la segunda venida de Cristo. Estos dos capítulos describen la adoración más grandiosa que encontramos en toda la Biblia, aunque también representan la escena de un tribunal en el que Dios se prepara para juzgar el mal en la tierra.
- **En la tierra: los siete sellos (Ap 6:1–7:8).** El centro de atención vuelve a la tierra en Apocalipsis 6–7 cuando se abren los siete sellos, y se nos muestra el curso de los acontecimientos que forman la primera parte del período de la tribulación. Comienza el derramamiento del juicio.
- **En el cielo: la gran multitud (Ap 7:9–8:5).** Una vez más regresamos al cielo para ver la gran multitud de ángeles y mártires de la tribulación alrededor del trono de Dios.
- **En la tierra: las siete trompetas (Ap 8:6–11:14).** En Apocalipsis 8:6, el centro de atención se desplaza de nuevo hacia la tierra para mostrar los acontecimientos que se desarrollan allí durante el toque de las siete trompetas.
- **En el cielo: las atronadoras alabanzas en torno al trono (Ap 11:15-19).** En la segunda mitad de Apocalipsis 11, la acción se desplaza de nuevo al cielo, donde una atronadora alabanza acompaña los acontecimientos que tienen lugar en la tierra, porque «… El reino del mundo ha pasado a ser de nuestro Señor y de su Cristo, y él reinará por los siglos de los siglos» (v. 15).
- **En la tierra: la anti-Trinidad (Ap 12:1–13:18).** Estos pasajes nos traen de regreso a la tierra donde observamos la formación de una trinidad diabólica. Ese trío maligno de agentes desencadenará un reino de terror que convertirá la segunda mitad de la tribulación en un período de gran tribulación.
- **En el cielo: se adora al Cordero (Ap 14:1-5).** Entonces regresamos de nuevo al cielo para presenciar la llegada de los 144.000 testigos fieles que han escapado de la matanza en la tierra.

- **En la tierra: los ángeles del juicio, las copas de ira y la caída de Babilonia (Ap 14:6–18:24).** Los últimos acontecimientos catastróficos de la gran tribulación se desarrollan en los capítulos 14–18, cuando siete ángeles derraman sus copas de ira sobre la tierra. Esto culmina con la batalla de Armagedón y con un terremoto global que arrasará las grandes ciudades del mundo.
- **En el cielo: el coro de aleluyas (Ap 19:1-16).** Mientras los últimos cataclismos devastan nuestro planeta, la escena se traslada de nuevo al cielo, donde un coro de aleluyas brota de todas las huestes angélicas. En medio de sus alabanzas, Cristo descenderá a la tierra y regresará como prometió.
- **En la tierra: el regreso de Cristo y sus consecuencias (Ap 19:17–20:15).** Los siguientes pasajes se centran en la tierra, cuando Cristo regrese, se haga cargo del planeta y de inicio a mil años de paz.
- **En el cielo: comienza la eternidad (Ap 21:1–22:21).** Al final del Libro de Apocalipsis, el cielo y la tierra se fusionan para dar lugar a un cielo nuevo y una tierra nueva. La eternidad llega para los hijos de Dios.

Estructura oscilante de Apocalipsis

La enseñanza subyacente para nosotros

Ahora que puedes apreciar con claridad este orden alternante entre la acción en la tierra y la respuesta en el cielo, espero que comprendas que no te estoy proponiendo una teoría conspirativa, ni una idea descabellada, ni una nueva y extraña forma de interpretar el futuro. Es evidente que este orden se encuentra entretejido en la estructura del último libro de la Biblia.

Cuando las cosas se ven más sombrías en la tierra, parecen más brillantes en el cielo. Mientras en la tierra se sufren horribles tribulaciones, en el cielo se produce una gran celebración porque el mal se derrumba y el pecado y el sufrimiento van desapareciendo.

No se trata simplemente de una fórmula literaria para entender el libro más desconcertante de la Biblia. Es también la manera bíblica de descifrar los confusos acontecimientos de la vida. Para nosotros, la pauta de contemplar los acontecimientos terrenales desde un punto de vista celestial tiene un significado que va más allá del contenido de Apocalipsis. La perspectiva terrenal y celestial puede proporcionar un andamiaje para la totalidad de nuestro pensamiento respecto a la vida. Todo cambia cuando contemplamos los acontecimientos *terrenales* con una perspectiva *celestial*. Empezamos a pensar como cristianos, como Cristo. Ver las cosas como se perciben desde arriba cambia nuestra actitud ante todo día a día.

La Biblia afirma: «Pues los sufrimientos ligeros y efímeros que ahora padecemos producen una gloria eterna que vale muchísimo más que todo sufrimiento. Así que no nos fijamos en lo visible, sino en lo invisible, ya que lo que se ve es pasajero, mientras que lo que no se ve es eterno» (2 Co 4:17-18).

El apóstol Pablo escribió: «De hecho, considero que en nada se comparan los sufrimientos actuales con la gloria que habrá de revelarse en nosotros» (Ro 8:18).

Dios ha manifestado a los seres humanos: «Porque mis pensamientos no son los de ustedes, ni sus caminos son los míos [...]. Mis caminos y mis pensamientos son más altos que los de ustedes; ¡más altos que los cielos sobre la tierra!» (Is 55:8-9).

Y Santiago 3:13-18 afirma que hay sabiduría terrenal y sabiduría que desciende del cielo. Solo alcanzamos la verdadera sabiduría cuando vemos los acontecimientos de la tierra desde la perspectiva del cielo. Debemos entender, lo mejor que podamos, nuestros asuntos diarios desde el punto de vista de Dios.

Recientemente me encontraba en el aeropuerto de Houston cuando recibí la noticia de que a mi primer y más antiguo amigo le habían diagnosticado cáncer. Teníamos la misma edad, y cuando éramos pequeños nuestros padres tenían huertos contiguos en el límite entre Tennessee y Carolina del Norte. Jugábamos entre los manzanos y trabajábamos juntos en el almacén. Al enterarme de la noticia, lo llamé inmediatamente. No estaba preparado para lo que escuché: «Sí, mi cáncer avanza rápido y es terminal. Decidí no recibir el tratamiento. Vi a mi padre someterse a tratamientos contra el cáncer y no quiero pasar por lo mismo que él, sobre todo porque el mío ya está muy avanzado».

Se me llenaron los ojos de lágrimas y no pude responder. Sin embargo, David continuó: «Pero estaré bien. Estoy triste por dejar a mi familia, pero confié en Jesús como mi Salvador cuando tenía nueve años. Me entusiasma la idea de ver lo que sigue. Estoy listo para el cielo».

Poco después, mi amigo partió de la tierra al cielo mientras retenía en su mente las verdades, las alegrías, los rencuentros y las promesas que aparecen en nuestro libro enviado desde el cielo. Cuando hablé junto a su tumba, recordé nuestra conversación y hablé de su perspectiva divina.

En todos los caminos de la vida, la Palabra de Dios nos ofrece el comentario del cielo sobre nuestros días terrenales, y al leer sus sesenta y seis libros, incluido el último, contemplamos la vida con la sabiduría que desciende de lo alto. No podemos afrontar adecuadamente los acontecimientos mundiales ni las crisis personales a menos que veamos cada vez más las cosas desde la perspectiva de Cristo en el trono. Cuando vemos las cosas desde una perspectiva horizontal, sentimos confusión; pero cuando las vemos verticalmente, la vida cobra sentido, incluso tiene sentido la dirección en que avanza la historia. Todo cambia cuando interpretamos los acontecimientos de abajo con la sabiduría de arriba y vemos las cosas como las ve el Señor en el cielo.

Cada día es diferente cuando se vive con ilusión. Toda situación cambia cuando se mira a través del lente de la Escritura. Toda circunstancia es manejable cuando la vemos desde la perspectiva del trono eterno de nuestro Cristo que viene pronto. El Libro de Apocalipsis puede parecer repleto de terroríficas catástrofes, desastres sin igual desde el principio del mundo y que nunca volverán a igualarse; un mundo que colapsa desde sus cimientos. No obstante, desde el punto de vista del Creador divino, es una celebración de la derrota del mal, la redención de la tierra, la entronización de Cristo y la recuperación del paraíso.

Y eso nos lleva al primer versículo del primer capítulo, Apocalipsis 1:1:

> *Esta es la revelación de Jesucristo, que Dios le dio para mostrar a sus siervos lo que sin demora tiene que suceder…*

CAPÍTULO 2

Próxima parada: Patmos

Apocalipsis 1

A lo largo de los años, he tenido la oportunidad de viajar mucho, y siempre me pregunto si me gustaría vivir en el lugar que visito en ese momento. Todo el mundo se pregunta de vez en cuando cómo sería vivir en otro lugar. A veces vemos anuncios inmobiliarios en la televisión y fantaseamos con comprar una casa en un lugar exótico. *¿Me gustaría vivir en una isla? ¿O en el centro de una ciudad vibrante? ¿Y cómo sería vivir en un pueblo de los Alpes o en la costa de California?*

¿Dónde vivirías tú si pudieras elegir el lugar que quisieras?

La revista *Forbes* publicó un artículo sobre los lugares más idílicos de Europa, lugares tranquilos y bellos con un rico patrimonio histórico. Su principal sugerencia es una pequeña isla del mar Egeo conocida como Patmos. Con una población de unos 3000 habitantes en unos 34 km^2 (13 mi^2), Patmos ofrece paz y tranquilidad. No tiene aeropuerto; solo se puede llegar en ferry. El interior de la isla es hermoso, y sus playas impolutas. Las temperaturas son moderadas todo el año y la mayoría de los días soleados. El coste de la vida es relativamente bajo; además, la isla posee un rico patrimonio de importancia religiosa.[1]

Gran parte de esa importancia religiosa está ligada a la historia del Libro de Apocalipsis. En tiempos bíblicos, Patmos no era un lugar atractivo. Los romanos utilizaban la isla para desterrar a quienes querían silenciar o anular, y san Juan era una de estas personas. Como ya hemos analizado, Dios ve las circunstancias de la vida de forma diferente a

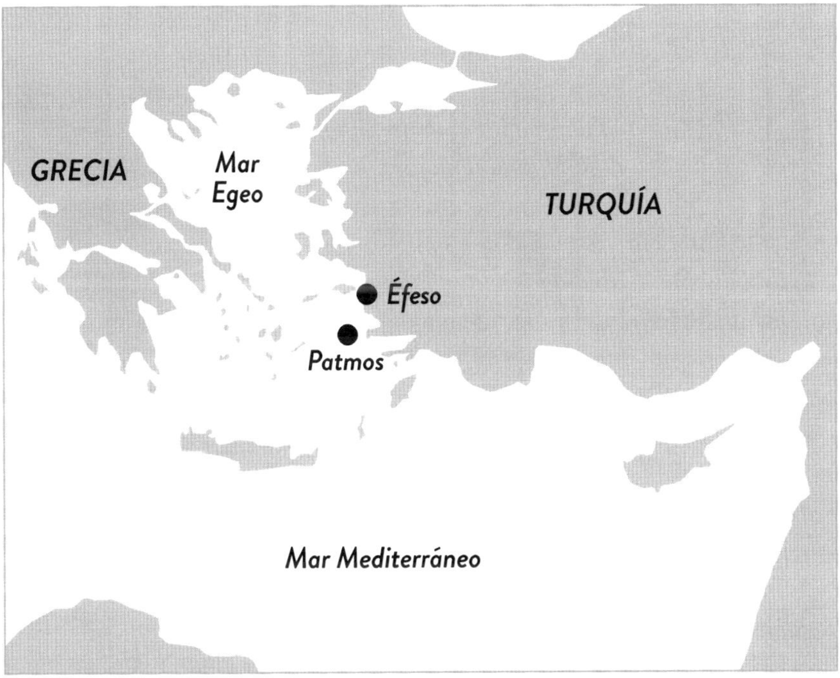

nosotros, y eligió esta pequeña isla para revelar su visión del futuro y proporcionar a su último apóstol superviviente la verdad apocalíptica sobre los 50 acontecimientos finales de la historia del mundo. Este es el lugar que Dios eligió para concluir su revelación escrita, la Escritura, y poner de manifiesto el curso de los últimos días de la tierra.

El primer capítulo de Apocalipsis sirve de prólogo, sienta las bases para el resto del libro y ayuda a familiarizarnos con todo lo que sigue. No solo manifiesta el trasfondo del libro, sino que también nos da la clave para interpretar el simbolismo que caracteriza el material que sigue. Si comprendemos el primer capítulo, podremos interpretar correctamente las visiones posteriores. El capítulo 1 se compone de: 1) la introducción en los versículos 1-8 y 2) la visión inicial de Cristo en los versículos 9-20.

Comencemos con la introducción del libro, Apocalipsis 1:1-8, que es tan simple y concisa como cualquier párrafo de la Escritura. Estos versículos contienen el título y el propósito del libro, la forma en que se transmite, su bendición, un saludo, una doxología (exclamación de alabanza), un himno de apertura y una respuesta.

Prólogo de Apocalipsis

1. Introducción (vv. 1-8)
   - Título y propósito (v. 1)
   - Transmisión (vv. 1-2)
   - Bendición (v. 3)
   - Saludo (vv. 4-5)
   - Doxología (vv. 5-6)
   - Himno y respuesta (vv. 7-8)
2. Visión inicial (vv. 9-20)

Título y propósito

El título del libro se da en el primer versículo: *Esta es la revelación de Jesucristo.* Juan escribió este texto en la lengua franca de su época, el griego, y la palabra *revelación* es la traducción del término griego *apokalypsis*, que a su vez dio origen al título del libro en español. En griego, este término no significa «desastre», sino «desvelamiento», «revelación». El prefijo *(apo)* significa «desde», y la palabra raíz «esconder». Así que el término en realidad significa «sacar algo de su escondite, revelar, desvelar».[2]

Mi hermana y yo encargamos a nuestro amigo Ken Simmelink un óleo de nuestra casa familiar en Roan Mountain, Tennessee. Aunque la casa se ha ampliado, en sus comienzos fue una humilde cabaña de madera construida a mano para mi anciana abuela durante la Segunda Guerra Mundial. Teníamos algunas fotos antiguas y muchos recuerdos, y queríamos que la gente la viera tal y como la recordábamos de nuestra infancia.

Cuando Ken terminó el cuadro, fuimos a su casa a verlo. Lo tenía sobre un caballete en el salón, cubierto con una tela, oculto a la vista. Tomamos asiento mientras él nos explicaba cómo había realizado la obra y el enfoque que había adoptado para crear la imagen. Estábamos muy deseosos de que levantara la tela y nos mostrara el hermoso cuadro. Nos encantó, y ahora cuelga en la pared del comedor de la cabaña, ya ampliada.

El momento en que Ken reveló su cuadro ejemplifica el significado de la palabra *apokalypsis*. Dios sabe exactamente lo que va a ocurrir en el futuro. Ya ha pintado el cuadro, y la historia del mundo avanza por una ruta prestablecida hacia su total cumplimiento. Conoce todo lo que está por venir, cosas que nunca podríamos prever según nuestra propia intuición. En el Libro de Apocalipsis, Dios levanta la tela y nos muestra su plan para el mañana.

Eso nos lleva a la parte final de la primera oración del versículo 1, que resume el libro en una frase y sirve como declaración de su propósito:

> *Esta es la revelación de Jesucristo, que Dios le dio para mostrar a sus siervos lo que sin demora tiene que suceder.*

Ten en cuenta la frase *sus siervos*. La información de Apocalipsis no es para el mundo, que no la tiene en cuenta. Es para nosotros, para los seguidores de Cristo, que valoramos su mensaje y anhelamos la aparición de nuestro Señor. Es para quienes conocen a Jesús como su Salvador y están ansiosos por conocer los detalles de Su regreso. Esta información es para los santos, para los que se dan cuenta de que son ciudadanos del cielo que viajan por esta atribulada tierra como embajadores del Rey.

Fíjate en la palabra *tiene*. En el versículo se afirma que es para *mostrar a sus siervos lo que sin demora* tiene *que suceder*.

El Creador del tiempo y la eternidad ha planeado de antemano y predeterminado los acontecimientos que se describen en este libro, y sucederán exactamente como se anunciaron. *Tienen* que suceder. No hay imprevistos que puedan retrasarlos ni impedirlos. Los planes de Dios son irreversibles e inmutables, inscritos en piedra en los muros de sus decretos firmes e invariables.

No pases por alto la frase *sin demora*: *para mostrar a sus siervos lo que* sin demora *tiene que suceder*. Tal vez estés pensando: *¡Pero si han pasado casi 2000 años desde que se escribieron estas palabras! Eso no me parece* «sin demora».

La frase *sin demora* podría traducirse como *rápidamente*, *de repente*, o *velozmente*, lo que indica que estos acontecimientos, una vez desencadenados, vendrán con fuerza repentina.

También es cierto que *sin demora* es un término relativo, y el que habla es el Dios eterno. Para él, mil años son como un día y un día como mil años (2 P 3:8). Él ve el calendario desde la perspectiva de la eternidad, y para él 1000 años pasan tan rápido como un simple día. El Libro de Apocalipsis se escribió desde el punto de vista de Dios, lo que significa que Jesús resucitó de entre los muertos y ascendió al cielo hace solo un par de días, por así decirlo. El intervalo entre la primera y la segunda venida de nuestro Señor es muy breve desde el punto de vista de la eternidad. El desarrollo de la historia puede no parecer «sin demora» para nosotros, pero desde el punto de vista de Dios las cosas se están moviendo rápidamente, y ahora más rápidamente que nunca.

Dios
↓
Jesús
↓
Ángel
↓
Juan
↓
Las siete iglesias de Asia
↓
Nosotros
↓
Otras personas

La transmisión

Al continuar con los versículos 1 y 2, conocemos que el Libro de Apocalipsis debe compartirse, y existe una interesante cadena de transmisión. Ha llegado a nosotros de una manera deliberada. Dios el Padre dio esta información a Jesucristo, quien la trasmitió a un ángel para que se la comunicara al apóstol Juan, quien a su vez la escribió para siete iglesias de Asia Menor; y de ellos nos llegó a nosotros a través de la Palabra inspirada de Dios. Esto indica que no debe detenerse en nosotros. Es necesario compartir este libro, su mensaje nos acelera el pulso y nos inspira.

Bendición

El versículo 3 continúa con una bendición para quienes lean y estudien las últimas páginas de la Biblia. Como expresé en la introducción, Apocalipsis es el único libro de la Biblia con una bendición específica para quienes lo lean y hagan caso de sus palabras. Apocalipsis 1:3 afirma:

Dichoso el que lee y dichosos los que escuchan las palabras de este mensaje profético y hacen caso de lo que aquí está escrito, porque el tiempo de su cumplimiento está cerca.

Una bendición similar aparece también hacia el final del libro, en Apocalipsis 22:7.

Apocalipsis es el único libro de la Biblia con una bendición específica para quienes lo lean y hagan caso de sus palabras.

Como señaló el doctor W. A. Criswell, si nos sentimos tan profundamente bendecidos por los Evangelios y fortalecidos por el mensaje de la primera venida de nuestro Señor, cuando vino como un siervo sufriente, su naturaleza divina estaba velada y murió una muerte atroz, ¿cuánto más bendecidos deberíamos sentirnos al contemplar su segunda venida, su regreso en poder y gloria?[3]

Es un gran estímulo para nosotros. A menudo nos estresamos por las presiones políticas y los acontecimientos que aparecen en las noticias. Nuestro mundo particular se deshace con facilidad. Hoy mismo me he dado cuenta de que tenía demasiadas cosas que hacer en el tiempo disponible, y me ha invadido una sensación de pánico. Más tarde, la noticia de un atentado terrorista en un aeropuerto que he frecuentado en el pasado me ha sobrecogido. En este mundo estamos constantemente en vilo. Pero la terapia de estudiar el Libro de Apocalipsis es efectiva para calmar los ánimos. En tiempos así necesitamos las bendiciones de este libro y esperar con ilusión su mensaje. ¡Cuánto mejor dormimos por la noche con la esperanza segura y cierta del pronto regreso de nuestro Señor!

Saludo

Después de comenzar su libro con el título, el propósito, la transmisión y la bendición, Juan se presenta en los versículos 4-5 con un saludo inicial:

Yo, Juan, escribo a las siete iglesias que están en la provincia de Asia: Gracia y paz a ustedes de parte de aquel que es y que era y que ha de venir;

y de parte de los siete espíritus que están delante de su trono; y de parte de Jesucristo, el testigo fiel, el primogénito de la resurrección, el soberano de los reyes de la tierra.

El escritor es el apóstol Juan, autor del cuarto Evangelio.

Los destinatarios originales de este libro eran las personas que asistían a las iglesias de Éfeso y otras ciudades cercanas en la costa occidental de la actual Turquía. Ten en cuenta el carácter trinitario del saludo de Juan. La gracia y la paz proceden de:

- Dios el Padre (*aquel que es y que era y que ha de venir*).
- Dios el Espíritu Santo (*los siete espíritus que están delante de su trono*).
- Dios el Hijo (*Jesucristo, el testigo fiel, el primogénito de la resurrección, el soberano de los reyes de la tierra*).

¿Por qué se hace referencia al Espíritu Santo como *los siete espíritus que están delante de su trono*? En Apocalipsis, Juan utilizó con frecuencia el número siete, que indica compleción o perfección. Se refería a la perfección del Espíritu Santo y tal vez pensaba en la descripción séptuple del Espíritu Santo dada en Isaías 11:1-2, donde el Espíritu Santo es llamado Espíritu: 1) del SEÑOR; 2) de sabiduría; 3) de entendimiento; 4) de consejo; 5) de poder; 6) de conocimiento, y 7) de temor del SEÑOR.

Por otro lado, Juan pudo haber estado pensando en Zacarías 4, que describe un candelabro de oro de siete brazos, acompañado de las palabras: «"No será por la fuerza ni por ningún poder, sino por mi Espíritu —dice el SEÑOR Todopoderoso…"» (v. 6).

El Libro de Apocalipsis se envió originalmente a siete iglesias, que, como veremos, se describen como candelabros. El Espíritu Santo estaba presente en las siete congregaciones, un Espíritu séptuple, lo cual indica que él mora en todas las iglesias del Señor Jesús en todas las partes del mundo. Así que tenemos varias maneras de ver al Espíritu Santo en relación con el número siete: en sus perfecciones, en sus atributos y entre sus iglesias.

Doxología

En los versículos 5-6 encontramos una doxología, una exuberante expresión de alabanza:

> *Al que nos ama y que por su sangre nos ha librado de nuestros pecados, al que ha hecho de nosotros un reino, sacerdotes al servicio de Dios su Padre, ¡a él sea la gloria y el poder por los siglos de los siglos! Amén.*

Todo el libro de Apocalipsis está lleno de alabanzas y alegres cantos de adoración.

Aunque estaba desterrado en la isla de Patmos, Juan rebosaba de alabanzas pues Dios lo había amado, lo había liberado de sus pecados mediante la sangre de Jesús y lo había hecho parte de su reino y de su sacerdocio que sirve al Señor, a quien pertenece la gloria y el poder por los siglos de los siglos. Incluso cuando nos encontramos desterrados por las circunstancias y varados en islas de dificultades, podemos adorar y alabar a Dios. Eso cambia nuestra actitud en cualquier situación. Todo el Libro de Apocalipsis está lleno de alabanzas y alegres cantos de adoración.

Himno y respuesta

La introducción del libro concluye con el primero de los muchos himnos que encontramos en Apocalipsis. En las traducciones modernas, podemos reconocer estos himnos por su disposición en el libro. Aparecen sangrados o centrados como un poema o como la letra de una canción. El versículo 7 expresa:

> *¡Miren que viene en las nubes!*
> *Y todos lo verán con sus propios ojos,*
> *incluso quienes lo traspasaron;*
> *y por él harán lamentación*
> *todos los pueblos de la tierra.*
> *¡Así será! Amén.*

¡Cuánto podemos aprender sobre el regreso de nuestro Señor en esta breve estrofa! En el momento de su regreso, descenderá a través de impresionantes nubes de gloria y, de alguna manera, se hará visible para todos los habitantes de la tierra y para todas las personas de la historia de la humanidad, incluidas aquellas que lo crucificaron, dondequiera que estén. Su venida angustiará a los que lo han rechazado y emocionará a quienes lo aman. Y nada podrá cambiar la certeza de su regreso; ¡así será! Amén.

En el versículo 8, el Señor responde a este himno y afirma: «Yo soy el Alfa y la Omega [...] el que es y que era y que ha de venir, el Todopoderoso».

La visión inicial

La segunda parte del prólogo de Apocalipsis, que está formado por el capítulo 1, nos lleva a la visión inicial del libro. En el versículo 9, Juan hace una pausa para presentarse de nuevo y expresa:

> *Yo, Juan* [...] *estaba en la isla de Patmos por causa de la palabra de Dios y del testimonio de Jesús.*

Se cree que en sus últimos años el apóstol Juan radicaba en la ciudad de Éfeso y servía como supervisor, u obispo, de las iglesias de esa zona. Las autoridades romanas lo desterraron a Patmos para minimizar su influencia, probablemente durante el reinado del emperador Domiciano, que gobernó del 81 al 96 d. C.[4] Patmos era una isla en el mar Egeo a solo unos 97 km (60 mi) de Éfeso.[5]

Juan continúa en el versículo 10 y declara:

> *En el día del Señor vino sobre mí el Espíritu.*

Algunos interpretan esto como: «El Espíritu me arrebató y me llevó a las visiones del fin del mundo relacionadas con el regreso del Señor, es decir, el día del juicio del Señor». Pero la interpretación más simple es que el domingo Juan se encontraba adorando como un creyente lleno del Espíritu cuando comenzó a recibir esta serie de visiones.

En el versículo 11, Juan se dirige a sus lectores, los miembros de las siete iglesias de Asia Menor. Como obispo de Éfeso, Juan probablemente seguía un itinerario y predicaba con regularidad en estas iglesias.

A partir del versículo 12, encontramos la visión fundamental del libro; una visión del Señor Jesucristo en toda su gloria. Era la primera vez que Juan veía a Jesús desde que el Señor ascendió al cielo unos sesenta años antes. Juan vio a Jesús, entronizado, resplandeciente de gloria. Creo que esta visión contiene algunos elementos literales de la apariencia actual de Cristo, aunque en ella se superpone el simbolismo. Una de las cosas que debemos tener en cuenta al leer Apocalipsis es que un objeto puede ser literal y simbólico al mismo tiempo (como lo es, por ejemplo, la bandera de un país).

Juan expresó:

> *Me volví para ver de quién era la voz que me hablaba y, al volverme, vi siete candelabros de oro. En medio de los candelabros estaba alguien «semejante al Hijo del hombre», vestido con una túnica que le llegaba hasta los pies y ceñido con una banda de oro a la altura del pecho. Su cabellera lucía como la lana blanca, como la nieve; y sus ojos resplandecían como llama de fuego. Sus pies parecían bronce al rojo vivo en un horno, y su voz era tan fuerte como el estruendo de una catarata* [...]. *Su rostro era como el sol cuando brilla en todo su esplendor.* (vv. 12-16)

La lectura de esas palabras me recuerda importantes pasajes de libros anteriores en la Biblia. Las imágenes de Apocalipsis concuerdan con muchas de las visiones del Antiguo Testamento, sobre todo cuando se representa el trono de Dios, a menudo rodeado de seres angélicos de diversos tipos. Algunos estudiosos consideran que Juan se basó en gran medida en pasajes del Antiguo Testamento, y es cierto. Pero quizá sea mejor afirmar que Juan tuvo visiones nuevas y originales, y que estas imágenes eran simplemente coherentes con las vistas por Daniel, Isaías, Ezequiel y otros.

Lo que Juan percibió aquí es muy similar a la visión del trono de Dios en Daniel 7:9-14, la cual es otra poderosa escena apocalíptica relacionada con los últimos días.

También me recuerda el pasaje de la transfiguración de Jesús en Mateo. En ese momento, Juan, Jacobo y Pedro vislumbraron algo de la gloria esencial y eterna de nuestro Señor. «Allí se transfiguró en presencia de ellos; su rostro resplandeció como el sol, y su ropa se volvió blanca como la luz» (17:2). Los discípulos vieron una manifestación parcial de la gloria intrínseca de Jesús.

En su visión en Patmos, Juan percibió aún más de su gloria. Vio a Cristo resplandeciente caminando entre siete candelabros de oro, que según el versículo 20 representan a las siete iglesias de Asia.

Cuando nos reunimos con otros creyentes para adorar, Jesús está allí, caminando entre nosotros por medio de su Espíritu Santo.

Es glorioso pensar que al eterno Gobernante del universo le agrada caminar entre nosotros y estar presente en sus iglesias. Cuando nos reunimos con otros creyentes para adorar, Jesús está allí, caminando entre nosotros por medio de su Espíritu Santo. Cuando trabajamos junto a otros creyentes para difundir el evangelio, allí está él, entre nosotros; y nuestro trabajo no se lleva a cabo por la fuerza ni el poder, sino por su Espíritu.

Como se ha dicho, este pasaje expresa la forma en que Juan interpretó la metáfora de los candelabros, por lo que es necesario adivinar su significado. La última frase del capítulo es: *y los siete candelabros son las siete iglesias*. Apocalipsis es un libro de símbolos; no obstante, gran parte de su simbolismo se interpreta en el texto, por lo que el libro no es tan desconcertante como parece a primera vista.

La visión que Juan tiene de Jesús es sobrecogedora:

> *Al verlo, caí a sus pies como muerto; pero él, poniendo su mano derecha sobre mí, me dijo: «No tengas miedo. Yo soy el Primero y el Último, y el que vive. Estuve muerto, pero ahora vivo por los siglos de los siglos.* (vv. 17-18)

Al comenzar sus revelaciones, en la primera página, Jesús nos indica las dos reacciones que debemos tener: 1) no tener miedo y 2) recordar que Jesús murió por nosotros y que ahora está vivo, ¡para siempre!

No sabemos las noticias que ocuparán titulares mañana, ni podemos prever lo que nos ocurrirá hoy o en el futuro. Sin embargo, hay una realidad que supera todo lo demás: Jesús está vivo, por lo tanto, no debemos temer. Cuando resucitó de entre los muertos, venció todos los desafíos, derrotó a todos los enemigos y anuló toda aflicción. Eliminó cualquier motivo para tener noches de insomnio y días de preocupación. Preparó el terreno para la justa consumación de todas sus intenciones y allanó el camino para un cielo nuevo y una tierra nueva.

Esquema general

El prólogo de Apocalipsis termina con un sencillo esquema general que nos muestra cómo se desarrollará el libro. En el versículo 19, el Señor le ordena a Juan:

> *Escribe, pues, lo que has visto, lo que sucede ahora y lo que sucederá después.*

Este versículo nos brinda el esquema general con tres partes de Apocalipsis.

1. *Lo que has visto* se refiere a lo que Juan acababa de ver, la visión inicial de Cristo glorificado en el capítulo 1.
2. *Lo que sucede ahora* se refiere a la situación de las siete iglesias a las que Juan dirigió su libro. Los siete breves mensajes a estas congregaciones aparecen en Apocalipsis 2–3. Estos mensajes también están dirigidos a nosotros y a nuestras iglesias hoy, en el presente.
3. *Lo que sucederá después* es la parte profética y predictiva de Apocalipsis, con los 50 acontecimientos que marcarán el dramático final de la historia humana y el comienzo de las edades sin fin de la eternidad. Este material aparece en los capítulos 4–22.[6]

Capítulo 1	Capítulos 2–3	Capítulos 4–22

Antes de continuar, permíteme sugerirte que leas repetidamente el primer capítulo de Apocalipsis hasta que comprendas su sencillez y esplendor. Ponte en el lugar de Juan. Imagina la angustia de encontrarte desterrado en una isla lejos de amigos y familiares, sin saber qué ocurrirá con las iglesias de las que eres responsable, sin saber si el movimiento cristiano sobrevivirá a las terribles persecuciones de Roma.

Allí, en medio de toda tu soledad e incertidumbre, tu amigo más querido, Jesús, resucitado y glorificado, te hace una visita especial y te dice, en esencia: «No tengas miedo. Recuerda que estuve muerto, pero ahora estoy vivo, y vivo para siempre. Todo terminará como yo quiero, y mi intención es bendecirte. Déjame darte los detalles. Voy a mostrarte lo que pronto habrá de suceder. Voy a desvelarte el mundo del mañana. Voy a llenarte de esperanza para los días venideros, tanto para el tiempo que transcurre como para la eternidad».

Jesús no solo le hablaba a Juan, también nos habla a nosotros. Tenemos el Libro de Apocalipsis, 22 maravillosos capítulos, porque necesitamos su mensaje en tiempos como estos. Qué triste es tenerlo y no estudiarlo. Qué triste es estudiarlo y no entenderlo. Qué triste es entenderlo, pero no obedecerlo.

Por otro lado, ¡qué maravilloso es confiar en su mensaje, esperar su cumplimiento y prepararnos para los sensacionales acontecimientos que están a punto de destruir el mundo y llevarnos a la eternidad!

CAPÍTULO 3

Mensajes finales de Cristo a las iglesias

Apocalipsis 2–3

Llevo más de 35 años visitando al mismo médico, y después de mi examen anual siempre le doy las gracias por mantenerme sano un año más. Su respuesta nunca cambia. Sonríe, señala hacia arriba y afirma: «Yo no tengo mucho que ver. El buen Señor está al mando». No obstante, sigo acudiendo al doctor Gastón porque necesito que alguien evalúe periódicamente mi salud, mire los resultados de mis pruebas de laboratorio, revise mis radiografías, escuche mi respiración, me dé golpecitos en la rodilla con un pequeño martillo y me diga si algo va mal.

¿Y si tuviéramos una cita anual con el gran Médico para comprobar el estado de nuestra salud emocional y espiritual? ¿Y si Él se presentara una vez al año en tu iglesia para evaluar la salud y vitalidad de tu congregación?

Eso es lo que ocurrió en Apocalipsis 2–3. Antes de confiar el emocionante contenido del libro a las siete iglesias de Asia, el Señor Jesús quiso asegurarse de que fueran lo más fuertes y vigorosas posible. Después de todo, si tuvieras información secreta sobre el futuro, una profecía segura, cierta y secreta, ¿a quién se la confiarías? El último de los apóstoles se acercaba al final de sus días terrenales y los otros once ya habían muerto asesinados, uno a uno. La Iglesia sufría persecución y el incipiente movimiento cristiano pendía de un hilo. La situación parecía sombría, como hoy. No obstante, el Jesús entronizado conocía el final de la historia. Estaba vivo y sentado a la diestra de la majestad del cielo, y los tiempos se desenvolvían dentro de los parámetros de Su providencia. La historia discurría como un río por cauces labrados por su divina soberanía y él quería revelar a sus seguidores los últimos momentos de la sórdida historia de la humanidad. Quería mostrar a los suyos cuán maravillosamente prevalecería la justicia y vencería la eternidad.

La situación parecía sombría, como hoy. No obstante, el Jesús entronizado conocía el final de la historia. Los tiempos se desenvolvían dentro de los parámetros de su providencia.

Supongamos que tuvieras toda esa información lista para revelarla. ¿A quién se la confiarías? Jesucristo estaba a punto de revelar el último libro de su Biblia, y su información codificada sobre el futuro, a un grupo de siete iglesias corrientes ubicadas a lo largo de la costa occidental de Turquía.

Antes de levantar el velo de los acontecimientos futuros y confiar esta información a los destinatarios originales de ella, las siete iglesias, el Señor Jesús quiso expresarle a cada una de ellas algunas palabras personales con el fin de fortalecerlas y prepararlas mejor para proclamar Su mensaje final al mundo y a todas las épocas posteriores.

Apocalipsis 2 y 3 contienen siete breves epístolas escritas por el propio Jesús a siete iglesias que estaban bajo la supervisión del apóstol Juan. Estas cartas son condenatorias y vitales para la Iglesia de hoy, son mensajes literales para iglesias concretas.

Cada uno de los siete mensajes se dirigió al «ángel» de la iglesia, pero hay dos posibles interpretaciones de esa palabra. Tal vez cada iglesia tenga un ángel asignado. No obstante, el término *ángel* procede de la palabra griega *angelos*, que significa «mensajero».[1] Muchos estudiosos opinan que, en el contexto de Apocalipsis 2–3, *angelos* se refiere a la persona que leyó y relató el mensaje a la iglesia local, es decir, el pastor o anciano.[2]

Cada uno de estos siete mensajes sigue una fórmula general. Cada párrafo se dirige al mensajero de la iglesia e incluye una descripción de Cristo tomada de la visión del capítulo 1. En general, cada mensaje trasmite un elogio, hace un reproche, termina con una promesa para los que escuchan y obedecen, y exhorta a todos a oír el mensaje.

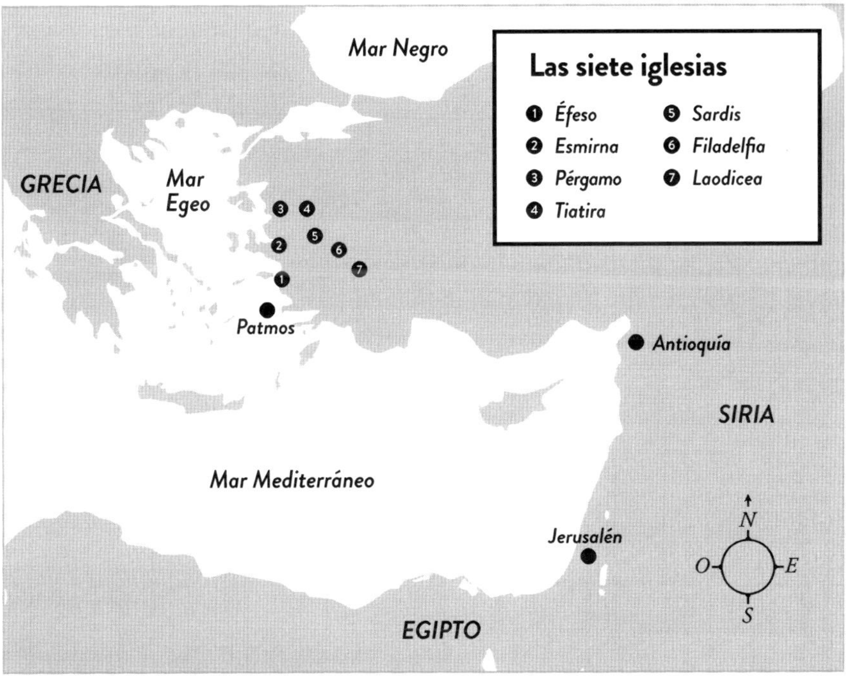

A pesar de las similitudes, cada una de las siete notas es específica de la iglesia a la que se dirige. La primera iglesia de la lista es Éfeso, la más grande y prominente. Al parecer, también era el lugar donde radicaba Juan.[3] En una ocasión acompañé a mi yerno Joshua a visitar las ruinas de Éfeso, y son tan fabulosas que uno podría imaginarse al apóstol Pablo caminando por la calle o al apóstol Juan predicando en la plaza.

Me llama la atención que gran parte del Nuevo Testamento se dirigiera originalmente a la congregación de Éfeso. Esta era la iglesia más fuerte y principal de Asia, y se convirtió en una especie de cuartel general de la obra evangélica durante la época apostólica. Pablo escribió para esta congregación el Libro de Efesios, su epístola más sublime. También envió a Éfeso las epístolas que llamamos 1 Timoteo y 2 Timoteo pues, según se cree, Timoteo era el obispo de la iglesia allí cuando se escribieron esas epístolas pastorales. Es probable que la primera epístola de Juan también se dirigiera a esta congregación. Por último, podemos suponer que el Libro de Apocalipsis se leyó por primera vez en la ciudad de Éfeso.

Los siete mensajes a las iglesias de Asia son permanentes en su aplicación. En cada época hay congregaciones como estas, y en cada iglesia hay cristianos que se ajustan a las descripciones de estas iglesias. Estos dos capítulos se dirigen, por así decirlo, a cada congregación y a todo cristiano.

En cada época hay congregaciones como estas, y en cada iglesia hay cristianos que se ajustan a las descripciones de estas iglesias.

La lectura de Apocalipsis 2 y 3 supone un reto para nosotros pues nos obliga a examinarnos, a confesar las profundas debilidades de nuestro corazón y a avivar el celo necesario para ser el pueblo de los últimos días.

Apocalipsis 2–3

Breves epístolas a las siete iglesias de Asia

Éfeso
Una iglesia histórica con un espíritu que disminuye

Esmirna
Una iglesia fiel en un entorno hostil

Pérgamo
Una iglesia estratégica con una facción impía

Tiatira
Una iglesia floreciente con una mancha cancerosa

Sardis
Una iglesia muerta con un remanente piadoso

Filadelfia
Una iglesia débil con una puerta abierta

Laodicea
Una iglesia rica materialmente con una fe tibia

Notas

Estos mensajes expresan cómo el Señor Jesús ve nuestras iglesias y a sus miembros, a ti y a mí. Lo importante no es cómo nos vemos a nosotros mismos o a los demás, sino cómo él nos ve a nosotros.

En cada congregación y en cada uno de nosotros hay algunas de las fortalezas y las debilidades de estas iglesias. La autoevaluación nos ayuda a hacer correcciones y a convertirnos en las personas que Jesús quiere que seamos.

Estos dos capítulos representan los 2000 años de historia cristiana; no necesariamente siete etapas diferentes en la historia de la iglesia, sino lo que el Señor quiere que sea su iglesia entre la ascensión y la tribulación.

Éfeso es una iglesia que perdió su primer amor. Jesús elogió a los efesios por su arduo trabajo, perseverancia, pureza doctrinal y celo, pero les advirtió que no dejaran que la intensidad de su amor por Él se debilitara.

En *Esmirna*, la congregación local se enfrentaba a la persecución. Jesús les aseguró a los miembros de esta iglesia que, aunque se sentían pobres y afligidos, eran ricos. A pesar de que se enfrentaban a una persecución cada vez mayor, nunca debían temer.

La iglesia de *Pérgamo* vivía en una zona satánica, pero se había mantenido fiel a Cristo. Sin embargo, la fe y la moralidad de algunos miembros se estaban erosionando, y era necesario que se arrepintieran.

En *Tiatira*, la congregación había permitido que un falso maestro ministrara. Aunque la iglesia estaba prosperando en su trabajo y manteniendo su perseverancia, necesitaba expulsar al hereje antes de que dañara la doctrina y la integridad de toda la congregación.

La iglesia en *Sardis* estaba muriendo. Aparentaba ser saludable, pero a los ojos de Cristo tenía problemas. Una minoría de miembros permanecía apasionada y pura, y el Señor apeló a ellos para fortalecer lo que quedaba.

En *Filadelfia*, la iglesia tenía una puerta abierta para el ministerio. Los miembros de su congregación se sentían débiles, pero no se habían dado por vencidos y Jesús les estaba brindando nuevas oportunidades para el ministerio.

En *Laodicea*, la iglesia era tibia. El agua caliente es buena para las infusiones y para bañarse, y el agua fría es refrescante. Sin embargo, el agua tibia no sirve para nada. Los laodicenses estaban peor de lo que creían, y su iglesia se encontraba en peligro de colapso espiritual. Sin embargo, aún tenían tiempo para arrepentirse y restablecer una relación vital con Cristo.

No podemos estudiar estas siete breves cartas sin aplicarlas a nuestras propias iglesias y a nosotros mismos. He dedicado más de la mitad de mi vida a servir como pastor local, y he visto todas estas tendencias en las iglesias que he pastoreado.

También las veo en mi propio corazón.

El Señor quiere que seamos lo más sanos y fuertes posible para que utilicemos sabiamente la información que él nos brinda sobre el futuro. Repasé los siete mensajes, y me resultó muy útil hacer una lista de todos los defectos que Jesús vio en las iglesias y de todas las fortalezas por las que las elogió. Así es como lo anoté en mi diario de estudio.

Faltas a evitar

- dejar que se apague nuestro amor (Ap 2:4)
- tolerar a los falsos maestros y sus doctrinas satánicas (2:14-16, 20-25)
- transigir con la mundanalidad (3:16-17)
- inmoralidad sexual (2:14, 20)
- autoengaño: pensar que estamos vivos y somos ricos cuando en realidad estamos muertos y somos pobres (3:1, 17)
- quedarse rezagado en las obras (3:2)
- manifestar un celo tibio (3:15-16)

Cualidades a imitar

- buenas obras, trabajo arduo y servicio fiel (2:2, 13, 19; 3:8-10)
- amor (2:19)
- fe (2:13, 19)
- perseverancia y resistencia (2:2-3, 13, 19; 3:8, 10)
- intransigencia con los malvados y los falsos profetas (2:2, 13, 24)
- fidelidad en medio de la persecución (2:3, 10, 13)
- obediencia en medio de la debilidad (3:8)
- pureza personal (3:4-5)
- comunión con Cristo (3:11-12)

Dedica algún tiempo a estudiar detenidamente ambas listas. Mejor aún, conviértelas en un proyecto personal. Lee Apocalipsis 2–3 y señala con un lápiz o un bolígrafo los versículos que más concuerden con tu situación. ¿Te ves a ti mismo en alguna de las debilidades? ¿Hay grietas crecientes en tu santidad personal? ¿Dónde te encuentras en la segunda lista? ¿Hay algún progreso en tu vida por el que debas dar gracias al Señor Jesús?

De joven, cuando comencé a estudiar Apocalipsis, pasé por alto estos capítulos porque me deprimían. Me decía a mí mismo: *¡Estas iglesias eran un desastre! ¡Qué desalentador!* Pero con los años, he cambiado de actitud. No hay iglesias perfectas en la tierra, pues todas están llenas de personas imperfectas como tú y como yo. Aun así, es importante enfrentar nuestras imperfecciones y pedirle al Señor que siga obrando en nosotros lo que a él le agrada.

El salmista expresó: «Jehová cumplirá su propósito en mí; tu misericordia, oh Jehová, es para siempre; no desampares la obra de tus manos» (Sal. 138:8, RVR1960). El apóstol Pablo manifestó a los filipenses: «En todas mis oraciones por todos ustedes, siempre oro con alegría [...]. Estoy convencido de esto: el que comenzó tan buena obra en ustedes la irá perfeccionando hasta el día de Cristo Jesús» (Fil 1:4-6).

Es importante enfrentar nuestras imperfecciones y pedirle al Señor que siga obrando en nosotros lo que a él le agrada.

Mi meta más reciente para memorizar la Escritura fue 1 Tesalonicenses 5:23-24, donde se expresa: «Que Dios mismo, el Dios de paz, los santifique por completo, y conserve todo su ser —espíritu, alma y cuerpo— irreprochable para la venida de nuestro Señor Jesucristo. El que los llama es fiel, y así lo hará».

Si queremos llevar el mensaje de Apocalipsis a un mundo en crisis y perseverar con fe y alegría hasta el final, debemos mantenernos en un estado óptimo de salud emocional y espiritual. No es momento para cristianos tambaleantes ni iglesias poco sólidas. Antes de tomar la antorcha de Apocalipsis 4–22 y correr hacia el mundo con los mensajes de Jesús y del juicio, visitemos al gran Médico y dejemos que nos infunda el resplandor de salud interior que proviene del mismo torrente sanguíneo de Cristo.

CAPÍTULO 4

El futuro previsible

Apocalipsis 4–22

Después de haber recibido los siete breves mensajes para las iglesias a su cargo, Juan escucha una voz que lo llama al cielo para recibir el resto del libro, que contiene información sobre el futuro. Apocalipsis 4–22 habla de *lo que sucederá después* (1:19). Esta es la parte fundamental del libro. Es una lista de acontecimientos que ocurrirán según lo previsto, a la velocidad de la profecía. En estos 19 capítulos conoceremos el futuro de nuestro planeta.

Hay 21 acontecimientos clave, asociados a la ruptura de siete sellos, el toque de siete trompetas y el derramamiento de las siete copas de la ira. Estos acontecimientos se entrelazan con otros 29 acontecimientos concomitantes, lo que nos lleva a un número total de 50.[1]

A lo largo de los años, al estudiar el Libro de Apocalipsis, mis principales preguntas han sido: ¿son secuenciales los acontecimientos que en él se describen? Es decir, ¿se desarrollan en orden cronológico? ¿O se superponen y ocurren simultáneamente? ¿Son lineales o se repiten, y cada uno añade más detalles?

Como dije anteriormente, tres series de acontecimientos constituyen el núcleo de la acción en Apocalipsis: los siete sellos, las siete trompetas y las siete copas de la ira. Durante mucho tiempo tuve la impresión de que estas tres series se superponían, como nuestros antiguos libros de texto escolares con páginas transparentes que describían el cuerpo humano. Si tienes mi edad, los recordarás. Una página era el esqueleto. La siguiente era una página de plástico que mostraba el corazón y otros órganos. Luego otra superposición mostraba los músculos y la carne y, finalmente, la piel.

Las principales visiones de Daniel se superponen unas a otras de esta manera, y existe una fuerte conexión entre el Libro de Daniel en el Antiguo Testamento y Apocalipsis. Daniel 2 describe una enorme estatua con cuatro partes, Daniel 7 incluye cuatro bestias, y así sucesivamente. Cada visión sucesiva añade más detalles para completar la imagen.

Me aferraba a la idea de que las siete copas de la ira añadían detalles a las siete trompetas, y que estas se superponían a los siete sellos. Este punto de vista tiene algunas variantes, sobre todo una donde se sugiere que el último sello contiene las siete trompetas, y que la última trompeta se resume en las siete copas de la ira. Puede resultar complicado. Respeto a los que ven los acontecimientos de Apocalipsis como una recapitulación del ciclo de acontecimientos y aprecio ese enfoque.

Sin embargo, luego de estudiar a fondo el tema y reflexionar sobre él a lo largo del tiempo, he llegado a la conclusión de que los acontecimientos de Apocalipsis pueden entenderse mejor si los vemos de forma secuencial, cronológicamente, uno tras otro. En mi opinión, representan cincuenta acontecimientos que ocurrirán en sucesión. Están concatenados. Como fichas de dominó que caen, cada uno de estos acontecimientos desencadenará el siguiente. En su conjunto, pondrán fin a la historia de la humanidad, conducirán al retorno de Cristo y, finalmente, darán paso a la eternidad. Cuando leemos el libro desde esa perspectiva, se despliega como un rollo de pergamino.

La frase *después de esto* aparece una y otra vez en Apocalipsis 4–22, lo que implica una progresión lógica de la acción. Lo mismo ocurre con *entonces* y *luego*, palabras similares, que aparecen con frecuencia para hacer avanzar la acción paso a paso.

Y, sin embargo, los acontecimientos sí se repiten en el sentido de quc cada serie sucesiva es una versión más fuerte de la anterior. Las copas de la ira son como las trompetas, pero peores. Las trompetas son como los sellos, pero peores. Hay un patrón que se intensifica y se profundiza a medida que avanzamos en la tribulación, y hay paralelismos entre las tres series.

Te animo a que veas Apocalipsis de esta manera. A medida que profundices en el estudio de este libro en el futuro, es posible que desees ver estas listas como si ocurrieran de forma simultánea, unos dentro de otros, o interpretar algunos puntos como paréntesis o retrospectivas. Esto no afectará a la realidad de los acontecimientos, solo cambiaría el orden en que ocurren.

No obstante, y sin ánimo de ser dogmático, me parece razonablemente claro que la forma más natural de entender y enseñar este libro es enumerar los acontecimientos tal y como ocurren en el texto, uno tras otro, y ver en ellos estructuras que se superponen. De este modo, puedes leer el libro de Apocalipsis en tu propia Biblia y numerar cada acontecimiento en el margen. Descubrirás que todo el libro se abre ante ti.

También pienso que esta es la forma más natural en que la mayoría de la gente leería el libro. Los especialistas pueden profundizar en el trasfondo de cada escena y desarrollar sistemas, pero la mayoría de nosotros no somos especialistas. La Biblia se escribió para que la entendieran los cristianos comunes y corrientes. Si mi impresión es cierta y los acontecimientos de Apocalipsis son un registro directo y secuencial de los acontecimientos venideros, creo que puedo ayudar incluso a los niños a comprender el curso del futuro tal como se desarrolla aquí.

Comencemos con una visión general de los capítulos restantes. Como se ha dicho antes, Apocalipsis 4–22 pertenece al futuro, a acontecimientos que aún no han ocurrido. Esta parte del libro tiene un esquema sencillo.

- Los capítulos 4–5 describen la celebración celestial y el dramático momento que dará inicio al juicio de Dios sobre el mal y a los siete años de tribulación.
- Los capítulos 6–18 describen estos siete años de tribulación venidera mediante tres series de acontecimientos catastróficos: los siete sellos, las siete trompetas y las siete copas de la ira.
- El capítulo 19 describe el glorioso regreso de Cristo, que pondrá fin a la tribulación.
- El capítulo 20 describe el reinado de mil años de Cristo y el juicio ante el gran trono blanco.
- Los capítulos 21–22 describen el cielo nuevo y la tierra nueva, nuestro hogar eterno.

Resumen de los capítulos 4–22

Celebración inicial en el cielo Capítulos 4-5	La tribulación Capítulos 6-18	El retorno de Cristo Capítulo 19	El Milenio Capítulo 20	El cielo y la tierra nuevos Capítulos 21-22

En realidad, el amplio contenido de Apocalipsis es así de sencillo. Entonces, pasemos la página y comencemos el estudio de los 50 acontecimientos finales de la historia del mundo tal como se desarrollan en Apocalipsis 4–22.

SEGUNDA PARTE

Los 50 acontecimientos finales

Apocalipsis 4–22

La primera mitad de la tribulación

Apocalipsis 4–11

Apocalipsis 4–11 abarca los primeros tres años y medio de los siete años de tribulación predichos por Daniel y Jesús.

- En Mateo 24:21 Jesús expresó: «Porque habrá una gran tribulación, como no la ha habido desde el principio del mundo hasta ahora, ni la habrá jamás».
- Daniel 9:27 (NTV) dice: «El gobernante [el anticristo] firmará un tratado con el pueblo [la nación de Israel] por un período de un conjunto de siete [aquí son en realidad septenios, es decir, períodos de siete años], pero al cumplirse la mitad de ese tiempo, pondrá fin a los sacrificios y a las ofrendas. Como punto culminante de todos sus terribles actos, colocará un objeto sacrílego que causa profanación hasta que el destino decretado para este profanador finalmente caiga sobre él».

Apocalipsis 4–18 nos da una explicación detallada de todo este período de siete años cuando un gobernante sin ley llegará al poder, el mundo se sumirá en el caos, se juzgará el pecado, la gente tendrá una oportunidad final para arrepentirse y volverse a Cristo, y se crearán las condiciones para el regreso de Cristo.

Algún cataclismo global sacudirá a la humanidad y desencadenará el surgimiento de un gobierno mundial. Un poderoso gobernante global emergerá y, a través de un conflicto armado, llegará a dominar los asuntos mundiales. Establecerá un tratado con Israel. El mundo enfrentará una gran crisis durante estos 42 meses y las naciones se enfrentarán violentamente entre sí para mejorar su posición, pero Israel estará seguro y reconstruirá su templo histórico antes o durante este tiempo.

Esto es lo que veremos en Apocalipsis 4–11. Y todo comienza con una escena en los cielos cósmicos (Ap 4–5) cuando Dios convoca su concilio y desencadena los acontecimientos finales de la historia del mundo.

La tribulación

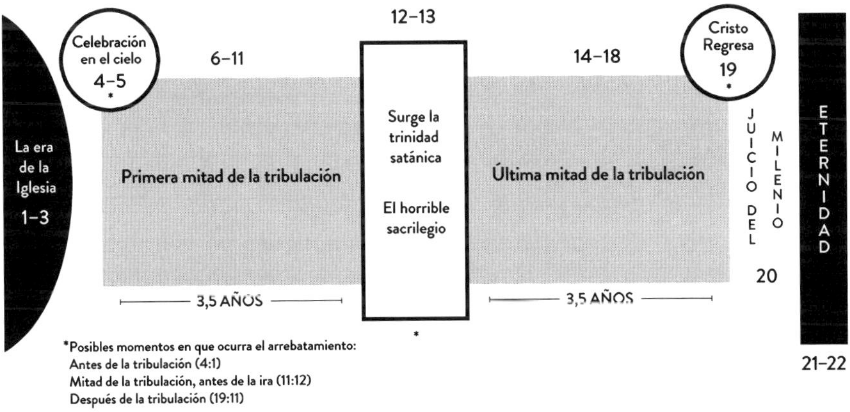

ACONTECIMIENTO 1

Posible arrebatamiento de la Iglesia (4:1)

¡Qué escena de apertura! La parte profética de Apocalipsis comienza con estas palabras de Juan:

> *Después de esto miré, y allí en el cielo había una puerta abierta. Y la voz que me había hablado antes con sonido como de trompeta me dijo: «Sube acá: voy a mostrarte lo que tiene que suceder después de esto».* (4:1)

En este punto del libro, Juan fue llevado de alguna manera al cielo para conocer lo que tendrá lugar «después de esto», es decir, después de la era de la Iglesia, que se describe en los capítulos 2–3. Mi hipótesis de trabajo sugiere que Apocalipsis 4:1 podría indicar el rapto o arrebatamiento de toda la Iglesia. El lenguaje del arrebatamiento aparece en este versículo: se abre la puerta del cielo y una voz semejante al sonido de una trompeta pronuncia las palabras *sube acá*.

En 1 Tesalonicenses 4 y 1 Corintios 15, el apóstol Pablo describió un momento venidero cuando Jesús regresará en los cielos y con voz de mando dará una orden. Con el sonido de una trompeta, resucitará a los santos muertos y arrebatará a la Iglesia viva, y se reunirá con ellos en el aire. En el Libro de Apocalipsis, Juan no describió este acontecimiento igual que en las epístolas de Pablo. Por lo tanto, debemos decidir dónde encaja mejor este dramático momento en la secuencia de acontecimientos de Apocalipsis.

Una posibilidad evidente es esta: el arrebatamiento de la Iglesia es lo mismo que la segunda venida de Cristo, que se describe en Apocalipsis 19. Es algo muy plausible, y tengo muchos amigos que sostienen ese punto de vista. En este caso, la Iglesia de esa época pasaría por la tribulación. Es un punto de vista que se denomina arrebatamiento postribulación pues ocurre después de la tribulación en el momento del regreso de Cristo.

Otros creen que el arrebatamiento de la iglesia ocurrirá en algún momento a mediados de la tribulación o justo antes de que se manifieste la ira de Dios, como se revela en las siete copas de la ira, que se derramarán durante los últimos tres años y medio. También otros se inclinan por mi hipótesis de trabajo de que la iglesia será arrebatada antes de que comience la tribulación, lo que significa que la redacción de Apocalipsis 4:1 es emblemática del arrebatamiento. Este es un punto de vista de la pretribulación del arrebatamiento.[1]

No tengo ninguna duda de que la resurrección y el arrebatamiento son acontecimientos verdaderos y venideros: ¡esa es nuestra esperanza gloriosa! No soy dogmático acerca de dónde lo ubicamos en la secuencia de acontecimientos en Apocalipsis (de ahí que el título de este primer acontecimiento incluya el adjetivo *posible*). No obstante, me parece lógico situarlo aquí, al principio del capítulo 4, inmediatamente después del mensaje a las siete iglesias, que son las palabras finales de nuestro Señor a toda la Iglesia de todos los tiempos.

Es interesante que la Iglesia desaparece de las páginas de Apocalipsis después de esto, pues la acción redentora de Dios se desplaza de nuevo a la nación de Israel. A mi padre, que era un gran estudioso de la profecía, siempre le sorprendió el renacimiento del Estado moderno de Israel en 1948. Le parecía que de alguna manera desencadenaba una cuenta regresiva hacia la tribulación, y coincido con él. El Señor no ha terminado con Israel. Así como esta pequeña nación fue instrumental en la primera venida de Cristo, de igual modo lo será en la segunda venida, de ahí los salvajes y reiterados intentos de Satanás de destruir al pueblo judío.

El Señor no ha terminado con Israel. Así como esta pequeña nación fue instrumental en la primera venida de Cristo, de igual modo lo será en la segunda venida.

Además, en 2 Tesalonicenses 2:6-7, Pablo indicó que se quitaría de en medio algo o a alguien antes de que el anticristo se manifestara. Y en Apocalipsis 3:10, Jesús le comunica a una de las iglesias: «Yo te protegeré del gran tiempo de prueba que vendrá sobre el mundo entero».

Ubicar el arrebatamiento en Apocalipsis 4:1 también hace posible nuestra creencia en lo inminente del regreso de Cristo, que puede venir por nosotros en cualquier momento. Si es así, él vendrá y se llevará a su iglesia antes del comienzo de la tribulación. La repentina desaparición de miles de millones de personas en la tierra podría fácilmente conducir a una crisis global que desencadenaría los acontecimientos restantes en Apocalipsis.

Respeto las opiniones de quienes sostienen diversos puntos de vista sobre el momento del arrebatamiento y no puedo ser dogmático en cuanto a la mía.

La tribulación

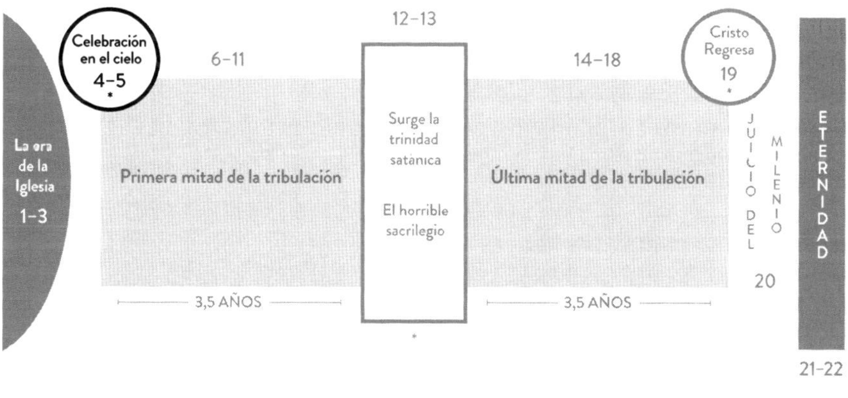

ACONTECIMIENTO 2

Comienza la celebración en el cielo (4:2–5:14)

El texto continúa:

> *Al instante vino sobre mí el Espíritu y vi un trono en el cielo, y a alguien sentado en el trono. El que estaba sentado tenía un aspecto semejante a una piedra de jaspe y de cornalina. Alrededor del trono había un arco iris que se asemejaba a una esmeralda.* (4:2-3)

Cuando Juan llegó al cielo, vio y escuchó la gran adoración que allí tenía lugar. Imagínate que caminas por una ciudad en una calurosa noche de verano y pasas frente a una iglesia con las ventanas y las puertas abiertas. Puedes vislumbrar lo que sucede en su interior. Puedes oír los cantos, ver a los fieles, echar un vistazo a los que están en el estrado y sentir el entusiasmo de los asistentes. Incluso puedes subir los escalones y asomarte a la puerta. Eso es lo que Apocalipsis 4–5 nos permite hacer. Podemos asomarnos por la puerta y contemplar una impresionante escena de adoración en el cielo.

Todo en este pasaje se centra en el trono de Dios Todopoderoso. La palabra *trono* aparece 42 veces en Apocalipsis y 14 veces en estos dos capítulos. El tema del trono celestial de Dios es uno de los más fascinantes y emocionantes de la Escritura. El asiento del poder de Dios se describe varias veces en la Biblia, en textos como Isaías 6 y Ezequiel 1. Las descripciones son coherentes y nos permiten visualizarlo en la medida de lo posible. A menudo imagino el gran trono de Dios en algún lugar por encima de mi cabeza, más allá de la bóveda de la atmósfera terrestre, ocupado por el Padre Soberano, el Hijo y el Espíritu Santo, los únicos dignos de adoración.

Esta es también la escena de un tribunal, muy similar a la descrita en Daniel 7:9-14. Aquí, en el trono de Apocalipsis 4, están a punto de ocurrir cosas trascendentales. Se tomarán decisiones sobre el juicio. Aunque las grandes emociones están relacionadas con la adoración.

En este texto, la palabra *jaspe* no se refiere a la piedra opaca conocida hoy con ese nombre, sino a un cristal que refleja la luz y brilla con belleza.[2] Lo más probable es que sea una piedra similar a un diamante.[3]

Así que trata de imaginarlo como se describe: un inmenso trono, y desde su centro una luz brillante que centellea como un diamante con refracciones rojas como la cornalina, y a su alrededor un brillante arco iris, que es el símbolo bíblico de la misericordia. El que está sentado en el trono es Dios el Padre, la primera persona de la Trinidad.

> *Rodeaban al trono otros veinticuatro tronos, en los que estaban sentados veinticuatro ancianos vestidos de blanco y con una corona de oro en la cabeza.* (Ap 4:4)

La identidad de los ancianos no se nos revela, aunque creo que son los redimidos de todas las épocas, representados por los doce patriarcas de Israel y los doce apóstoles de Jesús. No están al lado del trono, ni a la izquierda ni a la derecha, ni delante del trono. Lo rodean como un círculo deslumbrante, lo cual indica que ocupan posiciones de autoridad.

Algunos estudiosos sugieren que los veinticuatro ancianos son una categoría de ángeles. Lo importante es el entusiasmo de su adoración y su participación en el desarrollo de los acontecimientos.

El versículo siguiente expresa:

> *Delante del trono ardían siete antorchas de fuego, que son los siete espíritus de Dios.* (v. 5)

Como hemos visto antes, se refiere al Espíritu Santo, la tercera persona de la Trinidad.

El versículo 6 nos dice que delante del trono había algo así como un «mar de vidrio». Este es el vasto pavimento sobre el que se asienta el trono. Otros escritores bíblicos vieron lo mismo. Moisés y los 70 ancianos de Israel lo percibieron por primera vez en Éxodo 24:10, cuando «vieron al Dios de Israel. Bajo sus pies había una especie de pavimento de zafiro, tan claro como el cielo mismo». En ese caso, la claridad diamantina del «mar de vidrio» reflejaba el tono del cielo, dándole un brillo azul como el zafiro.

Juan pasó a describir *cuatro seres vivientes*, o querubines; seres sobrenaturales que rodean el trono y dirigen la adoración (v. 7). Cantaban:

«Santo, santo, santo es el Señor Dios Todopoderoso, el que era y que es y que ha de venir» (v. 8).[4]

Los versículos 9-11 describen el entusiasmo de la adoración en torno al resplandeciente trono de Dios:

> *Cada vez que estos seres vivientes daban gloria, honra y acción de gracias al que estaba sentado en el trono, al que vive por los siglos de los siglos, los veinticuatro ancianos se postraban ante él y adoraban al que vive por los siglos de los siglos. Y deponían sus coronas delante del trono exclamando: «Digno eres, Señor y Dios nuestro, de recibir la gloria, la honra y el poder, porque tú creaste todas las cosas; por tu voluntad existen y fueron creadas».*

Al principio del capítulo 5, Dios el Padre tiene en su diestra un rollo sellado con siete sellos. Si alguna vez has recibido una carta con un sello de cera en el sobre, sabrás algo de cómo es un documento sellado. En la antigüedad, los pergaminos se enrollaban y se pegaba un trozo de cera caliente en el borde del rollo para asegurarlo. Este rollo de pergamino tenía siete sellos de ese tipo.

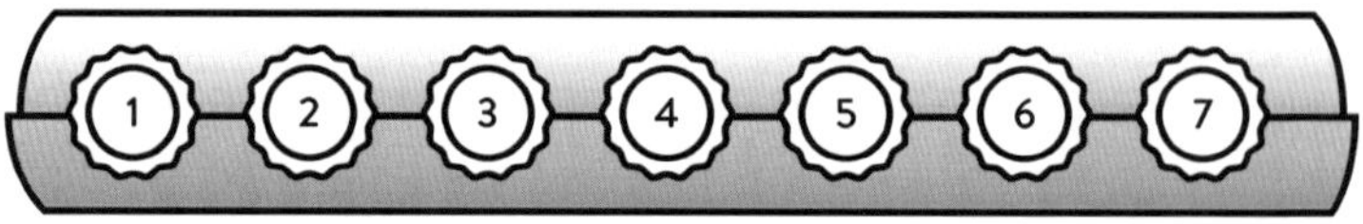

¿Qué representa este rollo? No lo sabemos. El contenido del rollo nunca se revela en Apocalipsis, así que no podemos estar seguros.

Algunos estudiosos de la Biblia consideran que se trata del libro de la vida, el libro del Cordero, que se menciona en otras partes de Apocalipsis. De ser así, contendría los nombres de todos los redimidos desde el principio del mundo. Su glorioso estado eterno en el cielo nuevo y la tierra nueva no puede comenzar hasta que ciertos acontecimientos sucedan en la tierra.

O tal vez este rollo contenga el plan de batalla para el fin de la historia como leemos en Daniel 12:4-9. En la terminología militar existe la frase *órdenes selladas*. Las órdenes selladas se dan al comandante de un barco o una escuadra naval, y no se les permite abrirlas hasta que hayan avanzado hasta cierto punto en alta mar.

En Daniel 12, leemos que el plan de batalla para el fin de la historia se selló hasta el momento apropiado. Ahora ha llegado el momento.

> «"Tú, Daniel, guarda estas cosas en secreto y sella el libro hasta la hora final, pues muchos andarán de un lado a otro en busca de cualquier conocimiento".
>
> »Yo, Daniel, vi ante mí a otros dos hombres; uno de ellos estaba en una orilla del río, y el otro en la orilla opuesta. Uno de ellos le dijo al hombre vestido de lino, que estaba sobre las aguas del río: "¿Cuánto falta para que se cumplan estas cosas tan increíbles?".
>
> »Yo pude ver y oír cuando el hombre vestido de lino, que estaba sobre las aguas del río, levantó las manos al cielo y juró por el que vive para siempre: "Faltan tres años y medio. Todo esto se cumplirá cuando el poder del pueblo santo no vuelva a ser destruido".
>
> »Aunque escuché lo que dijo ese hombre, no pude entenderlo, así que le pregunté: "Señor, ¿en qué va a parar todo esto?". Y él me respondió: "Sigue adelante, Daniel, que estas cosas se mantendrán selladas y en secreto hasta que llegue la hora final"». (Dn 12:4-9)

En Apocalipsis 5:2, un ángel poderoso proclamó a gran voz:

> *«¿Quién es digno de romper los sellos y de abrir el rollo?»*

Nadie respondió. No hay nadie lo suficientemente bueno, puro y poderoso para romper los sellos y dar paso al futuro. Esto afectó profundamente a Juan, y debido a la gran emoción del momento rompió a llorar.

En esta impresionante escena faltaba alguien fundamental. En el capítulo 4, tenemos a Dios el Padre sentado en el trono y al Espíritu Santo alrededor de este. Pero ¿dónde está Jesucristo, la segunda persona de la Trinidad, el León de la tribu de Judá?

¡De repente, Juan lo vio!

> *Entonces vi, en medio de los cuatro seres vivientes y del trono y los ancianos, a un Cordero que estaba de pie y parecía haber sido sacrificado.* (5:6)

¡El León es un Cordero! Esta es la forma que tiene el cielo de representar las dos venidas de Cristo. Nuestro Señor vino la primera vez como Cordero para ser sacrificado por el pecado. Vendrá de nuevo como León para gobernar y reinar.

La imagen del cordero es el símbolo más conmovedor de Cristo en la Biblia. Podría decirse que se remonta al jardín del Edén, cuando Dios sacrificó un animal para cubrir la vergüenza de Adán y Eva (Gn 3:21). En Génesis 4, Abel llevó un cordero a Dios como ofrenda al Señor. Abraham ofreció un carnero al Señor en Génesis 22, y los hijos de Israel pintaron los postes de sus puertas con la sangre de los corderos de la Pascua en Éxodo 12.

En Isaías 53, el profeta describió al Mesías venidero como un cordero sacrificado, y Juan el Bautista presentó a Jesús a la nación de Israel con estas palabras: «¡Aquí tienen al Cordero de Dios, que quita el pecado del mundo!» (Jn 1:29). El apóstol Pedro escribió: «Ustedes fueron rescatados [...] con la preciosa sangre de Cristo, como de un cordero sin mancha y sin defecto» (1 P 1:18-19).

El tema del cordero es una cinta carmesí que va desde el jardín del Edén hasta la ciudad celestial.

El Libro de Apocalipsis consuma la obra redentora de Cristo para la eternidad, por lo que no es de extrañar que en él aparezca representado como un cordero unas 30 veces. El tema del cordero es una cinta carmesí que va desde el jardín del Edén hasta la ciudad celestial.

¿Qué es lo que va a hacer Jesús? Algo que nadie más puede hacer. El Padre no puede. El Espíritu no puede. Los ángeles no pueden. Ningún otro ser humano en la historia puede hacer lo que Jesús está a punto de hacer: llevar a término la salvación de su pueblo. Solo él sangró, murió y resucitó para traer la redención. Él es el único que reúne los requisitos justos comprados con sangre para consumar esa redención al dar inicio a la etapa final de la historia humana. Solo él es Dios y hombre, el Redentor, el Juez, el Resucitado.

Cuando el Señor Jesús se acercó a Dios el Padre y tomó el rollo, en el cielo comenzó una gran adoración. Apocalipsis 5:11-14 es tan hermoso que el año pasado dediqué algún tiempo a memorizarlo:

Luego miré, y oí la voz de muchos ángeles que estaban alrededor del trono, de los seres vivientes y de los ancianos. El número de ellos era millares de millares y millones de millones. Cantaban con todas sus fuerzas: «¡Digno es el Cordero, que ha sido sacrificado, de recibir el poder, la riqueza y la sabiduría, la fortaleza y la honra, la gloria y la alabanza!». Y oí a cuanta criatura hay en el cielo, y en la tierra, y debajo de la tierra y en el mar, a todos en la creación, que cantaban: «¡Al que está sentado en el trono y al Cordero, sean la alabanza y la honra, la gloria y el poder, por los siglos de los siglos!». Los cuatro seres vivientes exclamaron: «¡Amén!», y los ancianos se postraron y adoraron.

Imagínate la escena. Un trono glorioso que brilla como un diamante con tonalidades de rojo intenso, rodeado por un arco iris y asentado sobre un vasto pavimento de cristal. A su alrededor, los querubines repetían: «Santo, santo, santo». Los veinticuatro ancianos están sentados alrededor del trono, rodeados de millones de ángeles. El clamor de la alabanza es ensordecedor y todo el cielo alaba al Padre, al Hijo y al Espíritu Santo.

¿Por qué están celebrando?

Ha llegado el momento en que se juzga el mal durante una nueva y rápida fase de la historia, lo cual crea las condiciones para los acontecimientos finales que llevarán al regreso de Cristo y al amanecer de la gloriosa eternidad.

En realidad, esta gran adoración y la emocionante escena que se desarrolla en la sala del trono no han ocurrido todavía. Juan lo vio proféticamente en una visión. Recibió un glorioso anticipo del mayor momento de adoración que aparece en la Escritura. Este es el llamamiento que desencadenará la tribulación, y entonces llegamos al tercer acontecimiento.

ACONTECIMIENTO 3

El Cordero da inicio a la tribulación: Primer sello (6:1)

Mientras Juan observaba, el Cordero rompió el primero de los siete sellos. En otras palabras, Jesús, por así decirlo, deslizó su dedo bajo el borde del rollo y despegó el primer sello. En mi opinión, habrá una crisis global que desencadenará el pánico mundial. Nuestra imaginación no necesita esforzarse mucho para vislumbrar tal momento. Ciertamente algo ocurrirá en la tierra que desatará la tribulación, y es aquí donde comienzan los siete años. La palabra *tribulación* significa «angustia»,[5] y la Biblia advierte repetidamente que los últimos años de la tierra serán los más violentos, feroces y angustiosos de toda la historia.

El profeta Daniel lo llamó «un período de angustia, como no lo ha habido jamás desde que las naciones existen» (Dn 12:1).

La tribulación

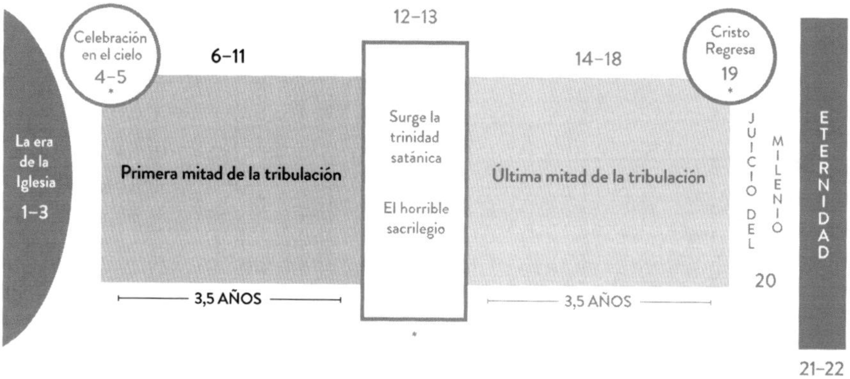

El profeta Isaías afirmó que, durante estos días, los cielos temblarán y la tierra se moverá de su sitio «por el furor del Señor Todopoderoso» (Is 13:13).

El apóstol Pablo expresó que, durante estos días, el «malvado vendrá, por obra de Satanás, con toda clase de milagros, señales y prodigios falsos» (2 Ts 2:9).

Jesús manifestó: «Serán días de tribulación como no la ha habido desde el principio, cuando Dios creó el mundo, ni la habrá jamás» (Mc 13:19).

ACONTECIMIENTO 4

Surge un poderoso líder político (6:1-2)

Mientras Jesús rompía los cuatro primeros sellos del misterioso rollo, Juan vio cuatro caballos con sus jinetes que venían galopando hacia él. Se los ha llamado «los cuatro jinetes del apocalipsis». El primer caballo era blanco y sobre él venía un vencedor. Apocalipsis 6:2 expresa:

El jinete llevaba un arco; se le dio una corona, y salió como vencedor, para seguir venciendo.

En Apocalipsis 19, se describe al Señor Jesús cuando regresa a la tierra montado en un caballo blanco, pero el jinete del capítulo 6 no es Cristo. Es un malvado gobernante mundial que, a mediados de la tribulación, vendrá poseído por Satanás y lleno de maldad sobrenatural. Se convertirá en el anticristo. No sé quién es ni de dónde viene, aunque podemos encontrar una pista en Ezequiel 38:15. Allí se nos dice que vendrá «desde el lejano norte», el lugar donde habita, es decir, al norte de Israel, lo que podría indicar el Líbano, Siria, Turquía, Ucrania o Rusia.

El «lejano norte» también podría referirse al supuesto hogar del falso dios Baal, quien, en la antigua literatura de Medio Oriente,[6] celebraba consejo en una montaña al norte de Israel y reunía fuerzas demoníacas contra Sion. Los peores enemigos de Israel solían invadir desde el norte. Según el estudioso Michael Heiser: «En el final de los tiempos, se esperaría que un enemigo sobrenatural viniera de la sede de la autoridad de Baal, el reino sobrenatural de los muertos en el inframundo, en las alturas del norte».[7]

Al parecer, este líder emergente aprovechará la mencionada crisis global para intentar hacerse con las riendas de la dominación del mundo.

Esto ya no parece descabellado. Las crisis recientes han ido incrementando los llamados al globalismo. Muchos expertos de élite creen que sistemas reguladores globales supervisarían el mundo mucho mejor que el nacionalismo actual y el conjunto de Estados nación. Estos líderes reclaman estrategias coordinadas a escala mundial para tratar temas como el cambio climático, la equidad global, las prácticas comerciales y laborales universales, una economía interconectada y un enfoque multilateral de los conflictos. Parece tener sentido hasta que uno considera la posibilidad de que este sistema global caiga en manos antibíblicas y totalitarias, que es exactamente lo que ocurrirá.

Esta crisis global, es decir, la desaparición de miles de millones de personas en el arrebatamiento de la Iglesia, una crisis en Medio Oriente, un desplome económico y una depresión mundial, un colapso tecnológico global o un desastre medioambiental, una pandemia letal

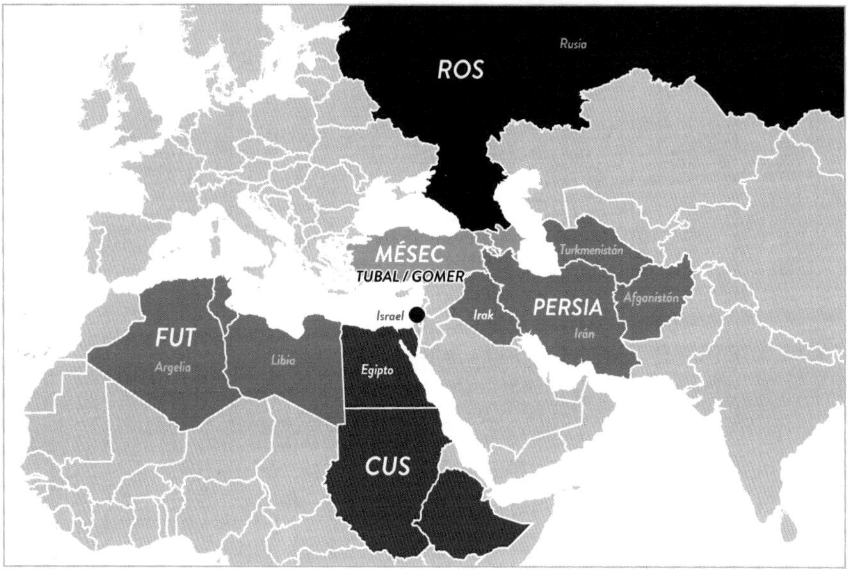

o simplemente una serie de crisis que converjan desde todos los ámbitos, creará las condiciones para que este individuo popular, poderoso y carismático intente convertirse en un dictador global.

Este gobernante tendrá que luchar para alcanzar ese dominio, por eso vemos que empuña un arma y va a la guerra mundial para doblegar a toda nación que se le oponga. Hace poco alguien me preguntó cuándo pensaba que comenzarían estos acontecimientos. La Escritura no nos da fechas, pero podemos observar en los acontecimientos mundiales. ¿Qué tan cerca estamos de una crisis global existencial que desencadene el surgimiento de un gobierno mundial? Por primera vez desde la antigüedad, podemos imaginar escenarios catastróficos (con armas de destrucción masiva, armas biológicas y la amenaza de una tecnología descontrolada) que podrían precipitar esa situación.[8]

ACONTECIMIENTO 5

Un conflicto mundial sacude el mundo: Segundo sello (6:3-4)

El surgimiento de un aspirante a dictador global provoca un período de conflicto mundial. Eso es lo que vemos cuando Jesús rompe el segundo sello. Apareció otro caballo, de color rojo encendido. Apocalipsis 6:4 expresa:

> *Al jinete se le entregó una gran espada; se le permitió quitar la paz de la tierra y hacer que sus habitantes se mataran unos a otros.*

En todo el mundo, los ejércitos se movilizarán. Se activarán los sistemas de armamento. Los diplomáticos correrán de una capital a otra como ratas en un barco. Guerras y rumores de guerras sacudirán el planeta. Naciones enteras entrarán en conflicto armado mientras el guerrero del caballo blanco buscará convertirse en el líder de un gobierno mundial.

En su sermón sobre el fin de los tiempos, Jesús manifestó: «Tengan cuidado de que nadie los engañe [...]. Vendrán muchos que, usando mi nombre, dirán: "Yo soy el Cristo", y engañarán a muchos. Ustedes oirán de guerras y de rumores de guerras, pero procuren no alarmarse [...]. Se levantará nación contra nación, y reino contra reino"» (Mt 24:4-7).

Luego observa las siguientes palabras de Jesús en Mateo 24:7: «Habrá hambres [...] por todas partes». Eso es exactamente lo que sucede a continuación en Apocalipsis 6.

ACONTECIMIENTO 6

El hambre asola la tierra: Tercer sello (6:5-6)

En Apocalipsis 6:5, Jesús rompe el tercer sello, y Juan ve un tercer caballo delante de él, un caballo negro cuyo jinete sostenía un par de balanzas en la mano, de las que se usaban en los mercados para medir el grano. El versículo 6 expresa:

> *Y oí como una voz en medio de los cuatro seres vivientes, que decía: «Un kilo de trigo, o tres kilos de cebada, por el salario de un día; pero no afectes el precio del aceite y del vino».*

El precio del trigo y de la cebada se disparará. En otras palabras, habrá escasez de productos básicos para la vida, como el pan. Pero la guerra y el hambre finalmente disminuirán a medida que el líder global asuma más control.

La guerra casi siempre conduce a la hambruna. El Consejo de Seguridad de las Naciones Unidas aprobó recientemente una resolución que condena el uso de la inseguridad alimentaria y el hambre como táctica de guerra. *National Geographic* comentó al respecto: «Las guerras son intrínsecamente violentas y dañinas, pero la destrucción de recursos puede crear a veces daños más catastróficos que las bombas y las balas [...]. Sin duda, los conflictos armados pueden dar lugar a peligrosas condiciones de inseguridad alimentaria».[9]

Sin embargo, ten en cuenta que el aceite y el vino no se verán afectados. Tal vez se deba a que la cosecha de aceitunas y uvas es más tardía que la del trigo y la cebada. De ser así, esta hambruna pudiera afectar al mundo durante unos seis meses antes de que el líder mundial restablezca las rutas de suministro y estabilice los precios de los alimentos.

ACONTECIMIENTO 7

La tasa de mortalidad se dispara: Cuarto sello (6:7-8)

Cuando Jesús rompe el cuarto sello, Juan ve pasar un caballo amarillento, cuyo jinete se llamaba Muerte. Apocalipsis 6:8 nos dice que la cuarta parte de la población de la tierra perecerá en esta etapa debido a la guerra y sus secuelas. En términos actuales, eso significa que casi dos mil millones de personas morirán durante los primeros 5 o 6 meses de la guerra mundial.

Ahora permíteme volver a algo que comenté antes. Según Daniel 9:27, en algún momento de estos conflictos, el nuevo dictador mundial firmará un tratado de paz con la nación de Israel, y garantizará la paz para el estado judío durante siete años. Debemos recordar que la nación de Israel resurgió en la historia en el año 1948. Después de casi dos mil años de su desaparición, de repente el estado judío estaba de regreso en su tierra ancestral.

El versículo afirma que este gobernante romperá su pacto a mitad de ese período al cometer «horribles sacrilegios». Más adelante conocemos que colocará su propia imagen en el templo. Luego de dominar el mundo, exigirá que el pueblo judío también lo adore, y esto desencadenara la última mitad de la tribulación. No obstante, al principio, esta poderosa figura surgirá en la historia, comenzará a dominar los titulares, consolidará su imperio y luchará por el dominio global. Hará la paz con Israel, pero el resto del mundo se sumirá en el caos.

Hasta aquí, todo lo que hemos leído es plausible. Podemos seguir la trayectoria de los acontecimientos actuales y ver cómo podrían desarrollarse estos acontecimientos. En Apocalipsis 4, Juan ascendió al cielo donde presenció una gran adoración celestial. Luego vio el momento en que se le entregó a Jesucristo el rollo con el plan de batalla para los últimos siete años. A medida que el Señor iba rompiendo los siete sellos en el cielo, uno tras otro, los acontecimientos comenzaban a sucederse en la tierra: la aparición de un dictador que pretende conquistar el mundo, una guerra mundial, varios meses de hambruna y la muerte de una cuarta parte de la población de la tierra.

En medio de todo esto, el Estado judío firmará un tratado de paz con ese hombre, a quien deben considerar entonces como un salvador político. Mientras el mundo experimentará gran angustia, la tierra de Israel disfrutará de una relativa seguridad. Además, considero que durante este período el pueblo judío actuará con rapidez para reconstruir su templo en el Monte del Templo en Jerusalén, algo que veremos un poco más adelante.

Entonces, en el centro mismo de los conflictos geopolíticos estará la nación de Israel, que resucitó de entre los muertos, por así decirlo, en 1948.

Nada de esto es inverosímil. El famoso físico Stephen Hawking manifestó que sin un «gobierno mundial», la tecnología podría acabar con la humanidad. Hawking señaló que los peligros de nuestra tecnología son tan grandes que solo un gobierno mundial puede salvar a la humanidad. No obstante, también le preocupaba que un gobierno mundial «pudiera convertirse en una tiranía».[10]

Como expresé antes, la globalización impulsa hoy gran parte de la política y la diplomacia. Si se dan las circunstancias adecuadas, podría surgir un gobierno mundial. Una crisis existencial prolongada bien podría conducir a un gobierno mundial y a un último dictador.

ACONTECIMIENTO 8

Multitudes mueren por Cristo: Quinto sello (6:9-11)

Cuando Jesús abrió el quinto sello, Juan vislumbró una escena que debió sorprenderle tanto como a nosotros. Apocalipsis 6:9-10 nos revela:

> *Cuando el Cordero rompió el quinto sello, vi debajo del altar las almas de los que habían sufrido el martirio por causa de la palabra de Dios y por mantenerse fieles en su testimonio. Gritaban a gran voz: «¿Hasta cuándo, Soberano Señor, santo y veraz, seguirás sin juzgar a los habitantes de la tierra y sin vengar nuestra muerte?».*

Entonces se les dijo que: «... esperaran un poco más, hasta que se completara el número de sus consiervos y hermanos que iban a sufrir el martirio como ellos» (v. 11).

El significado parece relativamente claro. Durante estos meses de conflicto global, multitudes de personas se volverán al Señor Jesucristo. Este debe ser el avivamiento más grande en la historia de la humanidad. Si el arrebatamiento de la Iglesia sucede antes de la tribulación, el gran impacto de este acontecimiento repentino, junto con todas las Biblias, los sermones, los libros, los videos y la literatura existentes, hará que millones de personas se vuelvan a Cristo. Si la Iglesia todavía permanece en la tierra, su testimonio será eficaz durante estos días de tribulación. Sin embargo, los enemigos del evangelio, entre ellos el dictador global, intentarán acabar con los nuevos creyentes. Este será sin duda el mayor baño de sangre producto de la persecución en la historia del evangelio.

El quinto sello implica una enorme propagación del evangelio durante las primeras fases de la tribulación e ilustra un momento terrible de creciente persecución y martirio.

Jesús lo manifestó en Mateo 24. Lee de nuevo sus palabras: «Ustedes oirán de guerras y de rumores de guerras [...]. Habrá hambres [...]. Todo esto será apenas el comienzo de los dolores. Entonces los entregarán a ustedes para que los persigan y los maten, y los odiarán todas las naciones por causa de mi nombre» (vv. 6-9).

Jesús también señaló que, en medio de todos estos acontecimientos, habría «terremotos por todas partes» (Mt 24:7). Y eso es lo que veremos a continuación.

ACONTECIMIENTO 9

Catástrofes naturales arrasan el planeta: Sexto sello (6:12-17)

En Apocalipsis 6:12-13, Jesús rompe el sexto sello.

> *Se produjo un gran terremoto. El sol se oscureció como si se hubiera vestido de luto, la luna entera se tornó roja como la sangre, y las estrellas del firmamento cayeron sobre la tierra.*

Este período termina con una serie de catástrofes naturales en la tierra y en el cielo, precursoras del fin del mundo tal y como lo conocemos. Habrá terremotos y fenómenos en los cielos. Tal vez como consecuencia de erupciones volcánicas o de la lluvia radiactiva, el cielo se oscurecerá, la luz del sol se atenuará, la luna adquirirá un espantoso color rojo y las estrellas retrocederán. Es interesante recordar que Juan escribió esto poco después de la gran erupción del Vesubio, un acontecimiento grabado a fuego en la mente de sus lectores.

Un estudioso comentó: «Todos los acontecimientos que se describen con la apertura del sexto sello son perfectamente coherentes con las condiciones que bien pueden existir a principios del período de la tribulación y, sin embargo, existe una enorme devastación aún por venir en los restantes conjuntos de juicios que se revelarán».[11]

Estos cataclismos aterrorizarán incluso a los reyes, a los jefes militares y a los ricos, y todos comprenderán que el día de la ira del Cordero está comenzando. Estos serán dolorosos anticipos y presagios de las catástrofes naturales finales que acompañarán el regreso de Cristo, que ocurrirá tal vez unos seis años después.

El propósito de todas estas cosas no es solo juzgar el mal, sino también hacer que las personas tomen conciencia de su necesidad del evangelio. Entonces, después del sexto sello, sucede algo muy importante.

El Señor comisiona a 144.000 evangelistas judíos para que se desplieguen en la tierra dañada y proclamen el mensaje de Jesús.

ACONTECIMIENTO 10

Los 144.000 evangelistas judíos reciben su comisión (7:1-8)

Apocalipsis 7 comienza con la frase *después de esto.*

Es decir, «después de que se rompan los seis primeros sellos». Observa la naturaleza secuencial de los acontecimientos. Después del sexto sello, Juan vio a cuatro ángeles que detuvieron la acción hasta que Dios comisionara a un ejército de predicadores judíos. Juan oyó su número, 144.000, y supo que había 12.000 de cada una de las doce tribus de Israel. ¡Estos son evangelistas judíos! En el Antiguo Testamento, la nación de Israel estaba compuesta por doce tribus que descendían de los doce hijos de Jacob, nieto de Abraham.

En el año 722 a. C., las diez tribus del norte desaparecieron de la historia cuando el Imperio asirio las derrotó y las desplazó de los territorios que ocupaban. Tras la destrucción del Estado judío por Roma en el año 70 d. C., la mayoría de las familias judías perdieron sus registros ancestrales. Sin embargo, el Señor omnisciente conoce el árbol genealógico de todos, y elige a 12.000 de cada una de las doce tribus.[12]

Estos son nuevos creyentes mesiánicos, y reciben un sello en la frente. En el lenguaje del Nuevo Testamento ser sellados es una frase común; en el momento en que recibimos a Jesucristo como nuestro Salvador, el Espíritu Santo nos sella y nos asegura en Cristo (2 Co 1:22; Ef 1:13; 4:30). Así que aquí, en Apocalipsis 7, tenemos a un grupo de judíos que se salvan gloriosamente en medio de la confusión prevaleciente en la tierra. ¿Se refiere este sello a la unción del Espíritu Santo, o es una marca o señal visible? No tengo la respuesta. Se dice que estará en sus frentes, pero no se nos dan detalles. Sin embargo, será como si se clonara 144.000 veces al apóstol Pablo para enviarlo a todos los rincones de la tierra en el poder del Espíritu Santo y así evangelizar el mundo.

Esto no significa que toda la nación de Israel se salvará y se redimirá en este momento, eso sucederá al final de la tribulación. Aquí lo que vemos son los primeros frutos de la conversión venidera de la nación de Israel. Estos 144.000 evangelistas recorrerán el globo y predicarán a las naciones. Como resultado, aún más personas se salvarán durante la tribulación, aunque el dictador mundial y sus fuerzas perseguirán y matarán a muchos de estos nuevos conversos. Millones morirán a causa de la violenta persecución y el martirio, y todo sucederá rápidamente. Ese es el siguiente acontecimiento de la lista: más mártires llegan al cielo.

ACONTECIMIENTO 11

Llegan más mártires al cielo (7:9-17)

Apocalipsis 7:9 expresa:

> *Después de esto miré, y apareció una multitud tomada de todas las naciones, tribus, pueblos y lenguas; era tan grande que nadie podía contarla. Estaban de pie delante del trono y del Cordero.*

Ante la mirada de los ángeles, estos recién llegados al cielo alaban a Dios por haberlos salvado. Para estos mártires recién convertidos, la tribulación ha sido un testimonio. Imagínatelo. En la tierra un adolescente viene a Cristo; un anciano abuelo se convierte; una familia entera recibe el evangelio. Luego ven truncada su vida pues les disparan, los apuñalan o los asesinan de alguna manera horrible. No obstante, estas personas serán instantáneamente transportadas a la gloria. Aquí los vemos cantando y alabando a Dios delante de su trono.

Para garantizar de que no malinterpretamos quienes son, se nos dice claramente en el versículo 14:

> *Aquellos son los que están saliendo de la gran tribulación; han lavado y blanqueado sus túnicas en la sangre del Cordero.*

La última mitad del período de siete años es una etapa de gran tribulación para la nación de Israel, pero todavía no ha comenzado. Sin embargo, los siete años completos representan la gran tribulación para el mundo. En este momento, tal vez ya estamos dos o más años en el período de siete años.

Los mártires que vienen a Cristo durante este período, muchos de los cuales son sin duda resultado de los 144.000 predicadores, reciben una gran bendición:

> *Por eso, están delante del trono de Dios, y día y noche le sirven en su templo; y el que está sentado en el trono les dará refugio en su santuario. Ya no sufrirán hambre ni sed. No los abatirá el sol ni ningún calor abrasador. Porque el Cordero que está en el trono los pastoreará y los guiará a fuentes de agua viva; y Dios les enjugará toda lágrima de sus ojos.* (7:15-17)

Al igual que los otros aspectos que hemos analizado, esto no es descabellado. La persecución mundial de los cristianos es actualmente un escándalo de nuestra época, y los medios de comunicación no informan lo suficiente sobre ello. Sigo el ministerio Puertas Abiertas, que está al tanto de la persecución de los creyentes en todo el mundo y trata de brindarles ayuda. Según sus investigaciones, 340.000.000 de cristianos viven hoy en lugares donde experimentan altos niveles de persecución y discriminación. Es decir, uno de cada ocho cristianos del mundo.[13]

La persecución mundial de los cristianos es actualmente un escándalo de nuestra época, y los medios de comunicación no informan lo suficiente sobre ello.

La nación más anticristiana de la tierra es Corea del Norte, que ya funciona como un Estado donde existe la gran tribulación. Todo aquel que sea identificado como cristiano es asesinado en el acto o deportado a un campo de concentración. En Afganistán, Pakistán, Somalia, los Estados islámicos del norte de África y algunos Estados del golfo Pérsico los creyentes enfrentan un peligro mortal. Debido al creciente extremismo hindú, la India se ha convertido en un lugar peligroso para los creyentes.[14] El cristianismo está a punto de desaparecer en Irak y Siria.[15] En Eritrea, a veces mantienen a los cristianos dentro de contenedores en medio de un clima abrasador.[16]

Millones de cristianos chinos están sometidos a una creciente vigilancia mediante cámaras de video y otros medios tecnológicos.[17] China dispone de avanzados programas de reconocimiento facial y sistemas de seguimiento de teléfonos móviles, y vigila a sus ciudadanos. Actualmente se está instalando software de reconocimiento facial en todos los centros religiosos controlados por el Estado, y los datos se envían a organismos gubernamentales que pueden denegar servicios sociales a los asistentes. China también exporta su tecnología de vigilancia mediante inteligencia artificial a otras naciones, muchas de las cuales intentan perseguir a los cristianos.[18]

Los primeros años de la tribulación se parecen mucho al presente, solo que serán más intensos: el globalismo, la guerra, el hambre, la muerte, la evangelización, la persecución y el martirio.

ACONTECIMIENTO 12

La oración recibe una impresionante respuesta: Séptimo sello (8:1-5)

En Apocalipsis 8, el Cordero rompió el séptimo sello y hubo silencio en el cielo durante media hora. Según los principios generales con los que abordo el libro, interpreto esto de forma literal. No hay ninguna indicación de que sea algún tipo de símbolo. Justo un versículo antes, el cielo resonaba con alabanzas y estaba lleno de cantos. Pero de repente el Cordero rompió el séptimo sello, y todos callaron para ver lo que sucedería.

El silencio es apropiado cuando algo de graves consecuencias está a punto de suceder. Es como el silencio en un tribunal antes de que se pronuncie la sentencia. Hay un intenso y reverente suspense. Los santos y los ángeles del cielo permanecieron en silencio para ver lo que iba a suceder a continuación. Todos los ojos estaban puestos en la siguiente fase del futuro de la tierra.

Este debe ser el único momento de la historia en que el cielo guarda silencio, a excepción de la muerte de Jesús en la cruz. Hasta este momento, en el Libro de Apocalipsis, el cielo había resonado constantemente con las voces de millares de ángeles, himno tras himno, canto tras canto. Fervientes alabanzas habían hecho vibrar el cielo y la tierra. Sin embargo, de repente todas las voces callaron y todos los instrumentos se silenciaron, y durante media hora nadie emitió sonido alguno, a la espera de la siguiente serie de siete juicios: las siete trompetas.

Cuando leo esto, pienso en lo que escribió el profeta Habacuc: «En cambio, el Señor está en su santo templo; ¡guarde toda la tierra silencio en su presencia!» (Hab 2:20). Y Zacarías 2:13: «¡Que todo el mundo guarde silencio ante el Señor, que ya avanza desde su santa morada!».

Apocalipsis 8 continúa:

> *Y vi a los siete ángeles que están de pie delante de Dios, a los cuales se les dieron siete trompetas. Se acercó otro ángel y se puso de pie frente al altar. Tenía un incensario de oro, y se le entregó mucho incienso para ofrecerlo, junto con las oraciones de todo el pueblo de Dios, sobre el altar de oro que está delante del trono. Y, junto con esas oraciones, subió el humo del incienso desde la mano del ángel hasta la presencia de Dios. Luego el ángel tomó el incensario y lo llenó con brasas del altar, las cuales arrojó sobre la tierra; y se produjeron truenos, estruendos, relámpagos y un terremoto.* (vv. 2-5)

Esta puede ser la imagen más impresionante de la respuesta a una oración en la Biblia. Un incensario es un recipiente donde se coloca el incienso, y este es de oro puro. Tal vez incluía una cadena de oro. Es posible que hayas visto a sacerdotes que lo utilizan en rituales religiosos. El incensario de oro se balancea de un lado a otro con el incienso dentro.

El ángel llenó este recipiente con incienso, que en la Biblia es un símbolo de oración. El incienso se menciona casi 150 veces en la Escritura. Aparece por primera vez en Éxodo 25, en la construcción del tabernáculo. Los israelitas debían traer ofrendas para el tabernáculo, entre ellas el «incienso» (v. 6). En Éxodo 30, Dios dio a Moisés el diseño del altar para quemar incienso. Los versículos 7-8 expresan: «Cada mañana, cuando Aarón prepare las lámparas, quemará incienso aromático sobre el altar, y también al caer la tarde, cuando las encienda. Las generaciones futuras deberán quemar siempre incienso ante el Señor».

La receta del incienso sagrado se da en Éxodo 30:34-36. Según Salmos 141:2, la quema del incienso sagrado en el altar del incienso es una imagen de nuestras oraciones: «Que suba a tu presencia mi plegaria como una ofrenda de incienso; que hacia ti se eleven mis manos como un sacrificio vespertino».

Durante miles de años, los cristianos han orado a Dios, han elevado sus plegarias y han pedido que las cosas sean como deben ser. Han orado: «Venga tu reino, hágase tu voluntad en la tierra como en el cielo» (Mt 6:10). Han orado: «¡Ven, Señor Jesús!» (Ap 22:20). Han orado: «¡Maranata!», que significa: «¡Ven, Señor!».[19]

El Señor escucha cada sílaba, cada gemido, cada oración que se piensa, se habla, se canta o se escribe. Él escucha todas las oraciones de aquellos que vienen al trono de la gracia en el nombre de Jesús. Él escucha tus oraciones.

Ahora, estos miles de millones de oraciones están a punto de recibir respuesta. Ninguna ha sido desoída ni olvidada. El Señor escucha cada sílaba, cada gemido, cada oración que se piensa, se habla, se canta o se escribe. Él escucha todas las oraciones de aquellos que vienen al trono de la gracia en el nombre de Jesús. Él escucha tus oraciones. Él nunca ha olvidado una sola oración que le hayas dirigido.

Las oraciones de todas las épocas llegaron al cielo, y el ángel las tomó, las llenó de fuego y luego las arrojó de nuevo a la tierra. Esto desató la siguiente ola de siete desastres, las siete trompetas, que conducirían a la gran tribulación.

El reino de Dios está a punto de llegar, y su voluntad está a punto de hacerse en la tierra como en el cielo.

Sin ser enfático, asumo que en este punto ya han transcurrido unos dos o tres años de los siete años predichos en Daniel 9:27. La siguiente oleada de desastres se caracteriza por el toque de siete trompetas. Los juicios de las siete trompetas nos recuerdan mucho a las plagas de Egipto en Éxodo 7–12. Así también sucede con los juicios de las copas en Apocalipsis 16. A la luz del contenido de Apocalipsis, podemos volver la mirada a la historia de Éxodo 7–12 e inferir que las plagas de Egipto fueron precursoras de los acontecimientos de la tribulación.

En otras palabras, si quieres visualizar un anticipo de la tribulación, lee Éxodo 7–12, que describe los juicios que Dios hizo caer sobre el faraón y sobre la tierra de Egipto. Aunque Egipto se consideraba el mayor imperio de la tierra en su día, quedó destruido. Cuando su ejército intentó acabar con los israelitas en el mar Rojo, Dios intervino y diezmó sus tropas. Todo esto fue un pequeño anticipo de los acontecimientos de la tribulación.

Los desastres de las trompetas son tan graves que algunos estudiosos los ubican en la segunda mitad del período de siete años de la tribulación.[20] Es posible, pero según un enfoque cronológico del libro, creo que se desarrollarán durante los últimos meses de la primera mitad de la tribulación, y llevarán al mundo al borde del colapso. Aunque su intención es castigar el mal, estos acontecimientos también tienen el propósito de hacer que las personas se acerquen al evangelio.

Los juicios de las siete trompetas finalizan la primera mitad de la tribulación y desencadenan los acontecimientos que cambiarán el enfoque del mundo contra la nación de Israel.

En tiempos bíblicos, las trompetas se usaban para indicar una inminente batalla, como cuando las fuerzas de Josué marcharon alrededor de Jericó tocando sus trompetas. También Gedeón hizo lo mismo en su batalla contra Madián en Jueces 7:19. Oseas 5:8 exhorta: «Toquen la corneta [...], hagan sonar la trompeta [...], lancen el grito de guerra». Jeremías 51:27 expresa: «... ¡Toquen la trompeta entre las naciones!...».

Así que ahora estamos listos para tocar la trompeta contra las naciones, lo que nos lleva al acontecimiento trece de nuestra lista.

ACONTECIMIENTO 13

Se desata una tormenta de fuego global: Primera trompeta (8:6-7)

El pasaje continúa:

> *Tocó el primero su trompeta, y fueron arrojados sobre la tierra granizo y fuego mezclados con sangre. Y se quemó la tercera parte de la tierra, la tercera parte de los árboles y toda la hierba verde.* (8:7)

Cuando suena la primera trompeta, una tormenta sobrenatural desciende sobre la tierra y hace llover del cielo granizo como ráfagas de ametralladora, con rayos que desencadenan incendios masivos. El Señor utilizó anteriormente esta plaga contra Egipto, en Éxodo 9:22-26, aunque en ese caso la plaga sirve solo como un anticipo localizado de la de Apocalipsis 8.

Independientemente de lo que se crea sobre el cambio climático, las plagas desatadas por los juicios de las trompetas cambiarán el clima y dañarán la atmósfera definitivamente. Vastos incendios forestales y de pastos se desatarán por todo el planeta. Se oscurecerán aún más los cielos y se contaminará el aire, lo cual causará muertes, agitación social y derramamiento de sangre.

ACONTECIMIENTO 14

El mar se contamina: Segunda trompeta (8:8-9)

Los versículos siguientes describen otra catástrofe:

> *Tocó el segundo ángel su trompeta, y fue arrojado al mar algo que parecía una enorme montaña envuelta en llamas. La tercera parte del mar se convirtió en sangre, y murió la tercera parte de las criaturas que viven en el mar; también fue destruida la tercera parte de los barcos.* (8:8-9)

Por su descripción, parece como si un asteroide chocara contra la tierra en algún lugar del mar y contaminara gran parte de los sistemas oceánicos del mundo.

Los científicos utilizan el término *suceso de impacto* para describir colisiones entre objetos astronómicos y la Tierra que podrían causar efectos medibles y devastadores. La NASA escanea constantemente los cielos en busca de ellos. Los científicos estudian los asteroides que se aproximan para determinar las posibilidades de que se produzcan colisiones devastadoras para el planeta en los próximos cien años. Por ejemplo, observaban con atención un asteroide, Apofis (llamado así por el dios egipcio del caos), que anteriormente se pensaba que podría chocar contra la Tierra en la primera mitad de este siglo.

No estoy sugiriendo que los asteroides sean el cumplimiento de Apocalipsis 8:8-9. Solo señalo que cuanto más aprendemos de la astronomía y la ciencia, más plausibles parecen los acontecimientos de Apocalipsis.

Algunos han especulado con la posibilidad de que el objeto *(algo que parecía una enorme montaña envuelta en llamas)* sea una poderosa bomba nuclear y no un asteroide. Lo hemos visto en películas, pero esta vez podría ser real. También es posible que se trate de seres angelicales o sobrenaturales que causan el caos en la tierra.

Sea cual sea la naturaleza del objeto, esta catástrofe contaminará la tercera parte del agua de los océanos. Imagina un tercio de todos los mares y océanos del mundo contaminados y de un color rojo como la sangre, lo cual es otra imagen de la historia del éxodo.

ACONTECIMIENTO 15

El agua dulce se contamina: Tercera trompeta (8:10-11)

La tercera trompeta suena en Apocalipsis 8:10-11, y es difícil calcular la angustia catastrófica que expresan esos dos versículos:

> *Tocó el tercer ángel su trompeta, y una enorme estrella, que ardía como una antorcha, cayó desde el cielo sobre la tercera parte de los ríos y sobre los manantiales. La estrella se llama Amargura. Y la tercera parte de las aguas se volvió amarga, y por causa de esas aguas murió mucha gente.*

De nuevo, podría tratarse de un asteroide, una lluvia de meteoritos, armas nucleares o biológicas, o un arma sobrenatural empuñada por fuerzas angélicas. Algo golpeará la tierra y causará graves daños a los sistemas de suministro de agua en todo el mundo.

Una organización científica anunció: «Es seguro que recibiremos un impacto [de un asteroide devastador], lo que no estamos del todo seguros es respecto a cuándo sucederá».[21] Al mismo tiempo, Stephen Hawking escribió en su último libro que, en su opinión, el impacto de un asteroide es la mayor amenaza para el planeta.[22]

Sea cual sea la naturaleza del objeto, tiene un nombre: Amargura. El término griego que se utiliza aquí es *ápsindsos*, y se refiere a una planta muy amarga al gusto.[23] Este acontecimiento hará que la tercera parte de las aguas de la tierra se vuelva amarga.

ACONTECIMIENTO 16

La luz del sol se oscurece en parte: Cuarta trompeta (8:12)

Cuando suena la cuarta trompeta, se produce una disminución devastadora de la luz solar.

> *Tocó el cuarto ángel su trompeta, y fue asolada la tercera parte del sol, de la luna y de las estrellas, de modo que se oscureció la tercera parte de ellos. Así quedó sin luz la tercera parte del día y la tercera parte de la noche.* (8:12)

Esto parece referirse a la cantidad de luz que llega a la tierra. Si el sol perdiera literalmente un tercio de su calor y de su luz, la vida en la tierra acabaría en menos de diez minutos. La luz del sol y su calor tardan ocho minutos y veinte segundos en llegar a nuestro planeta.[24] Pero es muy plausible imaginar que la luz del sol, de la luna y de las estrellas se vea disminuida por la enorme contaminación del aire.

Recuerdo cuando entró en erupción el monte Santa Elena. Aunque seguí las noticias con interés, no comprendí realmente el desastre hasta años después, cuando subí a lo alto de la *Space Needle* [Aguja Espacial] de Seattle y observé las montañas lejanas. Vi la brecha en la cordillera donde una vez estuvo el pico del monte Santa Elena. Me recordó a un niño de primer curso al que le faltan los dientes delanteros.

La erupción de este volcán en la primavera de 1980 lanzó al aire una columna de cenizas que convirtió el día en noche en gran parte del Pacífico Noroeste. Imagínate lo que ocurriría si uno de los supervolcanes de la tierra, como el sistema volcánico de Yellowstone, entrara en erupción. Los científicos afirman que las cenizas se extenderían por el cielo y cubrirían la mayor parte del territorio continental de Estados Unidos. Junto con la ceniza habría gases tóxicos, como el dióxido de azufre, que provocarían una lluvia ácida.[25]

Permíteme señalar de nuevo que no estoy afirmando que estos juicios de trompeta impliquen necesariamente asteroides, armas atómicas, invierno nuclear, lluvia ácida o sistemas volcánicos en erupción. La cuarta trompeta indica algún tipo de acontecimiento catastrófico que hará de la tierra un lugar mucho más oscuro. A la luz de la ciencia actual, la tecnología y las cuestiones relacionadas con el cambio climático, estos juicios son creíbles y concebibles; hoy más que nunca lo son.

ACONTECIMIENTO 17

Se liberan demonios para aterrorizar a los habitantes de la tierra durante cinco meses: Quinta trompeta (8:13–9:12)

Por horribles que sean las cosas que hemos visto, nada podría preparar al mundo para lo que viene a continuación. Antes de la quinta trompeta, se escucha un anuncio especial desde el cielo:

> *Seguí observando, y oí un águila que volaba en medio del cielo y gritaba fuertemente: «¡Ay! ¡Ay! ¡Ay de los habitantes de la tierra cuando suenen las tres trompetas que los últimos tres ángeles están a punto de tocar!».* (8:13)

La dureza de los juicios desatados por las tres últimas trompetas justifica que se haga un anuncio especial sobre ellos. Un águila que volaba por el cielo se encarga de hacerlo. Podría tratarse de un querubín, pues Ezequiel 1:10 y Apocalipsis 4:7 describen a algunos querubines con rostros similares a los de las águilas. Los tres ayes indican que la tribulación está a punto de entrar en una nueva fase en la que la guerra se extenderá desde el reino invisible al mundo visible con enormes oleadas de fuerzas demoníacas malévolas.

Los traumatizados supervivientes de estos tres primeros años de gran tribulación global deben ahora prepararse para los últimos seis meses de terrible sufrimiento antes de llegar a la mitad de los siete años. Las dos trompetas siguientes desencadenan las fuerzas demoníacas más atroces que uno pueda imaginar.

Apocalipsis 9 comienza:

Tocó el quinto ángel su trompeta, y vi que había caído del cielo a la tierra una estrella, a la cual se le entregó la llave del pozo del abismo. (v. 1)

¿Qué o quién es esta estrella? Quizás la volvamos a ver en Apocalipsis 20:1, que afirma: «Vi además a un ángel que bajaba del cielo con la llave del abismo…». Puede tratarse de un ángel del juicio que tiene la llave de ese lugar. En el capítulo 9, su tarea es liberar a quienes allí habitaban, y en el capítulo 20 arrojar y encerrar a Satanás en él.

¿Entonces qué es el abismo?

En términos sencillos, es una prisión de máxima seguridad donde están encarcelados los peores demonios. En Apocalipsis 20:7, se hace referencia a ella como la «prisión» de Satanás. El libro apócrifo 1 Enoc (que se cita en la epístola de Judas y que Juan habría conocido) describe el abismo como «la casa prisión de los ángeles».[26]

En algún momento del pasado, el arcángel Lucifer dirigió a un tercio de los ángeles, que se rebelaron contra Dios, un acontecimiento al que se alude, como veremos, en Apocalipsis 12:4. Algunos de estos demonios andan sueltos, y leemos sobre su actividad a lo largo del Antiguo y el Nuevo Testamento. Incluso hoy, creo que las fuerzas demoníacas tienen más que ver con nuestros conflictos globales de lo que pensamos. No obstante, parece que algunos de los demonios más brutales y atroces están encarcelados en una prisión sobrenatural conocida como el abismo.

Estos ángeles caídos son poderosos en rango, y constituyen una amenaza para toda la creación de Dios. El Señor los encarceló en una mazmorra de la que no podían escapar, un lugar temido por todas las fuerzas demoníacas. Se denomina *abismo* y proviene de una palabra griega que significa «agujero profundo o vasto abismo».[27] Me recuerda al núcleo fundido de la tierra.

En Lucas 8:31, cuando Jesús expulsó una legión de demonios de un hombre en la región de los gerasenos, los demonios «le suplicaban a Jesús que no los mandara al abismo». Los demonios preferían habitar en una piara de cerdos antes que ser condenados al abismo.

La primera mitad de Apocalipsis 9 nos dice que algo o alguien como una estrella fugaz descenderá hasta el pozo del abismo y lo abrirá. El versículo 2 expresa:

Lo abrió, y del pozo subió una humareda, como la de un horno gigantesco; y la humareda oscureció el sol y el aire.

En mi mente, lo visualizo como un gran volcán que comienza a escupir no solo lava, ceniza, gases y humo, sino hordas aterradoras de fuerzas demoníacas. Los versículos 3-4 lo describen como una invasión de langostas, pero en lugar de dañar la vegetación, estas langostas tienen la intención sádica de picar y torturar a los seres humanos.

Los versículos 3-6 expresan:

De la humareda descendieron langostas sobre la tierra, y se les dio poder como el que tienen los escorpiones [...]. *Se les ordenó que no dañaran la hierba de la tierra, ni ninguna planta ni ningún árbol, sino solo a las personas que no llevaran en la frente el sello de Dios. No se les dio permiso para matarlas, sino solo para torturarlas durante cinco meses. Su tormento es como el producido por la picadura de un escorpión. En aquellos días la gente buscará la muerte, pero no la encontrará...*

Según el enfoque general con el que abordo Apocalipsis, interpreto todo esto con cierta literalidad. Estos demonios aparecen en forma de pequeños caballos con rostros humanos y aguijones en la cola (v. 7). Encuentran placer en atacar y atormentar a las personas.

Nunca me ha picado un escorpión, pero he leído que es extremadamente doloroso. Un equipo conjunto de investigadores de Estados Unidos y China realizó una investigación para explicar la intensidad del dolor infligido por un escorpión. Los escorpiones tienen en el extremo de su cola un aguijón que perfora la piel e inyecta un veneno en cuya composición hay 100 toxinas, algunas de las cuales hacen que el dolor se magnifique por la forma en que se trasmiten las señales al cerebro.[28]

A estas dolorosas criaturas de Apocalipsis se las llama «langostas», lo que nos recuerda el Libro de Joel, que predicó durante una invasión real de langostas en tiempos del Antiguo Testamento. En su primer capítulo, Joel describió la invasión como algo nunca visto a esta escala. «¿Alguna vez sucedió cosa semejante?» (Jl 1:2).

Más adelante, Joel utilizó la invasión de langostas para enseñar acerca de los últimos días, y su lenguaje anticipó Apocalipsis 9:

Toquen la trompeta en Sión [...]. *Día de tinieblas y oscuridad, día de nubes y densos nubarrones. Como la aurora que se extiende sobre los montes* [...]. *«Después de esto* [...] *En el cielo y en la tierra mostraré prodigios: sangre, fuego y columnas de humo. El sol se convertirá en tinieblas y la luna en sangre antes que llegue el día del SEÑOR, día grande y terrible. Y todo el que invoque el nombre del SEÑOR escapará con vida...».* (Jl 2:1, 2, 28, 30-32)

Cuando estas cosas suceden en Apocalipsis, no vemos escorpiones reales, sino crueles demonios que atormentarán a todos los que no han recibido a Cristo como Salvador. El propósito es juzgar el mal, aunque también es una advertencia de que la oportunidad de volverse a Cristo se está acabando.

El versículo 11 describe al comandante de este ejército de demonios escorpiones:

El rey que los dirigía era el ángel del abismo, que en hebreo se llama Abadón y en griego Apolión.

Esto probablemente se refiere al mismo Satanás. Observa las cuatro frases que lo describen.

- *rey que los dirigía* [a los demonios].
- *ángel del abismo.*
- *Abadón* (un término del Antiguo Testamento que significa «destrucción» o «destructor», lo opuesto de *Salvador*).
- *Apolión* (el equivalente griego de Abaddon, que también significa «destrucción» o «destructor», lo opuesto de *Salvador*).

ACONTECIMIENTO 18

Se libera a demonios de alto rango para que destruyan a la tercera parte de la humanidad que había sobrevivido: Sexta trompeta (9:13-21)

Como si los demonios escorpiones no fueran lo suficientemente terribles, se nos dice que los próximos dos ayes serán aún peores. Entonces suena la sexta trompeta y se liberan más demonios. Estos son mortales; cuatro crueles demonios de alto rango que serán liberados con millones de soldados asesinos. Apocalipsis 9:13-16 expresa:

> *Tocó el sexto ángel su trompeta, y oí una voz* [...] *la voz le dijo: «Suelta a los cuatro ángeles que están atados a la orilla del gran río Éufrates». Así que los cuatro ángeles que habían sido preparados precisamente para esa hora, y ese día, mes y año, quedaron sueltos para matar a la tercera parte de la humanidad. Oí que el número de las tropas de caballería llegaba a doscientos millones.*

Esta ubicación parece referirse a otra prisión de máxima seguridad en el reino espiritual, tal vez situada en un reino invisible en Irak (la antigua Babilonia) bajo el río Éufrates y cerca de donde una vez existió el jardín del Edén.[29] Se trata de una ubicación fascinante porque la patria original de Abraham y del pueblo judío se encontraba más allá del Éufrates, en Ur, que se caracterizaba por la idolatría. Y el mismo Éufrates iba a ser la frontera de Israel establecida por Dios (Jos 1:4). La tierra más allá del Éufrates se convirtió en el centro de gobiernos opuestos a Israel, como Asiria, Babilonia y Persia. En la actualidad, esta zona incluye naciones como Irak (piensa en Babilonia) e Irán (piensa en Persia).

Así que, en algún lugar cercano al Éufrates, cuatro comandantes demoníacos están a la espera de ser liberados justo en el año, mes, día y hora señalados. Invadirán la tierra y, junto con una tropa de doscientos millones, causarán la muerte de una tercera parte de la población restante de la tierra. Estas tropas no se describen como langostas, sino como caballos diabólicos (Ap 9:17).

¿Son los doscientos millones de soldados ejércitos humanos o fuerzas demoníacas? Los estudiosos no se ponen de acuerdo al respecto. Como hemos visto y volveremos a ver, las grandes fuerzas militares de las naciones están movilizadas y activas durante este tiempo, pero como Apocalipsis 9 presenta dos invasiones dirigidas por demonios con un ejército de langostas y luego un ejército de caballos, me inclino a creer que ambos acontecimientos describen invasiones demoníacas.

Michael Heiser expresó: «En esencia, lo que se ha descrito aquí es que la prisión se vacía [...]. El conflicto final va a ser una guerra entre

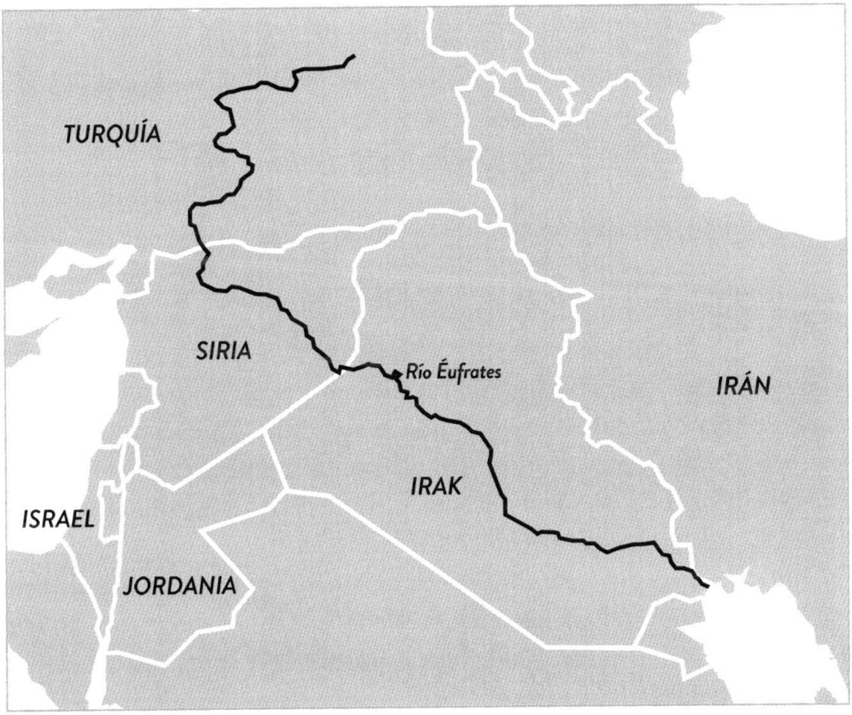

todas las fuerzas sobrenaturales del mal (y aquellos humanos que les son leales) contra Dios. Contra Jesús [...]. Es la maldad cósmica. Es el caos. Así que, aunque está claro que las hordas aquí son demoníacas, esa conclusión no debe usarse para eliminar la posibilidad de ejércitos humanos [...] en realidad son ambas cosas».[30]

Apocalipsis 9:18 afirma:

> *La tercera parte de la humanidad murió a causa de las tres plagas de fuego, humo y azufre que salían de la boca de los caballos.*

Anteriormente, vimos que en Apocalipsis 6:7-8 una cuarta parte de la humanidad pereció. Ahora muere una tercera parte de los habitantes que quedan en la tierra. Estos dos juicios cobran la vida de la mitad de la población del mundo.

A pesar de los terribles horrores que han presenciado, los humanos supervivientes se han endurecido, y la mayoría se niega a arrepentirse. Los versículos 20-21 finalizan el capítulo de esta forma:

> *El resto de la humanidad, los que no murieron a causa de estas plagas, tampoco se arrepintieron de sus malas acciones ni dejaron de adorar a los demonios y a los ídolos de oro, plata, bronce, piedra y madera* [...]. *Tampoco se arrepintieron de sus asesinatos ni de sus artes mágicas, inmoralidad sexual y robos.*

ACONTECIMIENTO 19

Un poderoso ángel anuncia: «¡El tiempo ha terminado!» (10:1-7)

Al abrir Apocalipsis 10, llegamos al decimonoveno evento. Este es un capítulo relativamente breve (solo once versículos) que sirve como preludio al sonido de la séptima trompeta. La primera mitad de la tribulación está a punto de terminar, y el cielo tiene un impresionante anuncio que hacer: «¡El tiempo ha terminado!» (v. 6).

En el versículo 1, un ángel poderoso descendió del cielo: «... envuelto en una nube. Un arco iris rodeaba su cabeza...». Su rostro era tan brillante como el sol, y su tamaño enorme. Puso un pie sobre el mar y otro sobre la tierra, y cuando abrió la boca su voz retumbó en el aire como un trueno, como el rugido de un león. En realidad, su voz desencadenó una serie de siete truenos, que pueden representar otra serie de desastres, como los siete sellos y las siete trompetas. Al parecer, Juan comprendió el significado de estos siete truenos y se dispuso a anotarlos. Sin embargo, una voz del cielo le ordenó: «... Guarda en secreto lo que han dicho los siete truenos, y no lo escribas» (v. 4).

Al parecer, el Señor no quiere que conozcamos la naturaleza de estos juicios de los truenos, o tal vez en su infinita misericordia evitará que la tierra los sufra.

Los versículos 5-6 abordan el punto principal:

> *El ángel* [...] *levantó al cielo su mano derecha y juró por el que vive por los siglos de los siglos, el que creó el cielo, la tierra, el mar y todo lo que hay en ellos, y dijo: «¡El tiempo ha terminado!»*

Se acerca el punto medio de la tribulación, y la gran tribulación está a punto de desatarse sobre la tierra: el misterio de Dios, *tal y como lo anunció a sus siervos los profetas* (v. 7).

ACONTECIMIENTO 20

Juan recibe un mensaje sobre la segunda mitad de la tribulación (10:8-11)

El ángel colosal, que algunos estudiosos consideran que es Cristo mismo, tenía otro mensaje, y este era para Juan. En la mano del ángel había un pequeño rollo, y una voz del cielo le ordenó a Juan:

> *«Acércate al ángel que está de pie sobre el mar y sobre la tierra, y toma el rollo que tiene abierto en la mano». Me acerqué al ángel y le pedí que me diera el rollo. Él me dijo: «Tómalo y cómetelo. Te amargará las entrañas, pero en la boca te sabrá dulce como la miel».* (10:8-9)

Esto es exactamente lo que le sucedió al profeta Ezequiel. Dios le dio a comer un rollo que simbolizaba una advertencia para Israel que debía digerir, interiorizar y proclamar (Ez 3:1-3). Como era la Palabra de Dios, era dulce en la boca, pero por su tono de juicio, era difícil de digerir para Juan. Todos hemos tenido la experiencia de comer algo que sabía bien, pero que después no nos cae bien en el estómago. Eso fue lo que Juan experimentó.

¿Recuerdas que la primera mitad de la tribulación comenzó con un rollo que se le entregó al Cordero en Apocalipsis 5? Ahora la segunda mitad de la tribulación está a punto de comenzar. Juan ve otro rollo y recibe la orden de comérselo. Contiene una advertencia y un mensaje de condenación para las naciones que se están preparando para alinearse contra Israel y su Mesías venidero. Apocalipsis 10 termina con estas palabras a Juan:

> *Tienes que volver a profetizar acerca de muchos pueblos, naciones, lenguas y reyes.* (v. 11)

Al parecer aquí se está cerca del punto medio de los siete años de tribulación.

ACONTECIMIENTO 21

Se comisiona a dos superprofetas (11:1-14)

Al comenzar Apocalipsis 11, se confirma que el tercer templo, el templo de la tribulación, se ha reconstruido en el Monte del Templo en Jerusalén. Al parecer, el Estado judío reconstruyó su largamente anhelado templo durante sus tres años y medio de relativa paz, mientras las otras naciones estaban envueltas en conflictos armados y padecían las catástrofes que ya hemos visto.

¿Por qué lo llamo el tercer templo? El primer templo judío fue construido por Salomón en 2 Crónicas 3, y destruido por los invasores babilonios en 587 a. C. en 2 Crónicas 36.

Los judíos que regresaron del destierro en Esdras 1–6 construyeron el segundo templo, y luego Herodes el Grande lo renovó en los días de Cristo. Herodes amplió enormemente el tamaño de la acrópolis sobre la que se asentaba el templo y lo reconstruyó hasta convertirlo en uno de los edificios más magníficos del mundo. No obstante, los invasores romanos destruyeron este segundo templo en el año 70 d. C., tal y como predijo Jesús en Mateo 24:2. Si Juan escribió esto en el año 95 d. C. o alrededor de esa fecha, el templo había sido destruido un cuarto de siglo antes.

Si visitas Jerusalén hoy, verás que el Monte del Templo sigue allí. Ocupa 145.000 m^2 (36 acres; la Casa Blanca ocupa solo 75.676 m^2 [18,7 acres]), y está dominado por dos impresionantes estructuras islámicas: la Cúpula de la Roca y la Mezquita de Al-Aqsa. He estado varias veces en el Monte del Templo e incluso dentro de la Cúpula de la Roca, pero la política de este lugar es tan sensible como el cable de una trampa.

El muro de contención occidental del Monte del Templo es el lugar más sagrado del mundo para los judíos practicantes de hoy, pues la cima del Monte está dominada por las estructuras islámicas que he mencionado. Uno de los momentos más conmovedores de una visita a Israel es unirse a los fieles judíos que oran con el rostro apoyado en el Muro de las Lamentaciones.

Desde el punto de vista político, parece imposible que el pueblo judío construya el tercer templo, pero hay fuerzas judías que se preparan para ello cada día. El Instituto del Templo de Jerusalén ya ha preparado los vasos sagrados, las vestiduras sacerdotales y un modelo del complejo del templo sagrado.[31] La piedra angular está lista y esperando, e incluso después de 2000 años de diáspora, el sueño de un tercer templo no ha muerto. Es más fuerte que nunca.

En la serie de visiones que Juan tuvo en la isla de Patmos, vio el tercer templo reconstruido y se le dijo que lo midiera. Apocalipsis 11:1-2 expresa:

> *«Se me dio una caña que servía para medir, y se me ordenó: «Levántate y mide el templo de Dios y el altar, y calcula cuántos pueden adorar allí. Pero no incluyas el atrio exterior del templo; no lo midas, porque ha sido entregado a las naciones paganas, las cuales pisotearán la ciudad santa durante cuarenta y dos meses».*

En otras palabras, la marea está a punto de volverse contra Israel. Esta asombrosa nación, que tuvo sus comienzos con el llamado de Dios a Abraham en Génesis 12, será invadida y sitiada durante 42 meses, la última mitad de los siete años de tribulación. Esta será la gran tribulación de Israel.

Sin embargo, Dios nunca se queda sin un testigo. Así como comisionó a 144.000 evangelistas durante la primera mitad de la tribulación, también está a punto de comisionar a dos superevangelistas para predicar durante la última mitad.

Apocalipsis 11:3 afirma:

> *«Por mi parte, yo encargaré a mis dos testigos que* [...] *profeticen durante mil doscientos sesenta días».*

Si divides 1260 entre 30, obtienes 42, como en 42 meses, o 3,5 años. No puedo ser dogmático respecto al tiempo, pero me parece que estos dos profetas reciben su comisión aquí, justo antes del punto medio de la tribulación. Sospecho que su ministerio se extenderá desde justo antes de la mitad de la tribulación hasta justo antes del final del período de siete años, pero su ministerio se describe solamente aquí. Algunos estudiosos los sitúan durante la primera mitad de los siete años de tribulación.[32] Sin embargo, debido a que se presentan aquí, me inclino a verlos como los últimos grandes evangelistas globales de Dios, que predicarán en la vieja Jerusalén, mientras la gran tribulación tiene lugar a su alrededor. Estos dos evangelistas sentarán las bases para la conversión del pueblo judío, que, como veremos, ocurrirá cuando Cristo regrese.

Cuando el ministerio de los 144.000 evangelistas termina (ver acontecimiento 28), el ministerio de los dos superevangelistas comienza. ¡El evangelio nunca se detiene!

El ministerio de estos dos superevangelistas se predijo en el Libro de Zacarías, del Antiguo Testamento. En Zacarías 4, hubo dos hombres que trabajaron intensamente para dirigir la construcción del segundo templo: Zorobabel y Josué. Se los representa como dos olivos que suministran aceite a un candelabro gigante.

Sobre estos dos testigos finales, Apocalipsis 11:4 declara:

> *Estos dos testigos son los dos olivos y los dos candelabros que permanecen delante del Señor de la tierra.*

No se revela la identidad de estos dos hombres. Podrían ser personas contemporáneas, de esos tiempos, como los 144.000 evangelistas. No es necesario que Dios se remonte a la historia bíblica para recordar a ciertos héroes. Él tiene su pueblo en cada generación.

Por otra parte, también es posible que sean dos héroes del Antiguo Testamento que Dios reasigna a la tierra durante este período. Algunos estudiosos consideran que estos dos hombres son Moisés y Elías, los mismos que estuvieron con Jesús en el monte de la transfiguración en Mateo 17, en representación de la ley (Moisés) y los profetas (Elías). Ciertamente, durante la tribulación, estos dos superevangelistas de Apocalipsis 11 tienen el poder de hacer milagros que nos recuerdan las señales y maravillas hechas por Moisés y Elías.

Otros especulan que son Enoc y Elías, los dos únicos hombres que según se conoce fueron llevados al cielo sin haber muerto. Otros sugieren que las dos figuras simbolizan los dos grandes grupos de seguidores de Cristo en aquella época: los cristianos gentiles y los cristianos judíos. La verdad es que el Señor no nos dice quiénes son, pero sí lo que hacen.

El pasaje continúa:

> *Si alguien quiere hacerles daño, ellos lanzan fuego por la boca y consumen a sus enemigos. Así habrá de morir cualquiera que intente hacerles daño. Estos testigos tienen poder para cerrar el cielo a fin de que no llueva mientras estén profetizando; y tienen poder para convertir las aguas en sangre y para azotar la tierra, cuantas veces quieran, con toda clase de plagas.* (vv. 5-6)

En algún momento cerca del final de la gran tribulación, estos dos hombres completarán su misión y el anticristo los asesinará. Mientras sus cadáveres se exhiben en una plaza pública de Jerusalén, para que todo el mundo los vea, de repente volverán a la vida y ascenderán al cielo.

> *Ahora bien, cuando hayan terminado de dar su testimonio, la bestia que sube del abismo les hará la guerra, los vencerá y los matará. Sus cadáveres quedarán tendidos en la plaza de la gran ciudad, llamada en sentido figurado Sodoma y Egipto, donde también fue crucificado su Señor. Y gente de todo pueblo, tribu, lengua y nación contemplará sus cadáveres por tres días y medio, y no permitirá que se les dé sepultura. Los habitantes de la tierra se alegrarán de su muerte y harán fiesta e intercambiarán regalos, porque estos dos profetas les estaban haciendo la vida imposible.*
>
> *Pasados los tres días y medio, entró en ellos un aliento de vida enviado por Dios, y se pusieron de pie, y quienes los observaban quedaron sobrecogidos de terror. Entonces los dos testigos oyeron una potente voz del cielo que les decía: «Suban acá». Y subieron al cielo en una nube, a la vista de sus enemigos.* (vv. 7-12)

Este es uno de los momentos más dramáticos de la gran tribulación, y coincide con un enorme terremoto que sacudirá Jerusalén. Se nos dice que justo antes y durante el regreso de Cristo, una serie de terremotos hará que el globo se estremezca de polo a polo (Is 29:6; Zac 14:4; Ap 16:18). El versículo 13 afirma:

> *En ese mismo instante se produjo un violento terremoto y se derrumbó la décima parte de la ciudad. Perecieron siete mil personas, pero los sobrevivientes, llenos de temor, dieron gloria al Dios del cielo.*

Entonces, parece que al final de la gran tribulación todavía hay unas pocas personas dispuestas a venir a Cristo. En realidad, como he dicho, toda la nación de Israel se volverá a Jesucristo justo cuando él regrese por ellos. A lo largo de estos siete años, tenemos indicios de personas que se vuelven a él, aunque los mayores avivamientos parecen ocurrir en los primeros días, meses y años de este período de angustia. Sin embargo, como explicaré más adelante, bien puede haber creyentes que escapen de las garras del anticristo durante la tribulación.

Durante la mayor parte de la tribulación, Israel será una fuerza política en el mundo, pero no una fuerza espiritual. La nación misma, y su capital Jerusalén, serán un lugar de pecaminosidad desenfrenada como la de Sodoma en los días de Lot y la de Egipto en tiempos de Moisés. La predicación constante de estos dos superprofetas crispará los nervios de todos, judíos y gentiles por igual, mientras la gente continúa resistiéndose a aceptar el mensaje de arrepentimiento.

Sin tomarlo a la ligera, estas dos personas parecen ser el mejor ejemplo en la Biblia de «superhéroes». Son prácticamente invencibles y tienen poderes sobrenaturales. Proclaman el evangelio desde el corazón de Jerusalén, lo que inquieta a los poderes fácticos. Cuando finalmente los asesinan, el mundo entero contempla sus cadáveres, tal vez en la televisión. No obstante, de repente resucitarán y ascenderán al cielo, lo cual aterrorizará al anticristo. Considero que esto ocurrirá en un momento cercano al regreso de Cristo al final de los siete años de tribulación.

ACONTECIMIENTO 22

El cielo anuncia: «Ha llegado tu castigo»: Séptima trompeta (11:15-19)

A la mitad de Apocalipsis 11, la escena se traslada de nuevo a la sala del trono en el cielo, donde la adoración y las alabanzas se suceden continuamente. La primera mitad de la tribulación comenzó con un servicio de adoración celestial y la dramática escena que se desarrolla en la sala del tribunal en Apocalipsis 4–5, y termina con otra adoración celestial en Apocalipsis 11.

El contraste entre la tribulación en la tierra y la celebración en el cielo es impresionante. Los adoradores declaran que los propósitos del cielo se consolidan y prevalecen.

> *Tocó el séptimo ángel su trompeta, y en el cielo resonaron fuertes voces que decían: «El reino del mundo ha pasado a ser de nuestro Señor y de su Cristo, y él reinará por los siglos de los siglos».*
>
> *Los veinticuatro ancianos que estaban sentados en sus tronos delante de Dios se postraron rostro en tierra y adoraron a Dios diciendo: «Señor, Dios Todopoderoso, que eres y que eras, te damos gracias porque has asumido tu gran poder y has comenzado a reinar. Las naciones se han enfurecido; pero ha llegado tu castigo».* (11:15-18)

Interpreto esto como una señal de la transición de la primera mitad de la tribulación a la segunda mitad, a la gran tribulación, el momento de la ira de Dios. En la corte divina, los seres angélicos se regocijan de que la fase final de la victoria de Cristo está a punto de comenzar. Una fase que conducirá directamente a su regreso a la tierra y a la destrucción de sus enemigos.

Un último comentario sobre Apocalipsis 11. Este capítulo comienza con un recorrido por el templo terrenal y termina con una visión del templo celestial. A Juan se le dio una visión del lugar santísimo celestial (que era el modelo para el tabernáculo y el templo terrenales) y del arca del pacto para recordarle el fiel compromiso de Dios con su pueblo especial, el pueblo judío.

El versículo 19 expresa:

> *Entonces se abrió en el cielo el templo de Dios; allí se vio el arca de su pacto, y hubo relámpagos, estruendos, truenos, un terremoto y una fuerte granizada.*

La justa ira de Dios llega a un punto en que se manifiesta y se desata. Esta impresionante escena parece poner fin a la primera mitad de la tribulación, los primeros tres años y medio.

Los capítulos 12–13 nos llevan a la mitad de la tribulación. Aquí se nos habla de la falsa trinidad, del inicio del conflicto cósmico en las esferas física y espiritual, y del acontecimiento más definitorio de la gran tribulación: el establecimiento del horrible sacrilegio en el tercer templo de Jerusalén.

¡Mantente atento!

Apocalipsis

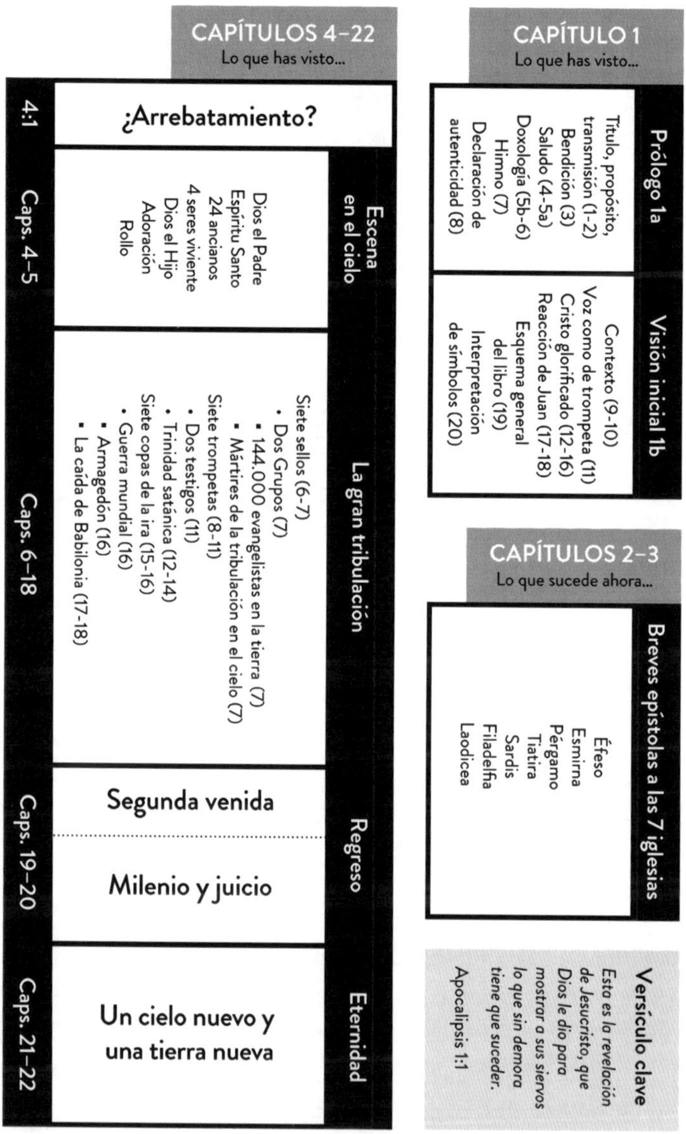

Momento intermedio de la tribulación

Apocalipsis 12–13

La descripción de la segunda mitad de la tribulación (los tres años y medio de la «gran tribulación») comienza en Apocalipsis 12–13 con información de fondo para ayudarnos a comprender la naturaleza de los designios de Satanás y la lucha cósmica que aquí alcanza su cenit. La primera parte de esta sección nos habla de los antecedentes; Juan quería que sus lectores comprendieran los dramáticos acontecimientos venideros en el contexto de la épica batalla de las eras.

Apocalipsis 12 trata de Satanás y del motivo de su atroz ira contra Dios y contra Israel.

Apocalipsis 13 describe a otros dos personajes malvados: el anticristo y el falso profeta. Pienso que el anticristo es el gobernante mundial dedicado a la conquista que en Apocalipsis 6 montaba el caballo blanco. Luego de haber logrado la dictadura global, va a ser poseído por el diablo, que lo convertirá en el ser humano más cruel que jamás haya existido.

También aparece su malvado ayudante: el falso profeta, que se describe en la última mitad de Apocalipsis 13 como la bestia que sube de la tierra.

Esta es la antitrinidad: Satanás es lo contrario del Padre, el anticristo es diametralmente opuesto a Jesucristo y el falso profeta aparece como una distorsión del Espíritu Santo. El deseo de Satanás de ser como Dios mismo provocará un giro horrendo de los acontecimientos.

En la última parte del capítulo 13, el anticristo y el falso profeta establecerán el horrible sacrilegio en el tercer templo. De acuerdo con lo que Jesús predijo en Mateo 24, este es el momento en que comenzará la gran tribulación, los últimos tres años y medio de los dolores de parto de la tierra.

Pienso que Apocalipsis 12–13 describe los acontecimientos en el momento intermedio de los siete años de tribulación.

La tribulación

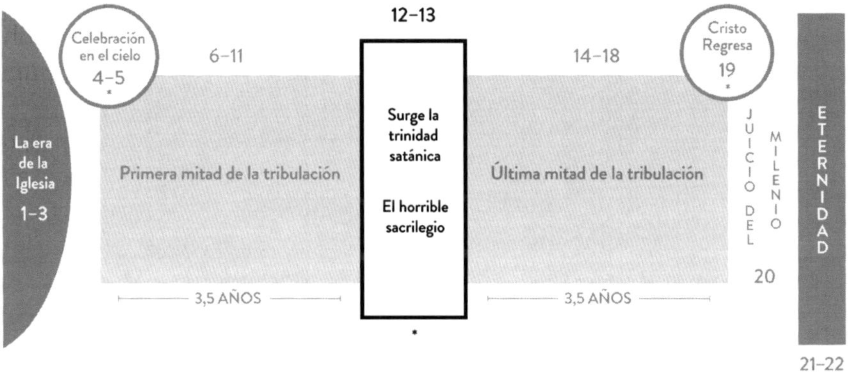

ACONTECIMIENTO 23

Satanás es expulsado del cielo y ataca la tierra como venganza (12:1-17)

Apocalipsis 12 explica muchas cosas. Describe el conflicto espiritual cósmico de las edades y nos da el trasfondo de cómo hemos llegado a este punto. El capítulo puede resultar abrumador; no obstante, pienso que podemos clarificarlo si lo analizamos cuidadosamente, pero con sencillez. Como se ha dicho antes, debemos interpretar la Biblia de manera literal siempre que sea posible, pero gran parte de Apocalipsis se presenta en forma de símbolos, que significan cosas literales. Como veremos, estas figuras retóricas suelen estar claramente definidas para nosotros.

Los versículos 1-2 describen la nación histórica de Israel como una mujer, cuyos descendientes, los elegidos de Abraham, han sido apartados por Dios con el objetivo de implementar un programa de redención para la tierra:

Apareció en el cielo una señal maravillosa: una mujer revestida del sol, con la luna debajo de sus pies y con una corona de doce estrellas en la cabeza. Estaba encinta y gritaba por los dolores y angustias del parto.

El sol y la luna hablan de su esplendor como pueblo elegido por Dios; las doce estrellas se refieren a las doce tribus que componían la nación. Esta descripción de la mujer recuerda la visión de José en Génesis 37.

El bebé que dio a luz era el Mesías: Jesucristo.

En su Evangelio, el cuarto libro del Nuevo Testamento, el apóstol Juan no nos cuenta la historia de la Natividad. No trató los acontecimientos de Belén como lo hicieron Mateo y Lucas. Sin embargo, al escribir Apocalipsis, Juan incluye esa información a su manera y nos revela que además de la sagrada familia, los pastores y los magos, había alguien más en la escena. El diablo también estaba allí, decidido a matar al niño.

Este malvado personaje llamado Satanás fue originalmente un arcángel que se rebeló contra Dios y dirigió a la tercera parte de huestes angélicas en una insurrección. Esa es la esencia de los versículos 3-4:

Y apareció en el cielo otra señal: un enorme dragón de color rojo encendido que tenía siete cabezas y diez cuernos, y una diadema en cada cabeza. Con la cola arrastró la tercera parte de las estrellas del cielo y las arrojó sobre la tierra. Cuando la mujer estaba a punto de dar a luz, el dragón se plantó delante de ella para devorar a su hijo tan pronto como naciera.

Este dragón es Satanás, como vemos en el versículo 9. Intentó matar al Mesías desde el principio de su vida. ¿Recuerdas cómo Herodes el Grande trató de destruir al niño Jesús e hizo que José y María tuvieran que huir a Egipto? Más adelante, el Viernes Santo, Satanás pensó que por fin había conseguido detener el plan de redención de Dios al asesinar a Jesús en la cruz.

El versículo 5 es un resumen, en un solo versículo, del ministerio terrenal de Cristo.

Ella dio a luz un hijo varón «que gobernará a todas las naciones con puño de hierro». Pero su hijo fue arrebatado y llevado hasta Dios, que está en su trono.

Nació como el Mesías de Israel, vivió, murió, resucitó y ascendió victorioso al cielo para volver a ocupar su lugar en el trono de Dios.

Eso no detuvo los ataques del diablo contra Israel. Así como la nación de Israel fue fundamental para la primera venida del Señor a la tierra, de igual modo su regreso ocurrirá en el contexto del drama judío en los últimos días.

Esto nos lleva al versículo 6, que retrocede al momento intermedio de la tribulación y afirma que, en esos días de angustia, una parte del pueblo judío huirá a un lugar seguro donde sorteará la gran tribulación:

> *Y la mujer huyó al desierto, a un lugar que Dios le había preparado para que allí la sustentaran durante mil doscientos sesenta días.*

En otras palabras, la nación de Israel en el pasado produjo al Mesías, a quien el diablo trató de destruir en su primera venida. Cuando comienza la gran tribulación, el diablo continúa persiguiendo a la nación de Israel, y trata de interrumpir la segunda venida de Cristo. Sin embargo, Dios ha preparado un lugar donde un remanente del pueblo judío recibirá protección durante estos 1260 días de gran tribulación.

¿A qué lugar se refiere?

Tengo la teoría de que se trata de la actual Jordania, quizás en el sur de Jordania, en la región de la increíble ciudad oculta de Petra, un lugar que he visitado dos veces en mi vida. Mi teoría se basa en Daniel 11:41, que afirma: «También invadirá [el anticristo] nuestro hermoso país [Israel], y muchos países caerán bajo su poder, aunque Edom y Moab y los jefes de Amón escaparán de sus manos».

Las tierras de Edom, Moab y Amón constituyen hoy la nación de Jordania, que firmó un tratado de paz con Israel en 1994. Incluso en la actualidad, la pequeña nación de Jordania protege a Israel de sus vecinos más agresivos del este, como Siria e Irán.

La última vez que estuve en Jordania, viajé de Ammán a Petra, y la ruta me llevó a través de las antiguas tierras de Amón, Moab y Edom. Condujimos por la orilla oriental del río Jordán y nos detuvimos el tiempo necesario para subir a la cima del monte Nebo, desde donde Moisés contempló la tierra prometida. Pasamos junto a las ruinas de Maqueronte, donde decapitaron a Juan el Bautista. Vimos la zona del

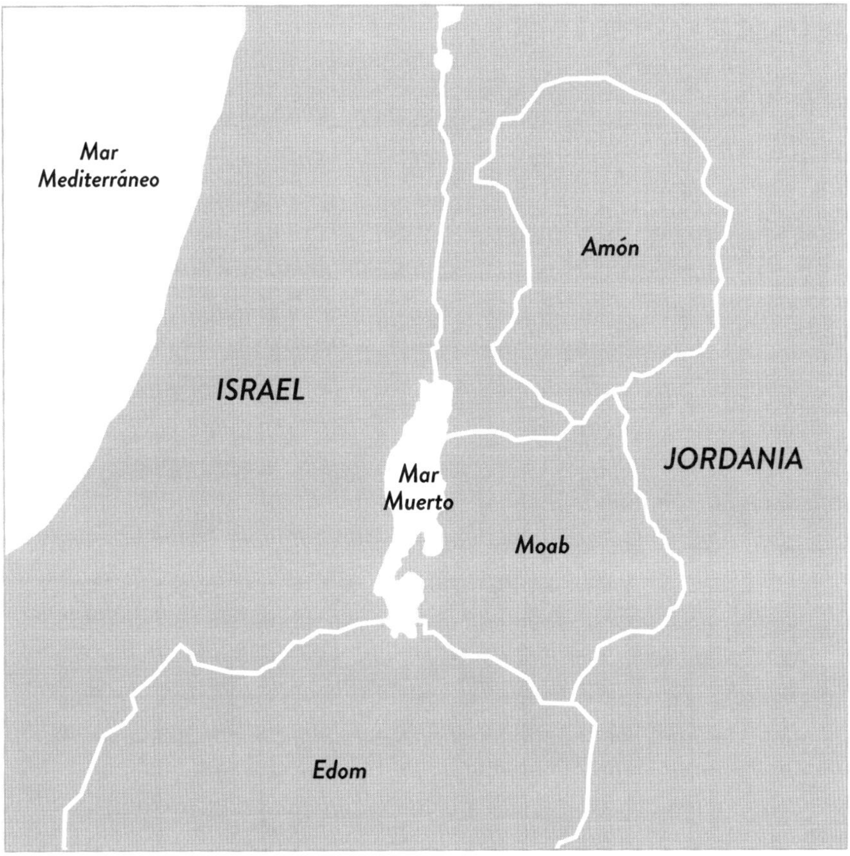

Jordán en la que Jesús fue bautizado. Y nos dirigimos a Petra. En tiempos de Juan, Petra era una ciudad bulliciosa, capital del reino nabateo; hoy es Patrimonio de la Humanidad de la Unesco. Bajamos por el desfiladero, recorrimos angostos cañones y a través de una estrecha grieta llegamos a las ruinas de esta ciudad de color rosa excavada en las rocas.

¿Podría ser en algún lugar de esta impresionante y desértica franja de la geografía bíblica donde una parte del pueblo judío encuentre un escondite final durante la gran tribulación?

Dios tiene un plan para redimir al mundo. Comenzó en Génesis 12, cuando llamó a Abraham y lo apartó como el medio a través del cual todo el mundo sería bendecido. De acuerdo con las promesas de Dios en Génesis 12 y 15, los descendientes de Abraham se convirtieron en una nación poderosa, y de esa nación vino el Mesías, a quien Satanás trató de destruir. Sin embargo, después de terminar su obra redentora, el Señor Jesús ascendió de nuevo al cielo.

Satanás, lleno de ira, ha buscado destruir a Israel desde entonces, y su intento final será durante la gran tribulación. Tal vez supone que al hacerlo puede impedir el regreso de Cristo y robarle a Dios su pueblo querido y elegido. Sin embargo, un remanente del pueblo judío escapará de la Jerusalén sitiada y se ocultará durante esos terribles tres años y medio de angustia para Jacob. (Jacob fue el patriarca a quien Dios dio el nombre de Israel, por lo que sus descendientes son el pueblo de Israel. En Jeremías 30:7 se llama a la tribulación «un tiempo de angustia para Jacob»).

Jesús se basó en algunas de las imágenes de Jeremías 30 cuando expresó en Mateo 24:15-21:

> *Así que cuando vean en el lugar santo «el horrible sacrilegio», del que habló el profeta Daniel (el que lee, que lo entienda), los que estén en Judea huyan a las montañas. El que esté en la azotea no baje a llevarse nada de su casa. Y el que esté en el campo no regrese para buscar su capa. ¡Qué terrible será en aquellos días para las que estén embarazadas o amamantando! Oren para que su huida no suceda en invierno ni en sábado. Porque habrá una gran tribulación, como no la ha habido desde el principio del mundo hasta ahora, ni la habrá jamás.*

Un remanente del pueblo judío escuchará ese consejo, y al ver que el curso de los acontecimientos se vuelve contra ellos, huirá de la ciudad para esconderse en las montañas, tal vez, como he dicho, en un lugar destinado a ese fin en el rocoso Jordán.

Mientras esto sucede en la tierra, en el cielo se desarrollarán acontecimientos dramáticos. Estallará un conflicto total entre las fuerzas angélicas del bien y del mal, y se expulsará definitivamente al diablo de los reinos celestiales.

Apocalipsis 12:7-9 afirma:

> *Se desató entonces una guerra en el cielo: Miguel y sus ángeles combatieron al dragón; este y sus ángeles, a su vez, les hicieron frente, pero no pudieron vencer, y ya no hubo lugar para ellos en el cielo. Así fue expulsado el gran*

dragón, aquella serpiente antigua que se llama Diablo y Satanás, y que engaña al mundo entero. Junto con sus ángeles, fue arrojado a la tierra.

Tres capítulos de la Biblia nos dan pistas sobre el origen de Satanás: Isaías 14, Ezequiel 28 y Apocalipsis 12. Al unir estos capítulos podemos reconstruir un perfil razonable de la historia de Satanás. Fue una poderosa figura sobrenatural que se rebeló contra Dios cuando «la maldad halló cabida» en él (Ez 28:15). Dirigió una rebelión entre las huestes del cielo y una tercera parte de los ángeles de Dios lo siguieron (Ap 12:4).[1] Su objetivo llegó a ser destruir al Redentor y de su vía para la redención, Israel.

Por razones que no podemos entender, parece que incluso después de su rebelión contra Dios, Satanás y sus espíritus todavía han tenido algún acceso a él. Vienen y se presentan ante su trono, acusan a los creyentes y hacen sus alegatos, como los diplomáticos de una nación hostil que todavía pueden aparecer ante un jefe de Estado opositor para negociar. ¿Recuerdas cómo Satanás se presentó ante Dios en Job 1:6-7 para acusarlo y tratar de destruirlo (ver también 1 R 22:19-23 y Zac 3:1)? Algunas personas llaman a esto el consejo divino: seres sobrenaturales en el reino invisible, el bien y el mal, seres que por ahora tienen alguna autoridad y todavía tienen acceso a la presencia de Dios.

Considéralo de esta manera. Cuando las fuerzas japonesas atacaron Pearl Harbor en 1941 y Estados Unidos le declaró la guerra a Japón y a Alemania, cientos de diplomáticos japoneses, alemanes e italianos todavía se encontraban en Estados Unidos, y permanecieron allí por algún tiempo. Estados Unidos estaba obligado a proteger a esos diplomáticos y a sus familias. El Departamento de Estado alquiló varios de los mejores complejos turísticos del país, como The Greenbrier, en Virginia Occidental, y el Grove Park Inn, en Asheville, para alojarlos.[2]

Al embajador japonés en Estados Unidos no lo expulsaron hasta el 20 de agosto de 1942. Durante la Guerra Fría, incluso durante la crisis de los misiles en Cuba, los diplomáticos soviéticos permanecieron en Washington D. C. En la diplomacia moderna, cuando se expulsa a un diplomático de un país, se acostumbra a darle 72 horas para marcharse. La expulsión de diplomáticos es señal de conflicto inminente.[3]

Al igual que los diplomáticos de una nación hostil, el diablo y sus huestes tienen actualmente cierto acceso a los reinos celestiales. Satanás, un brillante arcángel, todavía puede presentarse ante Dios. Pero en este momento de Apocalipsis 12, a mitad de la tribulación, se desata la guerra en el cielo. Miguel, el maravilloso arcángel que parece ser el protector angélico de Israel, junto con sus tropas de ángeles, expulsa a las huestes satánicas del cielo. Al ser expulsados, vuelcan toda su ira sobre el mundo, sobre la nación de Israel y sobre los que aún se vuelven a Cristo en la tierra.

En Apocalipsis 12:10-12, un anuncio oficial desde el cielo expresa:

> *Luego oí en el cielo un gran clamor: «Han llegado ya la salvación y el poder y el reino de nuestro Dios; ha llegado ya la autoridad de su Cristo. Porque ha sido expulsado el acusador de nuestros hermanos, el que los acusaba día y noche delante de nuestro Dios. Ellos lo han vencido por medio de la sangre del Cordero y por el mensaje del cual dieron testimonio; no valoraron tanto su vida como para evitar la muerte. Por eso, ¡alégrense, cielos, y ustedes que los habitan! Pero ¡ay de la tierra y del mar! El diablo, lleno de furor, ha descendido a ustedes, porque sabe que le queda poco tiempo».*

El capítulo termina con el diablo humillado que va a parar a la tierra decidido a destruir hasta el último judío de la historia y a todo nuevo seguidor de Cristo. Una parte del pueblo judío huye en busca de protección. Los versículos 13-14 afirman:

> *Cuando el dragón se vio arrojado a la tierra, persiguió a la mujer que había dado a luz al varón. Pero a la mujer se le dieron las dos alas de la gran águila, para que volara al desierto, al lugar donde sería sustentada durante un tiempo y tiempos y medio tiempo.*

Aquí se describe de nuevo la huida de un remanente del pueblo judío al lugar que Dios ha preparado para ellos. Este es lenguaje bíblico. En Éxodo 19:4, el Señor comunicó a los hijos de Israel, a quienes acababa de liberar de la esclavitud del faraón: «Ustedes son testigos de lo que hice con Egipto, y de que los he traído hacia mí como sobre alas de águila».

Aunque el lenguaje de Apocalipsis 12:14 se basa en Éxodo 19:4, me resulta difícil leer este versículo sin visualizar una especie de puente aéreo de emergencia. Deseo ser prudente a la hora de convertir las imágenes bíblicas en acciones específicas, sin embargo, esto es muy sugerente. El pueblo judío que huye escapará usando dos alas y volando a un lugar preparado en el desierto, donde estarán seguros por *un tiempo y tiempos y medio tiempo*. Esa frase es sinónimo de tres años y medio (un año, dos años y medio año).

El lenguaje aquí es vívido y no sé si interpretarlo literal o simbólicamente, pero no hay duda de su significado. El diablo intenta detener el puente aéreo, pero fracasa. Los versículos 15-16 expresan:

> *La serpiente, persiguiendo a la mujer, arrojó por sus fauces agua como un río, para que la corriente la arrastrara. Pero la tierra ayudó a la mujer: abrió la boca y se tragó el río que el dragón había arrojado por sus fauces.*

Imagino que Satanás provoca una tormenta inmensa con fuerza de huracán la cual causa inundaciones y amenaza la evacuación aérea de quienes huyen de Israel, pero las fuerzas de la naturaleza convergen providencialmente para salvar a los evacuados.

La mejor interpretación puede ser la siguiente: el río es un ejército de soldados humanos, y justo cuando se acercan a los evacuados, la tierra se abre y se los traga de la misma forma que se tragó a los rebeldes que se oponían a Moisés en Números 16:31-34.

Prefiero esta interpretación pues Daniel 11:40-41 describe la guerra del anticristo contra Israel de la siguiente manera: «Invadirá muchos países, y los arrasará como una inundación. También invadirá nuestro hermoso país [Israel], y muchos países caerán bajo su poder, aunque Edom y Moab y los jefes de Amón escaparán de sus manos».

Juan utilizó las mismas imágenes para describir los mismos acontecimientos. Daniel habló de los ejércitos malignos que inundaban Medio Oriente para rodear a Israel (ver también Dn 11:10).

Creo que Salmos 124 se escribió para que estos evacuados judíos lo cantaran en esa ocasión. Escucha estas palabras y compara las figuras retóricas. Se habla de una inundación, un torrente, de escapar como un pájaro y de la liberación divina:

> *Si el Señor no hubiera estado de nuestra parte —que lo repita ahora Israel—, si el Señor no hubiera estado de nuestra parte cuando todo el*

> *mundo se levantó contra nosotros, nos habrían tragado vivos al encenderse su furor contra nosotros; nos habrían inundado las aguas, el torrente nos habría arrastrado, ¡nos habrían arrastrado las aguas turbulentas!*
>
> *Bendito sea el Señor, que no dejó que nos despedazaran con sus dientes. Como las aves, hemos escapado de la trampa del cazador; ¡la trampa se rompió, y nosotros escapamos! Nuestra ayuda está en el nombre del Señor, creador del cielo y de la tierra.* (vv. 1-8)

Cuando Satanás no logra impedir la huida del pueblo judío, se enfurece aún más. El versículo final de este dramático capítulo expresa:

> *Entonces el dragón se enfureció contra la mujer, y se fue a hacer guerra contra el resto de sus descendientes, los cuales obedecen los mandamientos de Dios y se mantienen fieles al testimonio de Jesús.* (Ap 12:17)

Satanás, enfurecido, desata entonces su ira contra los judíos restantes y sobre todo contra aquellos que en la tierra se están volviendo por fe a Jesucristo. Esto nos indica que en la tierra todavía habrá creyentes vivos que se han mantenido a salvo durante la tribulación y que hasta ese momento han escapado al martirio. Los 144.000 todavía están predicando, y los dos superprofetas hablan a viva voz en Jerusalén. ¡Hay almas que se están salvando! Sin embargo, Satanás, en su furia, está decidido a destruir toda la obra de Dios en esta tierra. Con ese fin, está listo para incorporar a un aliado humano, un hombre de maldad, repleto de poder satánico.

Esto nos lleva al capítulo 13 y al siguiente acontecimiento de nuestra lista: la aparición del anticristo.

ACONTECIMIENTO 24

Surge el anticristo (13:1-10)

Apocalipsis 12 se centra en Satanás, quien se autopercibe como una alternativa a Dios, como el anti-Padre en la falsa trinidad que está organizando. Se rebeló contra Dios en un momento del pasado, procuró destruir al Mesías, fue echado del cielo con sus ejércitos demoníacos, trató de exterminar a los evacuados judíos que huían, y dirigió su ira contra los seguidores de Cristo: los santos de la tribulación.

Ahora el capítulo 13 se centrará en los otros dos miembros de esta trinidad diabólica.

Los versículos 1-10 describen al anti-Hijo o anticristo, y los versículos 11-18 al falso profeta, que es un tipo de Espíritu Santo falso.

El versículo 1 dice:

> *Y el dragón se plantó a la orilla del mar. Entonces vi que del mar subía una bestia…*

Según Apocalipsis 17:15, este mar representa *pueblos, multitudes, naciones y lenguas*, lo que indica que el diablo (el dragón) está reclutando a su líder humano entre la población de la tierra. Creo que este será el líder mundial que salió como vencedor, para seguir venciendo y que encontramos por primera vez en Apocalipsis 6:2. Durante los últimos cuarenta y dos meses, este hombre ha estado consolidando su poder como magnate y tirano mundial. Ahora se transformará en un personaje poseído satánicamente, de maldad sobrenatural: ¡el anticristo!

El versículo 1 continúa:

> *… la cual tenía diez cuernos y siete cabezas. En cada cuerno tenía una diadema, y en cada cabeza un nombre blasfemo contra Dios.*

Los diez cuernos representan una confederación de diez naciones que compondrán su reino (como los diez dedos de la estatua de Daniel 2, y los diez cuernos de la bestia de Daniel 7). Las siete cabezas son más difíciles de interpretar, aunque, al parecer, representan la perfección del mal en los imperios sucesivos de la historia humana; desde una perspectiva bíblica. Este tema lo abordaré más adelante, pues los diez cuernos y las siete cabezas se explican con más detalle en Apocalipsis 17.

El versículo 2 describe a esta bestia como semejante a un leopardo, un oso y un león, lo que nos recuerda a Daniel 7, donde las mismas bestias representaban a los grandes imperios de este mundo. Este imperio global emergente del anticristo, representa la culminación del gobierno humano.

Casi siempre que encontramos a este personaje en la profecía bíblica, es descrito como blasfemo, bocón, desdeñoso de Dios y las cosas de Dios. Daniel expresó sobre él: «El rey hará lo que mejor le parezca. Se exaltará a sí mismo, se creerá superior a todos los dioses, y dirá cosas del Dios de dioses que nadie antes se atrevió a decir. Su éxito durará mientras la ira de Dios no llegue a su colmo, aunque lo que ha de suceder sucederá» (Dn 11:36).

El apóstol Pablo dijo de él: «Este se opone y se levanta contra todo lo que lleva el nombre de Dios o es objeto de adoración, hasta el punto de adueñarse del templo de Dios y pretender ser Dios. ¿No recuerdan que ya les hablaba de esto cuando estaba con ustedes? Bien saben que hay algo que detiene a este hombre, a fin de que él se manifieste a su debido tiempo. Es cierto que el misterio de la maldad ya está ejerciendo su poder; pero falta que sea quitado de en medio el que ahora lo detiene. Entonces se manifestará aquel malvado, a quien el Señor Jesús derrocará con el soplo de su boca y destruirá con el esplendor de su venida. El malvado vendrá, por obra de Satanás, con toda clase de milagros, señales y prodigios falsos. Con toda perversidad engañará a los que se pierden por haberse negado a amar la verdad y así ser salvos» (2 Ts 2:4-10).

Nombres bíblicos del anticristo

En más de cien pasajes de la Escritura se habla del anticristo. En el Libro de Apocalipsis, no se le llama por el nombre de anticristo; ese título proviene de un escrito anterior de Juan, donde expresó: «Queridos hijos, esta es la hora final, y así como ustedes oyeron que el anticristo vendría, muchos son los anticristos que han surgido ya. Por eso nos damos cuenta de que esta es la hora final» (1 Jn 2:18). Más adelante menciona que «todo profeta que no reconoce a Jesús no es de Dios, sino del anticristo. Ustedes han oído que este viene; en efecto, ya está en el mundo» (4:3). En otras palabras, mucha gente se opone a Cristo, y el espíritu del mundo es, por naturaleza, *anti*-Cristo. Sin embargo, un día todo esto culminará en el anticristo definitivo. En Apocalipsis, generalmente se le llama la bestia.

A continuación, algunos de sus nombres y títulos:

- el cuerno (Dn 7:8)
- rey de rostro adusto (Dn 8:23)
- maestro de la intriga (Dn 8:23)
- futuro gobernante (Dn 9:26)
- pastor inútil (Zac 11:17)
- hombre despreciable (Dn 11:21)
- el destructor por naturaleza (2 Ts 2:3)
- hombre de maldad (2 Ts 2:3)
- el malvado (2 Ts 2:8-9)
- el anticristo (1 Jn 2:18)
- la bestia (Ap 13:1)

Continuemos con la última oración de Apocalipsis 13:2:

> … *El dragón le confirió a la bestia su poder, su trono y gran autoridad.*

Así como Dios Padre ejerce autoridad a través de Dios Hijo, el diablo ejercerá su autoridad en la tierra a través del anticristo.

Y ahora llegamos a la primera referencia de resurrección relacionada a este gobernante malvado. El versículo 3 expresa:

> *Una de las cabezas de la bestia parecía haber sufrido una herida mortal, pero esa herida ya había sido sanada. El mundo entero, fascinado, iba tras la bestia.*

Por lo visto, este gran gobernante mundial que se impuso en los conflictos de los últimos cuarenta y dos meses fue asesinado o murió en batalla. Más adelante leemos que fue asesinado (o pareció serlo) con una espada (Ap 13:14). Sin embargo, volvió a la vida, y la población de la tierra se quedó perpleja. El pseudo-Cristo escenificó una pseudorresurrección.

El versículo 4 expresa:

> *y adoraba al dragón porque había dado su autoridad a la bestia. También adoraban a la bestia y decían: «¿Quién como la bestia? ¿Quién puede combatirla?».*

A medida que este hombre logra controlar todos los sistemas mundiales (gubernamental, económico, religioso, militarista, tecnológico y de las comunicaciones), su maliciosa boca no conoce freno durante su reinado de terror de cuarenta y dos meses. Los versículos 5-6 sostienen:

> *A la bestia se le permitió hablar con arrogancia y proferir blasfemias contra Dios, y se le confirió autoridad para actuar durante cuarenta y dos meses. Abrió la boca para blasfemar contra Dios, para maldecir su nombre y su morada y a los que viven en el cielo.*

Según el versículo 7, los ejércitos del anticristo marchan hacia Israel y Jerusalén, y ocupan estos lugares, con lo cual rompen el tratado de paz firmado cuarenta y dos meses antes. Este hombre se convertirá en un dictador mundial satánico:

> *También se le permitió hacer la guerra a los santos y vencerlos, y se le dio autoridad sobre toda raza, pueblo, lengua y nación. A la bestia la adorarán todos los habitantes de la tierra, aquellos cuyos nombres no han sido escritos en el libro de la vida, el libro del Cordero que fue sacrificado desde la creación del mundo* (vv. 7-8)

El mundo entero seguirá a esta personalidad de maldad suprema; todos excepto el pueblo judío que se resiste a seguirlo, al igual que cualquier cristiano en peligro que hasta el momento ha evitado el martirio. Ahora estos santos de la tribulación deben ejercitar *la perseverancia y la fidelidad* (v. 10).

ACONTECIMIENTO 25

Se forma la falsa trinidad (13:11-13)

La última mitad de Apocalipsis 13 describe a un tercer personaje diabólico que surgirá, la última personalidad que compone la antitrinidad, y que es conocida como la bestia que sale de la tierra o como el falso profeta. Apocalipsis 13:11-12 dice:

Después vi que de la tierra subía otra bestia. Tenía dos cuernos como de cordero, pero hablaba como dragón. Ejercía toda la autoridad de la primera bestia en presencia de ella, y hacía que la tierra y sus habitantes adoraran a la primera bestia, cuya herida mortal había sido sanada.

Así como el Espíritu Santo da gloria al Cristo resucitado, el falso profeta da gloria al anticristo «resucitado».

La falsa trinidad del fin de los tiempos

- El dragón, Satanás, el anti-Padre (Ap 12).
- La bestia que sube del mar, el anticristo (Ap 13:1-10).
- El falso profeta, la bestia que sube de la tierra, el anti-Espíritu Santo (Ap 13:11-18).

Y así como la venida del Espíritu Santo en el día de Pentecostés produjo señales y milagros, entre ellos fuego caído del cielo, así será la venida del anti-Espíritu.

El versículo 13 dice:

También hacía grandes señales milagrosas, incluso la de hacer caer fuego del cielo a la tierra, a la vista de todos.

Esto concuerda con lo que leemos en 2 Tesalonicenses 2:9 sobre el anticristo: «El malvado vendrá, por obra de Satanás, con toda clase de milagros, señales y prodigios falsos».

ACONTECIMIENTO 26

La abominación desoladora es colocada en el templo (13:14-15)

Y ahora llegamos al acontecimiento más crucial de la tribulación: la colocación de una gran imagen en el tercer templo de Jerusalén. Los versículos 14-15 afirman:

> *Con estas señales que se le permitió hacer en presencia de la primera bestia, engañó a los habitantes de la tierra. Les ordenó que hicieran una imagen en honor de la bestia que, después de ser herida a espada, revivió. Se le permitió infundir vida a la imagen de la primera bestia, para que hablara y mandara matar a quienes no adoraran la imagen.*

Como se puede ver, aquí obra un poder satánico. Sin embargo, este acontecimiento en el tercer templo reconstruido es descrito de forma constante en la Escritura, y prefigurado repetidamente en la historia.

Recuerda que el tercer templo fue construido en algún momento antes del período de siete años de tribulación, o al comienzo de esta. El inicio de estos siete años se caracterizó por la firma de un tratado de paz entre el «futuro gobernante» y la nación de Israel (Dn 9:26-27). Después de tres años y medio, el gobernante adquirió poder satánico; y ahora rompe el tratado de paz, coloca una imagen suya en el templo y exige ser adorado.

Este acontecimiento es descrito diez veces en la Biblia por cinco escritores diferentes: Daniel, Mateo, Marcos, Pablo y Juan. La Biblia pone tanto énfasis en este tema que considero importante mostrarte estas diez descripciones.

- Daniel 9:27: «Durante una semana ese gobernante hará un pacto con muchos, pero a media semana pondrá fin a los sacrificios y ofrendas. Sobre una de las alas del templo cometerá horribles sacrilegios, hasta que le sobrevenga el desastroso fin que le ha sido decretado».
- Daniel 11:31: «Sus fuerzas armadas se dedicarán a profanar la fortaleza del templo, y suspenderán el sacrificio diario, estableciendo el horrible sacrilegio».
- Daniel 12:11: «A partir del momento en que se suspenda el sacrificio diario y se imponga el horrible sacrilegio, transcurrirán mil doscientos noventa días».
- Mateo 24:15-16: «Así que cuando vean en el lugar santo "el horrible sacrilegio", del que habló el profeta Daniel (el que lee, que lo entienda), los que estén en Judea huyan a las montañas».

- Marcos 13:14: «Ahora bien, cuando vean "el horrible sacrilegio" donde no debe estar (el que lee, que lo entienda), entonces los que estén en Judea huyan a las montañas».
- 2 Tesalonicenses 2:4: «Este se opone y se levanta contra todo lo que lleva el nombre de Dios o es objeto de adoración, hasta el punto de adueñarse del templo de Dios y pretender ser Dios».
- Apocalipsis 13:14: «Les ordenó que hicieran una imagen en honor de la bestia...».
- Apocalipsis 14:9: «Si alguien adora a la bestia y a su imagen...».
- Apocalipsis 19:20: «Este es el que hacía señales milagrosas en presencia de ella, con las cuales engañaba a los que habían recibido la marca de la bestia y adoraban su imagen».
- Apocalipsis 20:4: «No habían adorado a la bestia ni a su imagen...».

Este acontecimiento también tuvo su anticipo en la historia. En el año 168 a. C., un déspota brutal llamado Antíoco IV Epífanes, de Siria, erigió una estatua de Zeus en el lugar santísimo del segundo templo.[4] Al año siguiente, ordenó que se ofreciera un cerdo en sacrificio en el altar del templo. Cuando el pueblo judío se le opuso, desató un reino de terror contra Israel, que fue un presagio de la gran tribulación.

ACONTECIMIENTO 27

Se impone la marca de la bestia (13:16-18)

Parte de la estrategia satánica para el mundo es la centralización y el control económicos globalizados. En un pasaje que parece más verosímil que nunca, Apocalipsis 13:16-18 nos dice que el anticristo procurará colocarle un chip o sello a todo el mundo para el rastreo y el comercio electrónicos.

El párrafo sostiene que:

> *Además logró* [el falso profeta] *que a todos, grandes y pequeños, ricos y pobres, libres y esclavos, se les pusiera una marca en la mano derecha o en la frente, de modo que nadie pudiera comprar ni vender, a menos que llevara*

la marca, que es el nombre de la bestia o el número de ese nombre. En esto consiste la sabiduría: el que tenga entendimiento, calcule el número de la bestia, pues es número de un ser humano: seiscientos sesenta y seis.

En otras palabras, el falso profeta inscribirá a la gente como parte de la economía global del anticristo, donde todos tendrán una identificación impresa, tatuada, o implantada en su piel o sobre ella. Esta identificación será necesaria a fin de participar en el comercio diario.

Satanás quiere ser 7-7-7 (la trinidad perfecta), pero nunca podrá ser más que 6-6-6. El siete es un número divino; y en el Libro de Apocalipsis se repite constantemente. Satanás se queda corto. El anticristo se queda corto. El anti-Espíritu se queda corto. Dios Padre es perfecto, simbolizado por el número siete. Seis es el número de la humanidad (Adán fue creado en el sexto día de la creación).[5]

Al parecer, algún símbolo o logo de esta trinidad maligna será impreso en las manos o frentes de sus seguidores. Sin embargo, los santos de la tribulación nunca se dejarán poner esta marca de la bestia.

Es posible que sepas que, incluso hoy en día, en algunos lugares los chips biométricos introducidos bajo la piel están reemplazando las tarjetas de crédito y las llaves. Algunos gobiernos, como los de China y Estados Unidos, utilizan la tecnología para vigilar a sus ciudadanos, y los gigantes tecnológicos y el gran comercio son probablemente más peligrosos de lo que pensamos. La marca de la bestia cobra más sentido para nosotros que para cualquier generación del pasado. No hace falta ser un alarmista para mostrar cómo nuestra tecnología moderna puede volverse contra nosotros cuando cae en las manos equivocadas.

La última mitad de la tribulación

Apocalipsis 14–18

Durante los últimos cuarenta y dos meses, una serie de acontecimientos catastróficos sacudieron al mundo, y amenazaron la existencia misma de la tierra. Un dictador tomó finalmente las riendas del poder mundial. En un momento dramático, todos pensaron que había sido asesinado; sin embargo, se levantó prácticamente de entre los muertos, con una sobrecarga de maldad satánica. Lleno de notoriedad y furia, ordenó la colocación de una imagen de sí mismo en el templo judío reconstruido. Exigió ser adorado, lo que horrorizó a la nación de Israel, y llevó a que un gran número de judíos hiciera lo que Jesús les había dicho. Cuando vieron la imagen abominable en el templo, comenzaron a buscar refugio en un lugar más seguro, en el desierto, tal vez en algún lugar del Jordán.

El diablo trató de frustrar la huida, pero fracasó. Ahora toda la ira de la falsa trinidad, llena de veneno y maldad, y sedienta de sangre, estaba resuelta a destruir hasta el último cristiano y hasta el último judío del planeta. Estaban decididos a exterminar a toda persona de Dios y hacer que Satanás y su retorcida trinidad fueran los señores de la tierra.

Ahora nos encontramos en la segunda mitad de los siete años de Daniel; el tiempo de la angustia de Jacob (Jer 30:7, NBLA), la gran tribulación. Israel será invadido y Jerusalén rodeada y saqueada. Siete juicios finales (las siete copas de la ira) están a punto de ser derramadas sobre la tierra, especialmente sobre las fuerzas del mal, sean humanas o sobrehumanas, y sobre su Imperio babilónico y romano, que caerá con gran estrépito.

Ahora los acontecimientos sucederán rápidamente, mientras nos preparamos para el asalto final del diablo, que desencadenará el regreso victorioso del Señor en Apocalipsis 19.

La tribulación

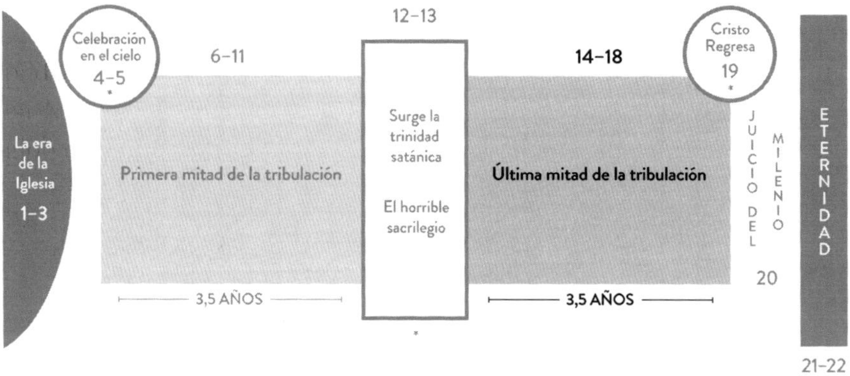

ACONTECIMIENTO 28

Los 144.000 llegan a salvo a Sion (14:1-5)

El comienzo de la gran tribulación marca la hora de poner fin a la misión de los 144.000 y traerlos a casa.

Apocalipsis 14 comienza:

> *Luego miré, y apareció el Cordero. Estaba de pie sobre el monte Sión, en compañía de ciento cuarenta y cuatro mil personas que llevaban escrito en la frente el nombre del Cordero y de su Padre.* (v. 1)

Yo creo que estos son los 144.000 evangelistas judíos que encontramos en Apocalipsis 7. Ahora ya culminaron su misión global y están reunidos en el monte Sión.

Existen dos maneras de entender esto. La ubicación del monte Sion podría referirse a Jerusalén, la capital de Israel, que, por supuesto, está en Medio Oriente. Si es así, estos 144.000 han culminado su misión global y han regresado a Israel, donde adoran y son elogiados; y donde ministrarán durante el caótico resto de la gran tribulación, y servirán en el epicentro del conflicto.

Sin embargo, tengo una opinión diferente. Creo que esta escena se desarrolla en el cielo, al que la Biblia llama la Jerusalén celestial, o monte Sion (Heb 12:22). En este momento, estos héroes ya llegaron ante el trono de Dios, ya sea por el rapto, o por el martirio. Jesús está allí para darles la bienvenida. Después de todo, él todavía no ha llegado a la Jerusalén terrenal, pues es algo que no ocurre hasta Apocalipsis 19. A lo largo de Apocalipsis vemos a Jesús de pie en el trono, lo que indica que su obra aún no ha terminado. Cuando un rey está de pie, hay acción.

A lo largo de Apocalipsis vemos a Jesús de pie en el trono, lo que indica que Su obra aún no ha terminado. Cuando un rey está de pie, hay acción.

Las huestes celestiales irrumpen en alabanzas para dar la bienvenida al cielo a los 144.000 héroes, y los propios evangelistas comienzan a cantar. Están emocionados con el éxito de su misión y felices de haber terminado la obra. Los versículos 2-3 expresan:

> *Oí un sonido que venía del cielo, como el estruendo de una catarata y el retumbar de un gran trueno. El sonido se parecía al de músicos que tañen sus arpas. Y cantaban un himno nuevo delante del trono y delante de los cuatro seres vivientes y de los ancianos. Nadie podía aprender aquel himno, aparte de los ciento cuarenta y cuatro mil que habían sido rescatados de la tierra.*

También se nos dice que a pesar de las tentaciones y el mal que estos evangelistas tuvieron que enfrentar durante su labor terrenal, ninguno fue causa de escándalo ni destruyó la misión por fracasos morales. Los versículos 4-5 plantean:

> *Estos se mantuvieron puros, sin contaminarse con ritos sexuales. Son los que siguen al Cordero por dondequiera que va. Fueron rescatados como los primeros frutos de la humanidad para Dios y el Cordero. No se encontró mentira alguna en su boca, pues son intachables.*

El término *primeros frutos* indica la conversión final del pueblo judío. Estos evangelistas fueron precursores y heraldos de millones de judíos que serán salvos justo cuando Jesús regrese a la tierra; como veremos más adelante.

ACONTECIMIENTO 29

Tres ángeles dan mensajes finales a la tierra (14:6-13)

Ahora que estamos en la gran tribulación, la acción ocurre rápidamente. El siguiente acontecimiento consiste en tres mensajes del cielo a la tierra, dados por ángeles. Ya que los 144.000 desaparecieron, y cualquier cristiano sobreviviente se encuentra escondido y en gran peligro, el Señor envía tres ángeles para continuar proclamando el evangelio eterno, y para advertir a la población que aún queda en la tierra.

Hasta el mismo final, Dios desea que la gente alcance redención por la sangre de Jesús.

El primer ángel

Nos encontramos al primer ángel mensajero en los versículos 6-7:

> *Luego vi a otro ángel que volaba en medio del cielo, y que llevaba el evangelio eterno para anunciarlo a los que viven en la tierra, a toda nación, raza, lengua y pueblo. Gritaba a gran voz: «Teman a Dios y denle gloria, porque ha llegado la hora de su juicio. Adoren al que hizo el cielo, la tierra, el mar y los manantiales».*

Imagínate a este ángel recorriendo el globo terráqueo, dando al mundo otra oportunidad de temer a Dios y entregar su vida a Jesucristo. Está proclamando el evangelio eterno como por un altavoz a los habitantes que quedan en la tierra.

El segundo ángel

Un segundo ángel es enviado, y su mensaje es una declaración de condenación, donde advierte que el reino del anticristo está a punto de desmoronarse. El versículo 8 expresa:

Lo seguía un segundo ángel que gritaba: «¡Ya cayó! Ya cayó la gran Babilonia, la que hizo que todas las naciones bebieran el excitante vino de su adulterio».

La palabra *cayó* está en un tiempo verbal griego que indica que, aunque la acción aún no se ha realizado, es como si ya hubiera culminado perfectamente. Tal vez hayas escuchado a alguien en una serie de televisión decir: «Es hombre muerto», para señalar que la víctima está a punto de ser atrapada y asesinada. Se trata de una declaración de condenación para Babilonia.

Presta atención a la frase *la gran Babilonia.* Esta es la primera vez que la palabra Babilonia aparece en el Libro de Apocalipsis, aunque introduce un tema importante. En estos capítulos finales del Apocalipsis, el imperio del anticristo durante la gran tribulación tiene el nombre en clave de Babilonia; nombre relacionado con algo que la Escritura resalta de manera consistente.

En el Libro de Génesis se nos habla de un dictador despiadado llamado Nimrod, que llegó a ser «valiente cazador» y que fundó una ciudad malvada conocida como Babilonia (10:9-10). Poco después, los habitantes de esa ciudad intentaron levantar una torre para competir con Dios. A partir de ese momento, y a lo largo de toda la Escritura, Babilonia (que equivale aproximadamente a la superficie del Irak actual) representó un imperio humano que se opone a Dios y procura la destrucción de Israel.

Bajo el mando del rey Nabucodonosor, el Imperio babilónico destruyó la nación de Judá y la ciudad de Jerusalén en el año 587 a. C. Ahora, en Apocalipsis, se designa de esta forma al imperio del anticristo que procura hacer lo mismo.

¿Significa esto que el imperio anticristiano estará literalmente en el Irak moderno? ¿Estará centrado en o cerca del sitio de la antigua Babilonia? Tal vez, aunque no necesariamente. En los días de Juan, la ciudad de Babilonia aún existía, aunque sin su gloria primera.[1]

Solo sabemos que, a los ojos de Dios, el imperio mundial del fin de los tiempos, es un renacimiento de las peores formas de maldad antisemita y anticristiana. El Libro de Daniel indica que también será como un renacimiento del Imperio romano.

En su odio al Dios del cielo, el imperio del anticristo será como Babilonia, y en su brutalidad militar será como Roma.

En nuestros periódicos abundan las noticias sobre fuerzas políticas en las áreas de la antigua Babilonia y Persia que están resueltas a desarrollar arsenales nucleares para destruir el Estado de Israel. Todos somos conscientes de que Israel, desde su fundación en 1948, ha enfrentado amenazas existenciales, y algunos de sus vecinos la odian con venganza demoníaca y quieren borrar al Estado judío de la faz de la tierra.

Por tanto, la ciudad capital y el imperio de la bestia podrían tener su sede en la antigua ciudad de Babilonia, que hoy está en ruinas; o en sus cercanías. Un defensor de esta posición, el doctor Henry Morris, expresó:

> Efectivamente, Babilonia es un prospecto ideal para ser reconstruida, totalmente al margen de cualquier alusión profética. Cuenta con la ubicación más excelente del mundo para cualquier tipo de centro internacional. No solo se encuentra en la hermosa y fértil llanura del Tigris y el Éufrates, sino que está cerca de algunas de las reservas de petróleo más ricas del mundo…
>
> Babilonia está muy cerca del centro geográfico de todos los continentes del mundo. Está a distancias navegables del golfo Pérsico, y se encuentra en la intersección de los tres grandes continentes de Europa, Asia y África.
>
> Por tanto, no hay lugar más idóneo para establecer un centro mundial de comercio, un centro mundial de comunicaciones, un centro mundial bancario, un centro mundial de educación y, especialmente, una capital mundial.[2]

Por otra parte, cuando Babilonia, la ciudad capital del anticristo, se derrumbe en Apocalipsis 18:17-18, se nos dice que los capitanes de barco y los marineros se detendrán a lo lejos, y al ver el humo que se eleva hacia el cielo, se preguntarán con asombro y tristeza: «¿Hubo jamás alguna ciudad como esta gran ciudad?».

La ciudad original de Babilonia (a unos ochenta kilómetros [cincuenta millas] al sur de Bagdad) no tiene salida al mar; sin embargo, al estar situada a orillas del río Éufrates, tiene acceso al golfo Pérsico. Es ciertamente posible que el anticristo pudiera elegir esta ubicación para construir su capital, y que los marineros, quienes lamentan su destrucción, pudieran estar surcando el Éufrates o incluso ver algo de humo flotando en el cielo a una distancia de cuatrocientos ochenta kilómetros (trescientas millas) desde el golfo Pérsico.

Mi propia opinión, basada en Daniel 2 y 7, es que el imperio del anticristo será similar al Imperio romano en la época de Cristo; es decir, una confederación de naciones que se extiende por la Europa mediterránea, Turquía y el Cercano Oriente islámico, incluidos los países del golfo Pérsico, y gira en torno al norte de África, actualmente plagado de estados islámicos fallidos y grupos terroristas. Los amigos y enemigos internacionales del anticristo pueden llegar por el norte hasta Rusia, y por el este hasta China, como veremos en el Libro de Ezequiel.

Según Daniel 2:42-43, el imperio neorromántico del anticristo «será medianamente fuerte y medianamente débil... el pueblo será una mezcla que no podrá mantenerse unida». En otras palabras, el anticristo luchará por mantener su confederación unida, pero será brutal en extremo. Daniel lo describió así: «... extremadamente horrible y poseía una fuerza descomunal. Con sus grandes colmillos de hierro aplastaba y devoraba a sus víctimas, para luego pisotear los restos. Tenía diez cuernos, y no se parecía en nada a las otras bestias» (Dn 7:7).

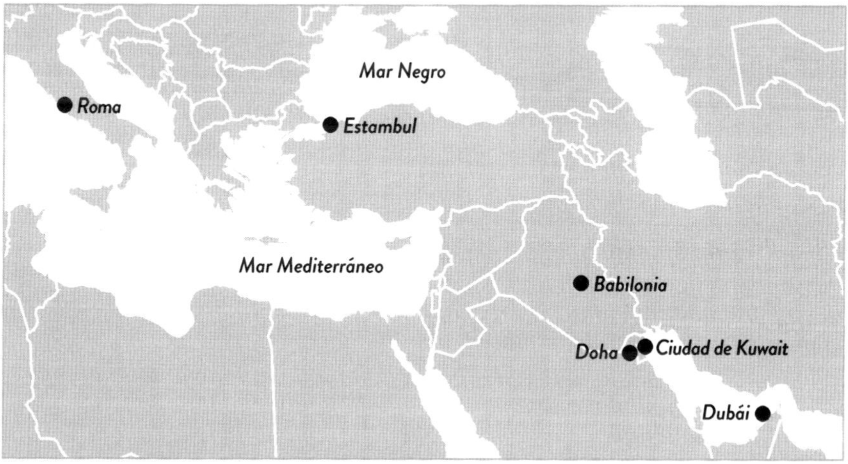

La ubicación exacta de la ciudad capital, cuyo nombre en clave es Babilonia, es una especulación por mi parte, aunque tal vez te motive a tomar un mapa y estudiarlo por tu cuenta. La gran capital del anticristo, su centro de gobierno, cultura, religión y economía, podría ser una ciudad ubicada en el golfo Pérsico como Kuwait, Doha o Dubái; o podría ser un puerto en el mediterráneo como Estambul (entre el mar de Mármara y el mar Negro). O podría ser Roma o, sí, una ciudad reconstruida sobre las ruinas de la antigua Babilonia, o en sus cercanías.

No tengo certeza sobre la ubicación de la capital del anticristo; sin embargo, en cuanto a cómo terminará todo, no hay duda posible. El mensaje del segundo ángel es: *«¡Ha caído! Ha caído la gran Babilonia*, que en realidad es una profecía del Antiguo Testamento; de Isaías 21:9.

El tercer ángel

Después que el segundo ángel completa su recorrido, un tercer y último ángel vuela desde el cielo con un mensaje para todo el mundo: una advertencia. Los versículos 9-10 expresan:

> *Los seguía un tercer ángel que clamaba a grandes voces: «Si alguien adora a la bestia y a su imagen, y se deja poner en la frente o en la mano la marca de la bestia, beberá también el vino del furor de Dios, que en la copa de su ira está puro, no diluido. Será atormentado con fuego y azufre, en presencia de los santos ángeles y del Cordero».*

Este mensaje es para todos los habitantes del mundo, aunque tiene como objetivo fortalecer el corazón de los creyentes que quedan en la tierra, que sufren la persecución y el martirio. El versículo 12 señala:

> *¡En esto consiste la perseverancia de los santos, los cuales obedecen los mandamientos de Dios y se mantienen fieles a Jesús!*

Yo creo que algunos sobrevivirán a la gran tribulación, incluyendo cristianos que han escapado de la ira del enemigo.

Sin embargo, muchos creyentes serán asesinados. En el versículo 13, tenemos una declaración extraordinaria añadida desde el cielo, que incluye la rara mención de palabras atribuidas directamente al Espíritu Santo:

Entonces oí una voz del cielo, que decía: «Escribe: Dichosos los que de ahora en adelante mueren en el Señor». «Sí —dice el Espíritu—, ellos descansarán de sus fatigosas tareas, pues sus obras los acompañan».

Este versículo se refiere sobre todo a los que morirán por Cristo durante la gran tribulación, aunque lo señalado sobre la muerte es aplicable a los cristianos de todas las épocas. Aquí hay tres cosas que podemos aprender en cuanto a la muerte:

- Para un seguidor de Cristo, la muerte es en realidad una bendición.
- La muerte representa un descanso de nuestras labores y preocupaciones terrenales.
- Nuestras obras nos seguirán. El bien que hemos hecho en la tierra seguirá acumulándose. Nuestra influencia permanecerá y tendrá un legado, un efecto dominó. Los resultados plenos de nuestra vida no pueden calcularse hasta que lleguen los albores de la eternidad.

ACONTECIMIENTO 30

Cristo declara la guerra (14:14-16)

Cuando los acontecimientos empiezan a llegar a un clímax catastrófico, Jesús habla. Sus palabras son una declaración de guerra. En Apocalipsis 14:14, el Señor Jesucristo declara la guerra al reino mundial del anticristo con sede en «Babilonia».

El versículo 14 describe al Señor así:

Miré, y apareció una nube blanca, sobre la cual estaba sentado alguien «semejante al Hijo del hombre». En la cabeza tenía una corona de oro y, en la mano, una hoz afilada.

El Señor Jesús toma la hoz y la pasa sobre la tierra, lo que indica que el tiempo de la siega ha llegado; el momento en que los que han sembrado el mal segarán el mal y serán segados. Jesús utilizó una metáfora similar en Mateo 13:39 cuando expresó: «… y el enemigo que la siembra es el diablo. La cosecha es el fin del mundo, y los segadores son los ángeles».

Esto es una hoz de guerra, una declaración de guerra. En algunas de las grandes revoluciones de la historia, los campesinos y los rebeldes utilizaron hoces de guerra para pelear contra los que se aferraban al poder. Los campesinos que crecieron trabajando el campo usaban sus guadañas manuales con gran habilidad para eliminar las malas hierbas. Estas mismas herramientas eran armas mortales en combate. La hoz, al tener una hoja curva, permitía retirarla fácilmente de la víctima. Su penetración provocaba una muerte dolorosa, y podía extraerse con un movimiento de muñeca y dirigirla rápidamente al siguiente enemigo.[3]

El Señor Jesús utilizó este símbolo como declaración de guerra, y con esto cumplió una predicción notable de Joel, profeta del Antiguo Testamento, que dijo:

> «Movilícense las naciones; suban hasta el valle de Josafat [Armagedón], que allí me sentaré para juzgar a los pueblos vecinos. Mano a la hoz, que la mies está madura. Vengan a pisar las uvas, que está lleno el lagar. Sus cubas se desbordan: ¡tan grande es su maldad!».
>
> ¡Multitud tras multitud en el valle de la Decisión! ¡Cercano está el día del Señor en el valle de la Decisión! Se oscurecerán el sol y la luna; dejarán de brillar las estrellas. Rugirá el Señor desde Sión, tronará su voz desde Jerusalén, y la tierra y el cielo temblarán. Pero el Señor será un refugio para su pueblo, una fortaleza para los israelitas. (3:12-16)

Mi suposición es que ha pasado cerca de un año desde el comienzo de la gran tribulación, y la resistencia de Israel a adorar el ídolo en el templo ha provocado la ira de la falsa trinidad. Se han trazado planes de batalla, se han movido tropas, se han implementado estrategias, y los ejércitos han avanzado hacia las fronteras de Israel y comienzan a ocupar la tierra prometida.

Las siete bienaventuranzas de Apocalipsis

1. *Dichoso el que lee y dichosos los que escuchan las palabras de este mensaje profético y hacen caso de lo que aquí está escrito, porque el tiempo de su cumplimiento está cerca.* (1:3)

2. *Dichosos los que de ahora en adelante mueren en el Señor.* (14:13)
3. *Dichoso el que se mantenga despierto, con su ropa a la mano, no sea que ande desnudo y sufra vergüenza por su desnudez».* (16:15)
4. *«¡Dichosos los que han sido convidados a la cena de las bodas del Cordero! Y añadió: "Estas son las palabras verdaderas de Dios"».* (19:9)
5. *Dichosos y santos los que tienen parte en la primera resurrección.* (20:6)
6. *«¡Miren que vengo pronto! Dichoso el que cumple las palabras del mensaje profético de este libro».* (22:7)
7. *Dichosos los que lavan sus ropas para tener derecho al árbol de la vida y para poder entrar por las puertas de la ciudad.* (22:14)

En su generosidad habitual, Dios entretejió en realidad ocho bendiciones en las siete, pues la primera se repite dos veces, una para los que leen y otra para los que oyen y atribuyen gran importancia al mensaje. Esta es la octava sinfónica de Apocalipsis: ocho notas de bendiciones eternas.

ACONTECIMIENTO 31

Estalla la guerra alrededor de Israel (14:17-20)

El siguiente párrafo presenta la acción. La imagen de la hoz continúa, y nos da a entender que, en este momento, se está librando una guerra sangrienta dentro de los límites de Israel y alrededor de Jerusalén.

Como el pueblo judío se negó a honrar la imagen abominable del anticristo en su templo, el anticristo está decidido (como tantos déspotas a lo largo de la historia) a destruir de manera brutal y completa a Israel. A medida que el conflicto escala furiosamente y los ejércitos chocan, el versículo 20 expresa:

> *Las uvas fueron exprimidas fuera de la ciudad* [Jerusalén], *y del lagar salió sangre, la cual llegó hasta los frenos de los caballos en una extensión de trescientos kilómetros.*

Con un lenguaje como el utilizado por Joel, se nos dice que la sangre se derrama como el jugo del lagar de un viñedo.

Fíjate que la batalla sigue fuera de Jerusalén. Las fuerzas de defensa israelíes están ofreciendo una fuerte resistencia. La ciudad de Jerusalén aún no ha sido vulnerada, pero Israel es invadida. Según Lucas 21:24, muchos judíos serán asesinados y otros serán tomados prisioneros y llevados a varias naciones.

La distancia mencionada de 300 kilómetros da a entender que el campo de batalla tendrá un radio de 145 kilómetros desde Jerusalén.

El sitio de Meguido (desde donde se divisa el valle de Armagedón) está a unos 130 kilómetros (unas ochenta millas) de Jerusalén. Como veremos, el valle de Armagedón parece ser el lugar donde el anticristo establece su cuartel general, aunque la ofensiva de la batalla es contra Jerusalén.

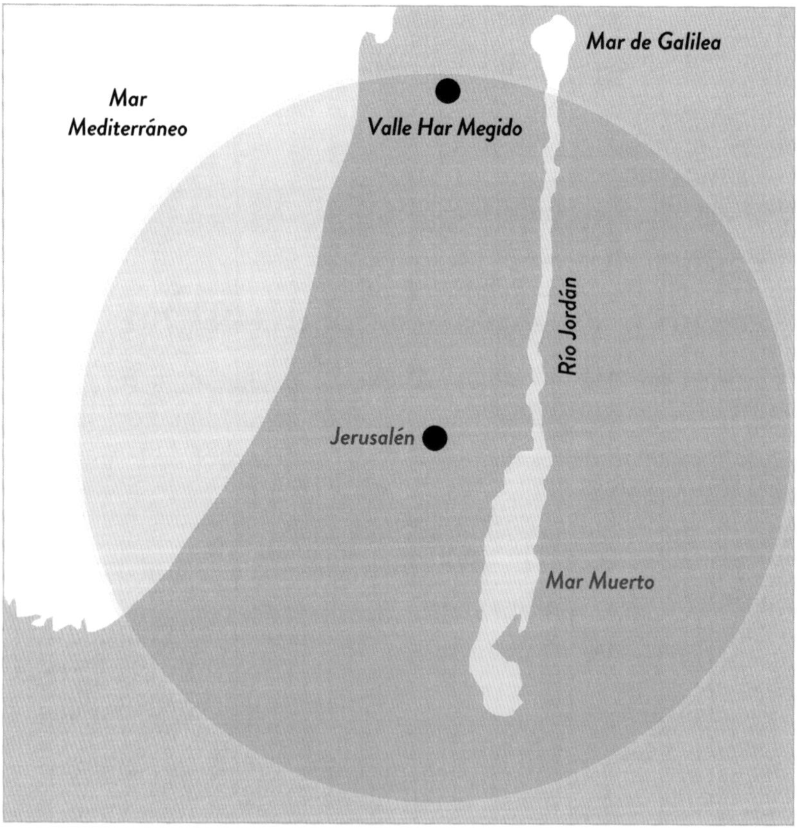

Se nos dice que esta invasión inicial contra Israel será tan intensa que la sangre subirá hasta los frenos de los caballos. En mi opinión esto significa que en las zonas donde la guerra sea más cruda la sangre salpicará hasta cinco y seis pies en el aire.

Creo que la guerra descrita en Apocalipsis 14:20 es parte de las campañas militares a las que el Libro de Ezequiel se refiere como la batalla de Gog y Magog. Ezequiel 38 describe la última mitad de la gran tribulación y la inminente batalla de Armagedón. *Gog* es una palabra en clave para el anticristo, y *Magog* es una palabra en clave para su imperio.[4]

Según Ezequiel 38:8, de estas naciones vendrán ejércitos que invadirán Israel en un período de tiempo venidero descrito como «Al cabo de muchos días» y «Después de muchos años».

ACONTECIMIENTO 32

Aparecen los últimos siete ángeles de las últimas plagas (15:1-8)

Mientras los ejércitos del mundo continúan dirigiendo sus barcos, aviones, misiles y tropas hacia Israel, el Señor los estorba con una serie final de desastres globales que llevan su justa ira a un gran final en la historia de la humanidad. Esto nos conduce a los siete desastres finales: las siete copas de ira que son derramadas sobre el mundo. Apocalipsis 15:1 expresa:

> *Vi en el cielo otra señal grande y maravillosa: siete ángeles con las siete plagas, que son las últimas, pues con ellas se consumará la ira de Dios.*

Apocalipsis 15, en su conjunto, es una escena gloriosa de cuando el cielo se prepara para desatar estos siete juicios finales. El versículo 2 expresa:

> *Vi también un mar como de vidrio mezclado con fuego. De pie, a la orilla del mar, estaban los que habían vencido a la bestia, a su imagen y al número de su nombre. Tenían las arpas que Dios les había dado.*

Como hemos visto, el mar de vidrio es la enorme plataforma o plaza de cristal donde se encuentra el trono de Dios. Allí, ante el trono, hay más mártires: hombres, mujeres, niños y niñas, quienes se convirtieron a Cristo en los primeros meses de la gran tribulación. Fueron perseguidos y asesinados, tal vez en formas inimaginables; sin embargo, ahora están en el cielo, e inmediatamente formaron un coro. El corazón de ellos está lleno de canto y alabanza.

El versículo 3 dice:

y cantaban el himno de Moisés, siervo de Dios, y el himno del Cordero...

Las hermosas palabras de su cántico aparecen en los versículos 3-4:

«Grandes y maravillosas son tus obras,
Señor Dios Todopoderoso.
Justos y verdaderos son tus caminos,
Rey de las naciones.
¿Quién no te temerá, oh Señor?...».

¿Por qué se llama el himno de Moisés y del Cordero?

Al igual que las trompetas, estas copas de ira evocarán las plagas que Moisés inició contra Egipto en el Libro de Éxodo. Las plagas de Egipto que devastaron al faraón y salvaron al pueblo judío fueron anticipos de estas últimas siete copas de ira que romperán el yugo del anticristo y salvarán al pueblo judío.

Lo que Moisés le hizo a Egipto, lo hará Jesús al último imperio malvado del mundo.

Recuerda, la historia del éxodo fue, en cierto sentido, un tipo de gran tribulación. Lo que Moisés le hizo a Egipto, lo hará Jesús al último imperio malvado del mundo. Por tanto, faraón es otro posible tipo bíblico del anticristo, pues procuró esclavizar y aniquilar a la raza judía; no obstante, Dios los libró sobrenaturalmente. Y mientras los judíos huían de sus garras, faraón intentó destruirlos, como hará el anticristo.

En Éxodo 15 aparecen las palabras entonadas por la multitud que había pasado a través de las aguas divididas del mar Rojo. Liberados y a salvo de los horrores del faraón, el pueblo prorrumpió en alabanzas espontáneas. De la misma manera, en Apocalipsis 15 aparecen las palabras cantadas por la multitud que ha atravesado la tribulación y que ahora está libre de los horrores del anticristo; y a salvo en la orilla celestial. Y mientras entonan su canción de alabanza, los adoradores en el cielo piensan en el primer himno bíblico registrado en Éxodo 15.

> *Después de esto miré, y en el cielo se abrió el templo, el tabernáculo del testimonio. Del templo salieron los siete ángeles que llevaban las siete plagas. Estaban vestidos de lino limpio y resplandeciente, y ceñidos con bandas de oro a la altura del pecho. Uno de los cuatro seres vivientes dio a cada uno de los siete ángeles una copa de oro llena del furor de Dios, quien vive por los siglos de los siglos. El templo se llenó del humo que procedía de la gloria y del poder de Dios, y nadie podía entrar allí hasta que se terminaran las siete plagas de los siete ángeles.* (Ap 15:5-8)

Mientras los siete ángeles reciben sus copas de oro, llenas del furor de Dios, la nube gloriosa de la presencia de Dios llena el cielo. Las cosas se suceden rápidamente para llegar a un cenit dramático. A partir de este punto, la acción se mueve con rapidez: las siete copas de la ira se derraman en Apocalipsis 16, y todos los caminos conducen a Armagedón.

ACONTECIMIENTO 33

Se extiende el contagio mundial. La primera copa (16:1-2)

En Apocalipsis 16:1, Juan oyó una voz fuerte que ordenaba a los ángeles: «… ¡Vayan y derramen sobre la tierra las siete copas del furor de Dios!».

En este momento quisiera hacer una pausa para tratar el tema de la ira de Dios. Este concepto solía molestarme ya que, para un ser perfecto y eterno como Dios, la ira parecía una actitud inapropiada. Sin embargo, luego llegué a comprender que esta palabra no implica nada parecido a una rabieta o a perder el autocontrol; más bien, es una respuesta adecuada y necesaria al mal que causa todo el sufrimiento y la miseria del mundo.

La presencia de la verdad absoluta y del bien objetivo exige una respuesta moral ante el engaño y el mal. ¿Qué tipo de Dios podría contemplar el genocidio, la tortura, la violación y el pecado de cualquier clase sin responder con justicia y santidad? La ira de Dios es su respuesta judicial apropiada ante el mal, a medida que él procura llevar a las personas al arrepentimiento, o (si se niegan a responderle) las juzga por su corrupción.

La presencia de la verdad absoluta y del bien objetivo exige una respuesta moral ante el engaño y el mal.

Apocalipsis 16:2 sostiene:

> *El primer ángel fue y derramó su copa sobre la tierra, y a toda la gente que tenía la marca de la bestia y que adoraba su imagen le salió una llaga maligna y repugnante.*

De repente, una nueva pandemia llena la tierra, una infección cutánea similar a la plaga de las úlceras que asoló Egipto en Éxodo 9. Si alguna vez has experimentado un caso grave de hiedra venenosa (¡yo sí!), multiplícalo por varios factores. Imagínate a casi todos en la tierra propagando esto de persona a persona hasta que el mundo entero, excepto los creyentes presentes en la tribulación, se esté rascando, con sus úlceras irritadas y supurando. Sin lugar a dudas, esto frena a las fuerzas militares que convergen sobre Israel. El Señor se ha unido a la batalla del lado de Israel, y el anticristo no puede detener la plaga dermatológica.

Aquellos cuya piel está marcada con la señal de la bestia están ahora marcados con úlceras supurantes.

ACONTECIMIENTO 34

Los mares son destruidos. Segunda copa (16:3)

El siguiente versículo sostiene:

El segundo ángel derramó su copa sobre el mar, y el mar se convirtió en sangre como de gente masacrada, y murió todo ser viviente que había en el mar. (16:3)

Esta plaga también evoca el Libro de Éxodo, cuando Moisés convirtió el río Nilo en sangre (Éx 7). La segunda trompeta ya había producido daños a los océanos del mundo, pero ahora se convierten en una espesa ciénaga roja, que sin duda frena a los barcos y submarinos que se dirigen hacia la costa de Israel.

En otras partes de Apocalipsis, la idea del «mar» representa a la gente de la tierra (17:15), por lo que algunos comentaristas piensan que esto es figura del sufrimiento de la humanidad. Sin embargo, el mundo del anticristo está llegando a su fin, y el reino físico se desintegra hasta convertirse en un caos. Para mí, esto se refiere a la destrucción de los sistemas oceánicos del mundo.

Ten en cuenta que, en estos momentos, los océanos están más contaminados que en cualquier otro momento de la historia. Incluso mientras escribo estas líneas, un gran derrame de petróleo ha dañado una sección de una costa estadounidense. Cada año, al océano llegan 17.600 millones de toneladas de plástico, y en el Pacífico flota una mancha de basura que es el doble del tamaño de Texas. Debido a las escorrentías tóxicas, los científicos encuentran cada vez más «zonas muertas» en nuestros océanos, incluyendo una en el golfo de México casi del tamaño de Nueva Jersey.[5]

Al final de la tribulación las cosas van a empeorar mucho. Nuestros océanos en su totalidad se convertirán en zona muerta.

ACONTECIMIENTO 35

Se contamina el agua potable. Tercera copa (16:4-7)

El agua potable fresca se vuelve muy difícil de encontrar, lo que constituye otro golpe a los líderes militares del mundo y a sus ejércitos reunidos. Apocalipsis 16:4 sostiene:

El tercer ángel derramó su copa sobre los ríos y los manantiales, y estos se convirtieron en sangre.

Eso es lo que ocurrió también en Egipto, cuando no solo el Nilo se convirtió en sangre. Éxodo 7:19 dice que Aarón extendió su vara, y los ríos, los canales, las lagunas y los depósitos de agua se convirtieron en sangre, incluso el agua que estaba en las vasijas. Los egipcios tuvieron que cavar nuevos pozos en busca de agua para evitar la sed (v. 24). Durante los últimos meses de la gran tribulación, el mundo entero enfrentará una grave escasez de agua potable.

Este juicio es tan severo que el texto hace una pausa y los ángeles reconocen que, de hecho, el Señor sabe lo que está haciendo, y que actúa con justicia, rectitud y sabiduría (vv. 5-7).

ACONTECIMIENTO 36

Un calor intenso abrasa el planeta. Cuarta copa (16:8-9)

La cuarta copa de la furia incluye una serie de erupciones solares que calientan la tierra como un horno. Apocalipsis 16:8-9 expresa:

> *El cuarto ángel derramó su copa sobre el sol, al cual se le permitió quemar con fuego a la gente. Todos sufrieron terribles quemaduras, pero ni así se arrepintieron; en vez de darle gloria a Dios, que tiene poder sobre esas plagas, maldijeron su nombre.*

Esto es el calentamiento global definitivo. Al parecer el sol experimenta erupciones y estallidos de radiación electromagnética que abrasan a la gente; y quizás también causan apagones de radio y otros daños a la tecnología.

Todas estas plagas son advertencias para que, mientras quede tiempo, la gente se arrepienta; aunque al parecer, ya no responden al evangelio. Las perturbaciones solares y el intenso calor crean problemas adicionales a las fuerzas militares reunidas contra Israel. Imagínate la furia del malhablado anticristo al intentar poner fin a estos desastres en cascada. Satanás lo ha empoderado de forma sobrenatural; sin embargo, el poder de Satanás tiene sus límites.

El Antiguo Testamento termina con una referencia a esta plaga en particular. Malaquías 4:1 expresa: «Miren, ya viene el día, ardiente como un horno. Todos los soberbios y todos los malvados serán como paja; ese día les prenderá fuego…».

ACONTECIMIENTO 37

La oscuridad cubre el mundo. Quinta copa (16:10-11)

Como un latigazo, la siguiente plaga es otra repetición de una de las plagas egipcias: oscuridad.

Apocalipsis 16:10-11 sostiene:

> *El quinto ángel derramó su copa sobre el trono de la bestia, entonces el reino de la bestia quedó sumido en la oscuridad. La gente se mordía la lengua de dolor y, por causa de sus padecimientos y de sus llagas, maldecían al Dios del cielo, pero no se arrepintieron de sus obras.*

Es interesante que este juicio se dirija al trono del anticristo, lo que indica que el ataque es contra su cuartel general. Podría ser que el mundo entero se sumerja en la oscuridad literal, pero ¿y si se refiere a un apagón mundial, a un fallo en la red eléctrica y la interrupción de la tecnología global?

Independientemente de la forma que adopte, la Biblia advierte de forma reiterada sobre la llegada de un día de oscuridad y penumbra. El profeta Amós escribió: «¡Ay de los que suspiran por el día del Señor! ¿De qué les servirá ese día si va a ser de oscuridad y no de luz? (Am 5:18).

Isaías expresó: «… se oscurecerá el sol al salir y no brillará más la luna» (Is 13:10).

Sofonías 1:15 dice: «Día de ira será aquel día, día de aflicción y angustia, día de ruina y destrucción, día de tinieblas y penumbra, día de niebla y densa oscuridad».

El Señor Jesús expresó: «Pero en aquellos días, después de esa tribulación, "se oscurecerá el sol, y no brillará más la luna"» (Mc 13:24).

A mí me resulta notable cómo los pasajes proféticos de la Biblia parecen converger en una imagen coherente de estos días dramáticos.

ACONTECIMIENTO 38

El Éufrates se seca. Sexta copa (16:12)

A pesar de todos estos desafíos estratégicos, los ejércitos del mundo siguen avanzando con dificultad hacia Jerusalén, entre ellos ejércitos cuantiosos de Asia, a quienes el anticristo y sus demonios engañosos han atraído hasta allí. En este caso, el Señor parece ayudarlos, pues desea que se reúnan en las llanuras del norte de Israel, donde él los juzgará en el valle de Armagedón.

Apocalipsis 16:12 dice:

> *El sexto ángel derramó su copa sobre el gran río Éufrates, y se secaron sus aguas para abrir paso a los reyes del oriente.*

Ezequiel 38–39 indica que, para esta batalla, se unirán ejércitos del norte de Israel, de las tierras de la antigua Persia y del norte de África. Apocalipsis 16:12 nos dice que los ejércitos de Asia se movilizarán y avanzarán hacia Israel. Al trazar una línea recta hacia el este desde Israel, esta atraviesa Irak, Irán, Pakistán, Afganistán, India y China.

La conexión con China es especialmente intrigante. Cada vez que escuchas las noticias, parece que oyes hablar sobre el empuje agresivo de China para convertirse en la única superpotencia del mundo. La represión gubernamental hacia su pueblo, la vigilancia de sus ciudadanos, el impertinente uso de monitores electrónicos y el espionaje autocrático son elementos inquietantes en gran manera. Su creciente fuerza militar es una amenaza nunca vista en la historia de la humanidad.[6]

Según el Libro de Josué, el río Éufrates es la frontera entre la Tierra Santa y Asia (1:4). El presente pasaje de Apocalipsis afirma que el Éufrates se secará para permitir que estos ejércitos marchen sin estorbo hacia Israel. Cuando Juan escribió estas palabras, esto debió parecer inconcebible. Sin embargo, en la actualidad Turquía ha construido presas inmensas a través del Éufrates, y en años recientes hubo momentos en que el Éufrates se ha secado debido al bloqueo de las aguas. Este panorama ya no es inverosímil.

En cuanto a los ejércitos que vienen de Oriente existen dos opiniones populares. En mi caso, yo creo que son parte de la coalición de naciones engañadas por demonios y que avanzan para confrontar y destruir a Israel. Algunos estudiosos de la profecía creen que vienen a atacar al anticristo, pues este ya comienza a perder su control del poder. Por eso Dios secó el Éufrates para dejarlos marchar. Esta interpretación se fundamenta en Daniel 11:41-45:

> *También invadirá* [el anticristo] *nuestro hermoso país* [Israel], *y muchos países caerán bajo su poder, aunque Edom y Moab y los jefes de Amón* [la moderna nación de Jordania] *escaparán de sus manos. Extenderá su poder sobre muchos países,* [...]. *Sin embargo, le llegarán noticias alarmantes del este y del norte, y en su furor se pondrá en marcha dispuesto a destruir y matar a mucha gente. Plantará su campamento real entre el mar* [Armagedón y los caminos que llevan a Jerusalén quedan entre el mar Mediterráneo, el mar de Galilea y el mar Muerto] *y el bello monte santo* [Jerusalén]*; pero allí le llegará su fin, y nadie acudirá en su ayuda.*

John MacArthur lo resume de la siguiente manera:

> Dios sobrenaturalmente secará [el Éufrates] con el fin de facilitarle el paso a la confederación oriental para llegar a Israel. De forma providencial, Dios atrae a estos reyes y sus ejércitos para destruirlos en la batalla de Armagedón. La razón de esta venida puede ser rebelarse contra el anticristo, quien sin duda ha perdido popularidad al no poder aliviar el sufrimiento del mundo. O puede tratarse de un acto final de antisemitismo rabioso para destruir Israel, tal vez en represalia por las plagas que su Dios ha enviado.[7]

Independientemente del motivo, los ejércitos de Asia, enloquecidos por las plagas y llenos de rabia, marcharán a través del seco Éufrates, de la misma manera que los hijos de Israel cruzaron a la tierra prometida a través de las aguas divididas del río Jordán en la época de Josué.

ACONTECIMIENTO 39

Los ejércitos del mundo se encuentran en Armagedón (16:13-16)

Mientras estos ejércitos cruzan por el Éufrates, la trinidad maligna parece darse cuenta de que están en una guerra sin precedentes, y que se enfrentan a desafíos extraordinarios. Como vimos en Daniel 2, al anticristo le será difícil mantener la unidad de su malvado imperio en medio de su lucha contra las plagas sobrenaturales enviadas en su contra. Al igual que el hierro mezclado con el barro no permanece unido, aseguró Daniel, este último imperio mundial tampoco permanecerá unido (Dn 2:43). Necesitado de apoyo sobrenatural adicional, el anticristo convocará a otros tres demonios maliciosos (quizás los más poderosos jamás vistos en el cosmos) en momentos cuando las tropas de Asia cruzan el lecho seco del río Éufrates. La pseudotrinidad soltará a sus demonios restantes, que invadirán el mundo como la plaga de ranas en Éxodo 7–8, y engañarán a los reyes diciéndoles que todavía hay esperanzas de alcanzar la victoria. Apocalipsis 16:13-16 lo expresa de esta manera:

> *Y vi salir de la boca del dragón, de la boca de la bestia y de la boca del falso profeta tres espíritus malignos que parecían ranas. Son espíritus de demonios que hacen señales milagrosas y que salen a reunir a los reyes del mundo entero para la batalla del gran día del Dios Todopoderoso… Entonces los espíritus de los demonios reunieron a los reyes en el lugar que en hebreo se llama Armagedón.*

He llevado a muchos grupos de turistas al gran valle de Armagedón, que está a unos dieciséis kilómetros (diez millas) de Nazaret, en la Baja Galilea. Al contemplar las llanuras inmensas, la escena es sobrecogedora. Es el granero de Israel, una enorme zona agrícola como el valle de San Joaquín en California.

La palabra *armagedón* proviene del hebreo *Har Megiddo*. La palabra *har* significa «montaña».[8] Megiddo es el nombre antiguo de una ciudad estratégica en la cima de una colina. Desde las ruinas de Megido, es asombroso contemplar el horizonte e imaginar el venidero día del conflicto.

Se le ha llamado el campo de batalla más perfecto del mundo. Según los historiadores, en este valle han tenido lugar más de treinta conflictos militares de gran envergadura. De hecho, aquí se libró la primera batalla de la que se tiene constancia; fue una campaña del faraón egipcio Tutmosis III, que deseaba expandir el Imperio egipcio en el siglo XIV a. C. A Tutmosis se le ha llamado el Napoleón de Egipto. Luchó contra una coalición de tribus cananeas, y los acontecimientos de la batalla quedaron registrados; más tarde fueron hallados en un antiguo templo de Luxor (Egipto). La victoria de Tutmosis le permitió continuar avanzando hacia Asia para expandir su imperio.[9]

Resulta interesante que el lugar de la primera batalla documentada se convierta también en el escenario de la batalla final de la historia del mundo.

Sospecho que Armagedón será el cuartel general del mando militar central del anticristo, aunque sabemos que la batalla en sí se librará por todo Israel, a unos 145 kilómetros (90 millas) en todas direcciones partiendo de Jerusalén, y al final la propia Ciudad Santa será vulnerada y caerá.

Algunos comentaristas traducen la palabra hebrea para *Armagedón* como en referencia a Jerusalén.[10] Resulta obvio que la ciudad de Jerusalén es el objetivo, pero la interpretación tradicional es que las inmensas llanuras de Armagedón, el valle de Jezreel, también llamado el valle de Meguido, será el puesto de mando.

La descripción más vívida de esta batalla se encuentra en el Libro de Zacarías, y la información es tan importante que quiero mostrártela aquí. Lee estas palabras de Zacarías 12:

> *Esta profecía es la palabra del Señor con respecto a Israel. Afirma el Señor, que extendió los cielos, que echó los cimientos de la tierra, y que puso en el hombre aliento de vida: «Convertiré a Jerusalén en una copa que embriagará a todos los pueblos vecinos. Judá será sitiada, lo mismo que Jerusalén, y todas las naciones de la tierra se juntarán contra ella.*
>
> *»En aquel día convertiré a Jerusalén en una roca inconmovible para todos los pueblos…*
>
> *»En aquel día espantaré a todos los caballos y enloqueceré a sus jinetes —afirma el Señor—.*

»En aquel día me dispondré a destruir a todas las naciones que ataquen a Jerusalén. (vv. 1-4, 9)

En Zacarías 14 aparecen más detalles que describen un conflicto urbano y terribles atrocidades militares en el centro de Jerusalén: «... en tus propias calles». (v. 1), lo que indica que los muros de la ciudad antigua de la época otomana serán vulnerados y habrá una lucha cuerpo a cuerpo a la sombra del Monte del Templo. La ciudad caerá, y la mitad de los supervivientes serán sacados de allí, presumiblemente a campos de prisioneros de guerra dispuestos apresuradamente. No obstante, algo interrumpirá el proceso cuando la mitad de la población aún se encuentre en la ciudad.

Zacarías 14:1-2 dice: «¡Jerusalén! Viene un día para el Señor cuando tus despojos serán repartidos en tus propias calles. Movilizaré a todas

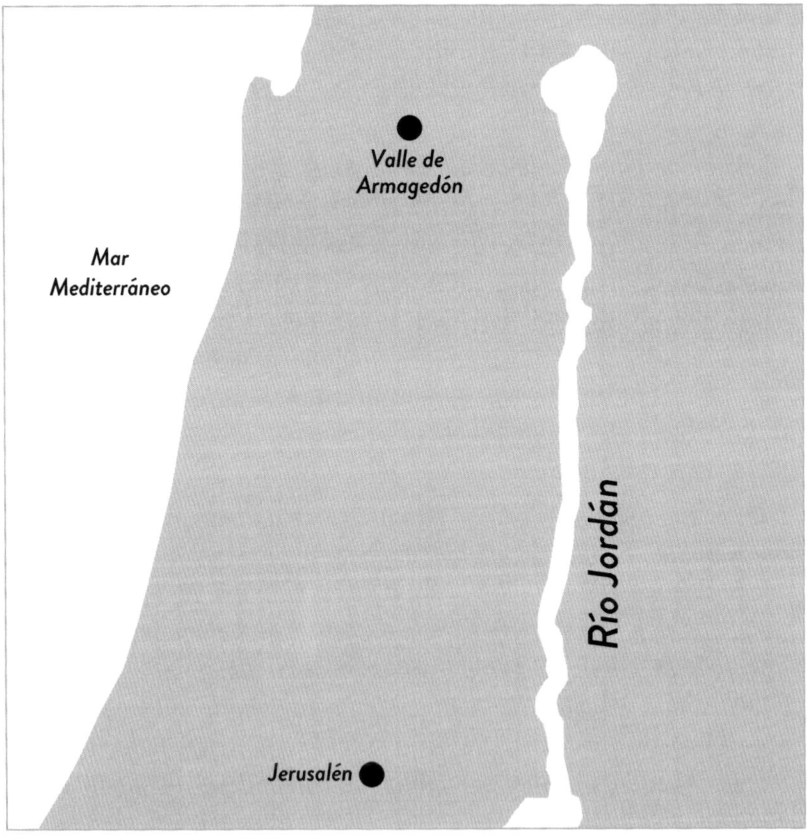

las naciones para que peleen contra ti. Te conquistarán, saquearán tus casas y violarán a tus mujeres. La mitad de tus habitantes irá al exilio, pero el resto del pueblo se quedará contigo».

ACONTECIMIENTO 40

Terremotos y condiciones meteorológicas extremas devastan lo que queda de la tierra. Séptima copa (16:17-21)

¿Qué interrumpe la derrota del pueblo judío en Jerusalén y evita que los lleven al exilio? En el preciso momento en que el anticristo piensa que ha ganado la batalla, una serie global de terremotos estremecerá el planeta, destrozará ciudades, dañará cualquier infraestructura restante y matará a millones de personas. Este es la séptima copa de la ira.

> *El séptimo ángel derramó su copa en el aire, y desde el trono del templo salió un vozarrón que decía: «¡Se acabó!» Y hubo relámpagos, estruendos, truenos y un violento terremoto. Nunca, desde que el género humano existe en la tierra, se había sentido un terremoto tan grande y violento. La gran ciudad se partió en tres, y las ciudades de las naciones se desplomaron. Dios se acordó de la gran Babilonia y le dio a beber de la copa llena del vino del furor de su castigo.* (16:17-20)

La «gran ciudad» que se partió en tres podría ser Jerusalén, aunque para mí es Babilonia. A medida que las ciudades de la nación se desmoronan, Dios escoge a Babilonia para un juicio especial *y le dio a beber de la copa llena del vino del furor de su castigo*. La ciudad se parte en tres secciones, tres fallas tectónicas que se desplazan a la vez, y provocan una destrucción apocalíptica total. (En los próximos dos capítulos de Apocalipsis, Juan nos dará una visión detallada de la caída y ruina de esta gran ciudad, y de todos sus sistemas malignos).

Esta serie de tormentas y terremotos globales desencadenarán tsunamis inmensos que arrasarán islas y cubrirán altas montañas. El versículo 20 indica:

> *Entonces huyeron todas las islas y desaparecieron las montañas.*

No obstante, eso no es todo. En el derramamiento final de ira sobre el mal existente en el planeta tierra, poderosas tormentas cubrirán el globo terráqueo, y producirán granizo como nunca antes se hubiera imaginado. El versículo 21 continúa:

> *Del cielo cayeron sobre la gente enormes granizos, de casi cuarenta kilos cada uno. Y maldecían a Dios por esa terrible plaga.*

Esta es la última de las copas de la ira, la serie final de catástrofes mundiales que convierte a la tierra en una escombrera humeante y desmoronada. Al desprenderse las placas tectónicas del globo terráqueo, fuerzas sísmicas convulsionan el mundo y hace que todas las ciudades colapsen. Al mismo tiempo, una tormenta eléctrica global afecta la tierra, y granizos del tamaño de peñascos caen del cielo como dirigidos a las personas.

Si alguna vez has visto alguna película apocalíptica, te puedes imaginar los rascacielos cayendo, los edificios derrumbándose y las tormentas de una fuerza sobrenatural que afectan todo el planeta. Pero ¿cómo puede alguien comprender la devastación? ¿El terror?

Todos estos acontecimientos preceden y acompañan inmediatamente al regreso de Jesucristo para salvar la ciudad de Jerusalén y cumplir su tan esperada promesa de regresar. Recuerdo otros pasajes de la Biblia que hacen las mismas predicciones.

Isaías 29 pinta un cuadro dramático:

> *«¡Qué aflicción le espera… la Ciudad de David! Año tras año ustedes celebran sus fiestas. Sin embargo, traeré desastre sobre ustedes, y habrá mucho llanto y dolor. Pues Jerusalén se convertirá en lo que significa su nombre, Ariel: un altar cubierto de sangre…*
>
> *»Pero de pronto, tus despiadados enemigos serán aplastados como el polvo más fino. Tus numerosos atacantes serán expulsados como la paja ante el viento. De repente, en un instante, yo, el Señor de los Ejércitos Celestiales, intervendré a tu favor con trueno, terremoto y gran ruido, con torbellino, tormenta y fuego consumidor. Todas las naciones que pelean contra Jerusalén ¡desaparecerán como un sueño! Los que atacan sus murallas se esfumarán como una visión en la noche.* (vv. 1-7, NTV)

Esto es precisamente lo que predice Apocalipsis. El profeta Ezequiel también previó estos acontecimientos, al exclamar:

> *Pero el día en que Gog* [el anticristo] *invada a Israel, mi ira se encenderá con furor. Lo afirma el Señor omnipotente. En el ardor de mi ira, declaro que en aquel momento habrá un gran terremoto en la tierra de Israel... Se derrumbarán los montes, se desplomarán las pendientes escarpadas, y todos los muros se vendrán abajo. En todos los montes convocaré a la guerra contra Gog... haré caer lluvias torrenciales, granizo, fuego y azufre. De esta manera mostraré mi grandeza y mi santidad, y me daré a conocer ante muchas naciones.* (Ez 38:18-23)

Me asombra la coherencia de la profecía bíblica. Al estudiar los acontecimientos de los últimos días, podemos extraer información de Isaías, Daniel, Ezequiel, Zacarías, el sermón de nuestro Señor en Mateo 24–25, 1 y 2 Tesalonicenses y otros escritos de Pablo, el último capítulo de 2 Pedro, y el Libro de Apocalipsis. Cuando ensamblamos las piezas, todo encaja. No todos los maestros bíblicos ensamblan las piezas exactamente de la misma manera, pues algunos discreparán en los detalles. Sin embargo, para mí, el material es coherente, lógico y se encuentra entrelazado.

Todo conduce a este momento, la víspera del regreso de nuestro Señor, cuando las ciudades del mundo se derrumban hasta quedar en escombros, durante el derramamiento de la última copa del furor de Dios.

Con la séptima copa de ira, se sacuden los apuntalamientos mismos del mundo y los cimientos son trastornados. La gran ciudad de Babilonia se parte en tres. Ahora, la lente de Apocalipsis enfoca en primer plano la destrucción de la ciudad de Babilonia y del sistema que representa. Este es el contenido de Apocalipsis 17–18.

ACONTECIMIENTO 41

Destrucción del sistema religioso y político del anticristo (17:1-18)

Como ya afirmé, Babilonia es el nombre en clave para la capital mundial del anticristo; y puede ser una ciudad futura que se reconstruya sobre las ruinas de la antigua Babilonia. Para tener una idea de cómo esto podría suceder, mira la increíble nueva capital Naipyidó, construida casi secretamente en Myanmar.[11] Aunque tiene pocos habitantes, es seis veces el tamaño de la ciudad de Nueva York e incluye un amplio sistema de autopistas, edificios enormes, parques, e incluso un zoológico. Se erigió en un lugar remoto y el mundo apenas se dio cuenta.[12]

Por otra parte, tal vez la futura capital del anticristo sea una ciudad ya existente, como las que ya he mencionado. El título Babilonia es un código bíblico para esta ciudad y su imperio, el cual se opone a Dios. Desde el Libro de Génesis en adelante, Babilonia (Babel) ha representado un sistema de gobierno humano que se rebela contra el Dios del cielo, y se menciona unas trescientas veces en la Biblia; más que todas las demás ciudades, excepto Jerusalén.[13]

En Génesis 10:8-10 está registrado que Nimrod fundó Babilonia, y según la tradición antigua,[14] la esposa de Nimrod estableció allí una religión falsa, cuyos elementos formaron parte de la mitología, y de muchas de las religiones históricas de este mundo.[15] La ciudad de Babilonia ofrece el telón de fondo para los acontecimientos del Libro de Daniel. Fue la gran ciudad de Nabucodonosor y el escenario de los famosos Jardines Colgantes de Babilonia.

En la década de 1980, Sadam Husein comenzó a reconstruir la ciudad. Hizo que en muchos ladrillos inscribieran su nombre, proyectó la reconstrucción de la ciudad, edificó allí un palacio moderno fabuloso y estaba listo para iniciar la construcción de teleféricos sobre Babilonia cuando estalló la guerra.[16] En la actualidad las autoridades iraquíes reabrieron el sitio a los turistas y hay comentarios de que las Naciones Unidas tienen planes para restaurar Babilonia como zona internacional y centro cultural.[17] Por supuesto, tal vez actualmente no sea el lugar más seguro para irse de excursión un fin de semana.

Al parecer, Apocalipsis 17 describe la destrucción del sistema político-religioso que surge de Babilonia. El capítulo 18 describe la destrucción de la ciudad como tal. Estos dos aspectos de Babilonia están interrelacionados, aunque difieren un tanto. Quizás la mejor manera de explicarlo sea preguntarnos qué nos viene a la mente cuando pensamos en…

- ¿Washington D. C.? El gobierno.
- ¿Las Vegas? El juego.
- ¿Roma? El Vaticano y el catolicismo.
- ¿Moscú? El Kremlin.
- ¿La Meca? El Islam.
- ¿Belén? El nacimiento de Jesús.

Por supuesto que estas ciudades encierran mucho más, pero uno llega a identificar ciertos lugares con la política, la cultura, la historia o los sistemas socioeconómicos que allí se asientan. En lo que respecta a Babilonia, la mayoría de los comentaristas entienden que Apocalipsis 17 describe el colapso de los sistemas mundiales del anticristo (que incluye su falsa religión) que se asientan en Babilonia, y Apocalipsis 18 describe la destrucción de la ciudad como tal, que funciona como su capital mundial.

Comencemos con la extraña descripción del conglomerado religioso y económico con sede en Babilonia. En Apocalipsis 17:1, uno de los ángeles dijo a Juan:

> *Ven, y te mostraré el castigo de la gran prostituta que está sentada sobre muchas aguas.*

Al parecer la prostituta representa el sistema político-religioso mundial centrado en esta ciudad. Las *muchas aguas* representan el dominio global de esta ciudad, o globalismo. Esto lo sabemos porque el versículo 15 señala:

> *Las aguas que has visto, donde está sentada la prostituta, son pueblos, multitudes, naciones y lenguas.*

En la Biblia, la idea de la prostitución a menudo implica un significado espiritual. Debemos estar comprometidos con Dios, al igual que una persona piadosa se compromete con su cónyuge; ser exclusivamente suyos, y que en nuestro corazón no haya rivales para él. Debemos pertenecer solo a Dios. Israel era la novia de Jehová; la iglesia es la novia de Cristo.

Jeremías dijo al pueblo reincidente de su época: «Pues bien, tú te has prostituido con muchos amantes, y ya no podrás volver a mí —afirma el SEÑOR—» (Jer 3:1).

El apóstol Pablo le señaló a los corintios: «El celo que siento por ustedes proviene de Dios, pues los tengo prometidos a un solo esposo, que es Cristo, para presentárselos como una virgen pura» (2 Co 11:2).

Cuando a tu vida llega algo, y lo amas más que a tu Señor, eso es una forma de infidelidad y prostitución espiritual; es idolatría. El lenguaje aquí hace eco de un pasaje poco conocido de Nahum, profeta del Antiguo Testamento, quien expresó respecto a la ciudad de Nínive: «¡Ay de la ciudad sedienta de sangre... el centellear de las lanzas, la multitud de muertos, los cuerpos amontonados, los cadáveres por doquier, en los que todos tropiezan. ¡Y todo por las muchas prostituciones de esa ramera de encantos...! Engañó a los pueblos con sus fornicaciones, y a los clanes con sus embrujos» (Nah 3:1-4).

Parece que esta prostituta no es solo una ciudad de ladrillos y acero, sino que representa el sistema político, filosófico y religioso asentado en esa ciudad y que ha engañado al mundo. Algunos estudiosos creen que representa una religión, como el islam radical con sus territorios ricos en petróleo. El anticristo utilizará a esta prostituta, pero luego la desechará.

Esto se ajusta a la actividad satánica en Apocalipsis. Satanás intenta llegar a ser como Dios replicando el plan de Dios, aunque todos sus esfuerzos son malintencionados.

La operación falsificada de Satanás

- Hay una falsa trinidad.
    - Hay un falso padre que posee autoridad.
    - Hay un falso hijo que aparentemente muere y resucita.
    - Hay un falso espíritu que procura glorificar al falso hijo.
- Hay una iglesia falsa o una religión falsa.
- Hay una ciudad falsa («Babilonia») para antagonizar la ciudad de Dios de Jerusalén.

En términos más sencillos, podemos afirmar que la prostituta de Apocalipsis 17 representa el sistema político-religioso con base en la ciudad capital de Babilonia. Es el sistema de Babel. Este es el supremo imperio anti-Dios, compuesto de fuerzas humanas malignas y principados y poderes sobrenaturales malignos. Está unida al anticristo (v. 3), es muy rico (v. 4) y constituye una fuente mundial de abominación (v. 5). Según el versículo 6, *se había emborrachado con la sangre de los santos y de los mártires de Jesús*. En otras palabras, ella jugará un papel fundamental en los esfuerzos por rastrear, interrogar, torturar y matar a los que vayan a Cristo durante la tribulación.

La mujer detestable (el sistema falso del anticristo centrado en Babilonia) está montada en una bestia escarlata cubierta de nombres blasfemos (el anticristo). Se nos dice que esta bestia tiene siete cabezas y diez cuernos (v. 3). De esta manera fue descrito el anticristo cuando lo encontramos en Apocalipsis 13:1. Ahora, en Apocalipsis 17:10, se nos indica que estas siete cabezas representan a siete reyes:

> *… cinco han caído, uno está gobernando, el otro no ha llegado todavía; pero, cuando llegue, es preciso que dure poco tiempo.*

En cuanto a esto, los comentaristas tienen diferentes puntos de vista, aunque muchos indican que se refiere a los siete grandes imperios en la historia bíblica y mundial, en su relación con el plan supremo de Dios. Si bien muchas naciones se han levantado y caído durante la convulsa historia de la tierra, la Biblia se centra en una cadena de imperios que enlazan el principio de la historia redentora con su final. La historia del éxodo y las visiones de Daniel 2 y 7 son clave para lo que leemos en Apocalipsis, y abarcan los imperios de:

1. Egipto, donde los descendientes de Abraham buscaron refugio durante la hambruna, y donde más tarde fueron esclavizados.
2. Asiria, uno de los reinos que Daniel enumera, que destruyó el reino del norte de Israel.
3. Babilonia, el siguiente en la lista de Daniel. Babilonia destruyó el reino del sur de Judá.

4. Medo-persa, el siguiente en las profecías de Daniel, que permitió que un remanente del pueblo judío regresara a su patria y edificara el segundo templo.
5. Grecia, que predijo Daniel y que irrumpió en la historia entre el Antiguo y el Nuevo Testamento.
6. Roma, que Daniel también predijo en sus profecías y que destruyó la nación de Israel en 66-73 d. C.
7. El resurgimiento del último imperio mundial bajo el conquistador resuelto a conquistar, y revelado en el primer sello en Apocalipsis 6:2. Daniel también lo profetizó.

Cuando el *conquistador resuelto a conquistar* se llene de Satanás, a mediados de la tribulación y pase por algún tipo de muerte y resurrección, se convertirá en el anticristo. Al hacerlo, representará el octavo y último imperio. El versículo 11 dice:

La bestia, que antes era, pero ya no es, es el octavo rey. Está incluido entre los siete, y va rumbo a la destrucción.

La bestia no solo tenía siete cabezas, sino también diez cuernos, cuya explicación se encuentra en Apocalipsis 17:12-14:

Los diez cuernos que has visto son diez reyes que todavía no han comenzado a reinar, pero que por una hora recibirán autoridad como reyes, junto con la bestia. Estos tienen un mismo propósito, que es poner su poder y autoridad a disposición de la bestia. Le harán la guerra al Cordero…

Estos son los reyes de las diez naciones que componen la confederación del anticristo, y los que Daniel profetizó en su imagen de los pies y los dedos, y los diez cuernos (Dn 2:41 y 7:7). Este es el Imperio romano revivido predicho en Daniel 2:42-45; imperio que combina el odio de Babilonia hacia Dios y la sed de Roma por la brutalidad.

En Apocalipsis 17:16-18, el anticristo y su confederación de diez miembros se vuelven contra la «prostituta» y la destruyen. El versículo 16 expresa:

Los diez cuernos y la bestia que has visto le cobrarán odio a la prostituta. Causarán su ruina y la dejarán desnuda; devorarán su cuerpo y la destruirán con fuego.

A medida que su poder se consolide, el anticristo se desligará de la religión falsa que ayudó a financiar su imperio. Solo para visualizar esto, imagínate que el anticristo es un déspota ruso que se pone del lado de los estados islámicos productores de petróleo, adopta el islam como religión, y amasa miles de millones de dólares que el petróleo genera. Al volverse contra Israel, encuentra el apoyo inmediato entre los islamistas radicales, pero ya no quiere su intromisión; quiere que lo adoren. Se deshace de ellos como quien se quita una camisa vieja. Primero despoja al islam de sus riquezas, luego renuncia a él y lo rechaza.

No aseguro que esto es lo que sucederá, así que no tomes mi visualización como una verdad bíblica. Es solo una forma de entender que este tipo de escenario es verosímil. Una de las razones de mi interés en esta trama es por las recientes predicciones, muy publicitadas, de ciertos agentes islámicos que esperan la llegada del Mahdi, «el bien Guiado». Según la creencia islámica, el mesías apocalíptico aparecerá al final de la historia mundial, cuando la tierra esté sumida en el caos, para establecer un reino islámico global e imponer la *sharía* en el mundo.[18]

Permíteme ahora resumir este capítulo. Antes y durante la tribulación habrá un falso sistema religioso, económico y sociopolítico; tal vez una de las grandes religiones del mundo, quizás el islamismo radical, o el catolicismo apóstata, o el cristianismo liberal; tal vez una nueva mitología, o una forma de secularismo, socialismo o ateísmo intolerante.

Este sistema tendrá su sede en la ciudad que en clave se llama Babilonia, y la falsa trinidad lo utilizará temporalmente. Sin embargo, a medida que el anticristo consolide su poder, se va a deshacer de este sistema a fin de poder ejercer el poder unilateral por sí mismo.

Si bien Apocalipsis 17 es bastante difícil, creo que el punto principal es sencillo: mientras Jesucristo se prepara para regresar a la tierra, Dios diezmará el imperio y los hechos abominables del anticristo.

ACONTECIMIENTO 42

La capital del anticristo se desploma hacia adentro (18:1-24)

El capítulo 18 se enfoca claramente en la destrucción de la ciudad capital de Babilonia, y nos muestra con mayor detalle lo que sucederá cuando el terremoto y las calamidades globales le sobrevengan en el umbral del regreso de Cristo.

Recuerda que Dios también tiene su ciudad: la Jerusalén terrenal. Su capital definitiva es la Jerusalén celestial, por la cual haremos un recorrido en los dos últimos capítulos de Apocalipsis. No obstante, el anticristo quiere exaltar su ciudad y su imperio por encima de la ciudad y el imperio del Señor; y esa es su perdición.

¡Qué manera de Satanás querer competir con Dios! Una falsa trinidad. Un anticristo que muere y resucita. Una falsa iglesia. Y una falsa capital.

Si el capítulo 17 presenta algunos aspectos difíciles, el capítulo 18 es sencillo; y catastrófico. Describe la destrucción de la creciente ciudad de Babilonia, capital de un imperio mundial y sede del poder del gobierno del anticristo. Esta destrucción ocurre durante el terremoto planetario descrito al final del capítulo 16, cuyos detalles se ofrecen aquí en el capítulo 18, e incluyen las propias palabras dichas por algunos de los que fueron testigos del acontecimiento.

El acompañante angélico de Juan es posiblemente el ángel más espectacular de la Biblia. Cuando desciende del cielo, su esplendor ilumina toda la tierra.

En Apocalipsis 18:1, el acompañante angélico de Juan es posiblemente el ángel más espectacular de la Biblia. Cuando desciende del cielo, su esplendor ilumina toda la tierra. Recordemos que, de alguna manera, la tierra está en tinieblas, por lo que la visión de este ángel debe ser impresionante, y debido a su resplandor cierta cantidad de luz regresa a la tierra. El ángel ostenta un rango sumamente alto y es muy poderoso.

Después de esto vi a otro ángel que bajaba del cielo. Tenía mucho poder, y la tierra se iluminó con su resplandor. Gritó a gran voz.

Imagínate un grito que se oye en todo el mundo. El mensaje del ángel reitera el pronunciamiento de Apocalipsis 14:8:

> *¡Ha caído! ¡Ha caído la gran Babilonia!*

Luego asevera:

> *Se ha convertido en morada de demonios y en guarida de todo espíritu maligno.* (v. 2)

Durante la tribulación, Babilonia se convertirá en el centro de acciones de todas las fuerzas oscuras invisibles, una ciudad impregnada de los principados y potestades del mal. Estas fuerzas demoníacas se extenderán por las calles y los callejones de Babilonia, y la utilizarán como escenario para sus atrocidades mundiales.

El versículo 3 menciona la opulencia de Babilonia:

> *... y los comerciantes de la tierra se enriquecieron a costa de lo que ella despilfarraba en sus lujos.*

En los versículos 4-5, otro ángel proclama una advertencia a cualquier creyente clandestino, y les dice que huyan de la ciudad, como Lot escapó de Sodoma. Al parecer, algunos seguidores recién convertidos del Cordero se esconden en los sótanos y callejones de Babilonia, en un esfuerzo por servir al Señor en el mismo centro de la maldad global. Ahora se les dice que huyan.

Luego oí otra voz del cielo que decía:

> *Salgan de ella, pueblo mío, para que no sean cómplices de sus pecados, ni los alcance ninguna de sus plagas; pues sus pecados se han amontonado hasta el cielo, y de sus injusticias se ha acordado Dios.*

Luego, en el versículo 8 se pronuncia la sentencia condenatoria:

> *Por eso, en un solo día le sobrevendrán sus plagas: pestilencia, aflicción y hambre. Será consumida por el fuego, porque poderoso es el Señor Dios que la juzga.*

Mientras observamos cómo la ciudad comienza a derrumbarse, notamos que hay tres grupos diferentes de dolientes que la contemplan; todos ellos conmocionados. En primer lugar, los reyes de la tierra *llorarán de dolor por ella. Aterrorizados al ver semejante castigo, se mantendrán a distancia y gritarán: «¡Ay! ¡Ay de ti, la gran ciudad, Babilonia, ciudad poderosa, porque en una sola hora ha llegado tu juicio!»* (vv. 9-10).

Tengo la edad suficiente para recordar cómo observé con incredulidad el derrumbe de las Torres Gemelas del World Trade Center. El mundo estaba con los ojos fijos en la pantalla de televisión, y ninguno de nosotros podía creer lo que veíamos. Imagínate esa conmoción que recorrerá el mundo mientras la tierra se estremece, los supervolcanes entran en erupción, las ciudades globales se derrumban y los incendios descomunales se propagan con furia.[19] Es el fin del mundo tal y como lo conocemos. Los reyes, generales, presidentes y primeros ministros no pueden hacer más que sacudir la cabeza y exclamar: «¡Ay!».

En segundo lugar, los versículos 11-16 expresan que los mercaderes de la tierra llorarán y harán duelo por Babilonia pues ya nadie nunca más comprará sus mercaderías: «Artículos de oro, plata, piedras preciosas y perlas; lino fino, púrpura, telas de seda y escarlata; toda clase de maderas de cedro; los más variados objetos, hechos de marfil, de madera preciosa, de bronce, de hierro y de mármol; cargamentos de canela y especias aromáticas; de incienso, mirra y perfumes; de vino y aceite; de harina refinada y trigo; de ganado vacuno y de corderos; de caballos y carruajes; y hasta de seres humanos, vendidos como esclavos» (vv. 12-13).

Presta atención a la realidad de la esclavitud. Este último punto es tan actual como nuestros titulares. Esta ciudad tenía un comercio lucrativo de trata de personas con todas sus implicaciones atroces.

El tercer grupo de dolientes son los marineros y los capitanes de barco. Los versículos 17-18 expresan:

> *Todos los capitanes de barco, los pasajeros, los marineros y todos los que viven del mar se detendrán a lo lejos. Al ver el humo del fuego que la consume, exclamarán: «¿Hubo jamás alguna ciudad como esta gran ciudad?».*

Los tres grupos de dolientes, líderes políticos, líderes empresariales y comerciantes marítimos, están asombrados de que una ciudad inmensa como Babilonia pueda quedar reducida a escombros en una sola hora.

Pero mientras los líderes del mundo gritan «¡Ay!», otro grupo exclama «¡Alégrense!». El versículo 20 indica:

> *¡Alégrate, oh cielo, por lo que le ha sucedido! ¡Alégrense también ustedes, santos, apóstoles y profetas!, porque Dios, al juzgarla, les ha hecho justicia a ustedes.*

Luego, en el versículo 21, como acto definitivo, un ángel poderoso levanta una piedra de molino y la arroja al mar, y con esto afirma de manera simbólica la destrucción total de la ciudad. El ángel pronuncia este epíteto conmovedor sobre las ruinas humeantes de la metrópoli más grandiosa del mundo:

> *Así también tú, Babilonia, gran ciudad, serás derribada con la misma violencia, y desaparecerás de la faz de la tierra. Jamás volverá a oírse en ti la música de los cantantes y de arpas, flautas y trompetas. Jamás volverá a hallarse en ti ningún tipo de artesano. Jamás volverá a oírse en ti el ruido de la rueda de molino. Jamás volverá a brillar en ti la luz de ninguna lámpara. Jamás volverá a sentirse en ti el regocijo de las nupcias. Porque tus comerciantes eran los magnates del mundo, porque con tus hechicerías engañaste a todas las naciones, porque en ti se halló sangre de profetas y de santos, y de todos los que han sido asesinados en la tierra.* (18:21-24)

Ahora, por fin, es el momento para que el Señor Jesucristo (quien es Rey de reyes y Señor de señores, el León y el Cordero, que una vez vino a la tierra como un bebé en un pesebre) regrese como un Guerrero poderoso a fin de salvar a su pueblo y llevar el drama de los siglos a su consumación apropiada, decretada por Dios.

El regreso de Cristo

Apocalipsis 19–22

Espero que estés captando mi idea de que el Libro de Apocalipsis lo puede comprender cualquier seguidor de Cristo que sencillamente tome los acontecimientos tal como se nos presentan. Siempre podemos regresar y estudiar los detalles, comparar los escritos de Juan con pasajes clave del Antiguo Testamento, echar un vistazo a los comentarios sobre Apocalipsis, y ganar en nuestra comprensión de su significado. Sin embargo, comprender su sencillez nos da un punto de partida para ir más profundo.

El apóstol Juan fue desterrado a la isla de Patmos, donde le fue dada una visión del Cristo glorificado (Ap 1). El Señor Jesús le dio una palabra personal dirigida a siete iglesias específicas a las que Juan ministró (Ap 2–3). Luego Juan fue llevado al gran salón del trono de Dios donde, en un magnífico ambiente de adoración, Jesucristo fue designado para comenzar el proceso de conclusión de la historia del mundo (Ap 4–5). Durante siete años, el mundo se retorció en sus dolores de muerte (Ap 6–18), pues el diablo y sus huestes dirigieron toda su furia sobre Israel, tal vez en un intento de frustrar el regreso de Cristo.

En los capítulos 6–11 se describe la primera mitad de este período, y el dramático punto medio se encuentra en los capítulos 12–13. La violenta última mitad de la tribulación va desde Apocalipsis 14 al 18, cuando los ejércitos del mundo rodean Jerusalén y la ciudad es sitiada.

Justo cuando la Ciudad Santa se tambalea al borde del colapso militar total, en ese preciso momento Jesucristo regresará como prometió, en las nubes de gloria, en esplendor, en poder, para alzarse con el triunfo. Apocalipsis 19 describe el regreso de Cristo, y el capítulo 20 describe Su reinado terrenal de mil años, seguido por el juicio del gran trono blanco. Los dos últimos capítulos de la Biblia (Apocalipsis 21–22) son nuestra inestimable guía de viaje al hogar eterno.

La tribulación

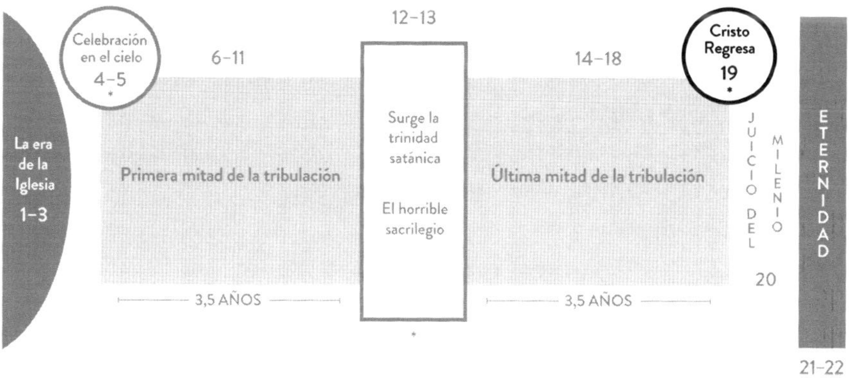

ACONTECIMIENTO 43

Resuenan aleluyas en el cielo (19:1-10)

En contraste con los quejidos y lamentos moribundos que se escuchan en la tierra, el cielo de los cielos de Dios de repente prorrumpe en aleluyas de alabanza nunca antes oídos en la historia: el verdadero «Coro del Aleluya». Piensa en la música más intensa y vibrante que hayas escuchado jamás, y luego multiplícala por mil millones.

La palabra *aleluya* se encuentra pocas veces en la Biblia, pues se reserva solo para las ocasiones más sagradas. Aparece unas pocas veces en los Salmos y cuatro veces en el Nuevo Testamento; y las cuatro ocasiones en este capítulo. Cada aleluya representa un nuevo estallido o himno de alabanza celestial.

En este momento, mientras se desarrollan estos acontecimientos del Apocalipsis, Jesucristo deja su trono, listo para descender de la bóveda celeste y de los reinos invisibles. Ha llegado la hora de que venga a este mundo humeante y rescate a su pueblo (Israel y cualquier seguidor de

Cristo sobreviviente), detenga repentinamente la batalla de Armagedón y logre una conclusión victoriosa.

Jesucristo deja su trono, listo para descender de la bóveda celeste y de los reinos invisibles.

La primera vez que vino, Su propio pueblo lo rechazó; ahora lo abrazarán.

Cuando vino la primera vez, llegó como un bebé envuelto en pañales, y cerca del final de Su vida entró en Jerusalén montado en un burro. Cuando venga de nuevo, llegará con las vestiduras de la victoria; y cabalgando, por así decirlo, sobre el caballo blanco de la victoria.

Cuando vino la primera vez, no había lugar en el mesón. Cuando venga otra vez, el mundo entero será suyo.

Vino la primera vez para ser crucificado. Vendrá de nuevo para ser glorificado. Vino la primera vez como Autor de nuestra salvación. Vendrá de nuevo como Consumador de nuestra fe.

De su primera venida solo se enteraron unos cuantos pastores, unos pocos sabios y algunos habitantes de Belén. Cuando venga de nuevo, será cual relámpago que brilla de oriente a occidente; vendrá en nubes de gloria, y todo el universo oirá la noticia.

Cuando llegó a Belén, los ángeles cantaron: «Gloria a Dios en las alturas...» (Lc 2:14). Cuando regrese, cantarán: «¡Aleluya! Ya ha comenzado a reinar el Señor» (Ap 19:6).

Intenta imaginar la escena. Mientras la ciudad capital de Babilonia arde en sus cenizas, y las grandes ciudades del mundo implosionan en nubes de polvo y desastre, el anticristo y los ejércitos de la tierra estarán a punto de obtener la victoria total sobre Israel y Jerusalén, su antigua capital.

Desde su área de gestación al norte de Israel, en las llanuras de Armagedón, los gigantescos ejércitos están a solo horas de obtener el control total, y tal vez trepan por los antiguos bloques de piedra caliza del complejo del templo. Jerusalén ha sido devastada, aunque aún no ha caído. Dios ha enviado plagas globales y una serie mundial de cataclismos y terremotos inimaginables para frustrar todo lo que Satanás procura hacer. Mientras un segmento de la población se esconde en un lugar secreto, sus amigos y seres queridos se enfrentan a un terror inimaginable; y Jerusalén está al borde de la derrota militar plena.

Ahora llegó el momento hacia el que toda la historia se ha encaminado desde los días de Adán, Abraham y los patriarcas, desde los días de Moisés y el éxodo, desde los días de Israel y los profetas, desde los días de los Evangelios y de la Iglesia y su misión global.

Cuando Jesús se levanta en su cuerpo real, resucitado y glorificado, y se dispone a descender a la tierra, todo el cielo irrumpe en una alabanza tan intensa y sostenida que el universo entero retumba.

Apocalipsis 19:1-7 expresa:

> … *«¡Aleluya! La salvación, la gloria y el poder son de nuestro Dios, pues sus juicios son verdaderos y justos: ha condenado a la famosa prostituta que con sus adulterios corrompía la tierra; ha vindicado la sangre de los siervos de Dios derramada por ella»…*
>
> *Entonces los veinticuatro ancianos y los cuatro seres vivientes se postraron y adoraron a Dios, que estaba sentado en el trono, y dijeron:*
>
> *«¡Amén, Aleluya!».*
>
> *Y del trono salió una voz que decía:*
>
> *«¡Alaben ustedes a nuestro Dios, todos sus siervos, grandes y pequeños, que con reverente temor le sirven!».*
>
> *Después oí voces como el rumor de una inmensa multitud, como el estruendo de una catarata y como el retumbar de potentes truenos, que exclamaban:*
>
> *«¡Aleluya! Ya ha comenzado a reinar el Señor, nuestro Dios Todopoderoso. ¡Alegrémonos y regocijémonos y démosle gloria! Ya ha llegado el día de las bodas del Cordero. Su novia se ha preparado».*

Jesús está a punto de unirse con su pueblo redimido de todas las épocas; incluyendo a su propio pueblo, Israel, que está a punto de convertirse a él de forma masiva.

Esta será la cena de las bodas del Cordero.

En la Biblia, compartir una cena con Dios es algo de suma importancia. En Génesis 18, Abraham compartió una cena con Dios. En Éxodo 24, Moisés y los líderes de Israel subieron al monte Sinaí y «vieron a Dios, y comieron y bebieron» (v. 11). Fue una cena de pacto, parte de la celebración de la entrega de la ley. En los Evangelios, Jesús compartió la última cena con sus discípulos, y estableció con ellos la

Cena del Señor. Después de la resurrección, se sentó a cenar con dos discípulos en el camino a Emaús (Lc 24:30). Las cenas eran momentos de celebración, de gran importancia y de comunión.

Jesús regresará para celebrar con su pueblo para siempre. La cena de las bodas del Cordero es sinónimo y símbolo del regreso de Cristo, cuando estará con su pueblo y comerá y beberá con ellos por siempre.

Más adelante en el capítulo, leeremos sobre otro banquete, cuando los animales y las aves de rapiña se alimenten de los cadáveres de los enemigos muertos. Sin embargo, el canto de los ángeles anuncia la cena de las bodas del Cordero, el momento más grandioso de la historia humana para los que conocen a Cristo. Isaías lo anticipó de la siguiente manera:

> *Sobre este monte, el Señor Todopoderoso preparará para todos los pueblos un banquete de manjares especiales, un banquete de vinos añejos, de manjares especiales y de selectos vinos añejos… Sobre este monte rasgará el velo que cubre a todos los pueblos, el manto que envuelve a todas las naciones. Devorará a la muerte para siempre; el Señor omnipotente enjugará las lágrimas de todo rostro, y quitará de toda la tierra el oprobio de su pueblo. El Señor mismo lo ha dicho. En aquel día se dirá: «¡Sí, este es nuestro… Señor, en él hemos confiado; regocijémonos y alegrémonos en su salvación!».* (Is 25:6-9)

ACONTECIMIENTO 44

¡El Señor Jesucristo regresa! (19:11-16)

¡Ahora ya estamos aquí! Un enorme relámpago cruza el cielo de este a oeste, desgarrando los cielos (Mt 24:27), y Juan expresó:

> *Luego vi el cielo abierto, y apareció un caballo blanco. Su jinete se llama Fiel y Verdadero. Con justicia dicta sentencia y hace la guerra. Sus ojos resplandecen como llamas de fuego, y muchas diademas ciñen su cabeza. Lleva escrito un nombre que nadie conoce sino solo él. Está vestido de un manto teñido en sangre, y su nombre es «el Verbo de Dios». Lo siguen los ejércitos del cielo, montados en caballos blancos y vestidos de lino fino, blanco y limpio. De su boca sale una espada afilada, con la que herirá a*

las naciones. «Las gobernará con puño de hierro». Él mismo exprime uvas en el lagar del furor del castigo que viene de Dios Todopoderoso. En su manto y sobre el muslo lleva escrito este nombre: Rey de reyes y Señor de señores. (19:11-16)

Desde el cielo, Juan vio al Cordero de Dios, representado simbólicamente como un jinete sobre un caballo blanco. Sus nombres son: Fiel y Verdadero, el Verbo de Dios, Rey de reyes y Señor de señores. Lo siguen ejércitos de ángeles, y desciende a la tierra con una espada afilada que sale de su boca.

No es una espada literal, sino un símbolo del poder de las palabras de Jesús. Nuestro Señor ganará la batalla de Armagedón con nada más que las palabras de su boca. Aquel que dijo: «¡Que exista la luz!», «Dichosos los pobres en espíritu» y «Lo que es imposible para los hombres es posible para Dios» canalizará su poder omnipotente mediante el tono de su voz y el sonido de sus sílabas (Gn 1:3; Mt 5:3; Lc 18:27).

El poder de nuestro Señor se manifiesta a menudo a través de sus pensamientos y su voz. Habló y Lázaro resucitó. Habló y se calmó la tempestad. El hombre que en el Nuevo Testamento dijo: «Pero basta con que digas una sola palabra, y mi siervo quedará sano» comprendió el poder de la voz de Jesús y fue elogiado por su fe (Mt 8:8). Al escuchar su Palabra el alma alcanza salvación, y nuestras vidas son transformadas.

La gran arma de Jesús en la batalla de Armagedón es sencillamente su voz. De su boca sale una espada afilada con la que asestará un golpe a las naciones. El poder de su voz repelerá y volatilizará a sus enemigos.

> **La gran arma de Jesús en la batalla de Armagedón es sencillamente su voz. De su boca sale una espada afilada con la que asestará un golpe a las naciones.**

¿Recuerdas lo que Martín Lutero dijo respecto al diablo? «Una pequeña palabra lo derribará».[1]

En 2 Tesalonicenses 2:8 se trasmite la misma enseñanza: «Entonces se manifestará aquel malvado [el anticristo], a quien el Señor Jesús derrocará con el soplo de su boca y destruirá con el esplendor de su venida».

Creo que este es también el momento de la conversión nacional de Israel a Cristo. Permíteme volver a llevarte a Zacarías 12:9-10 y 13:1.

> *En aquel día me dispondré a destruir a todas las naciones que ataquen a Jerusalén. Sobre la casa real de David y los habitantes de Jerusalén derramaré un espíritu de gracia y de súplica, y entonces pondrán sus ojos en mí. Harán lamentación por el que traspasaron, como quien hace lamentación por su hijo único; llorarán amargamente, como quien llora por su primogénito… En aquel día se abrirá una fuente para lavar del pecado y de la impureza a la casa real de David y a los habitantes de Jerusalén.*

El profeta Ezequiel ahondó profusamente en esto. En su visión del valle de los huesos secos, describió el restablecimiento político de la nación de Israel (que ya vimos en 1948), y lo representó como huesos secos que se juntan y son recubiertos de carne. Pero más tarde, expresó, el aliento vivificador de Dios entrará en ellos y cobrarán vida y se erigirán como un enorme ejército, revivido espiritualmente. «Pondré en ti mi aliento de vida, y volverás a vivir…» (Ez 37:14).

«De esta manera todo Israel será salvo…» (Ro 11:26).

Justo antes de su muerte, Jesús miró a la ciudad que amaba (Jerusalén) y dijo: «Y les advierto que ya no volverán a verme hasta que digan: "¡Bendito el que viene en el nombre del Señor!"» (Mt 23:39).

Los soldados judíos que enfrentan la masacre mirarán al cielo, lo verán a él y exclamarán: «¡Bendito el que viene en el nombre del Señor!». Las madres que amamantan y los niños atrapados en los horrores de la guerra urbana verán el fulgor de su venida y gritarán: «¡Bendito el que viene en el nombre del Señor! ¡Hosanna en las alturas!».

¡Oh, qué día! ¡La conversión nacional de los hijos e hijas de Abraham, los descendientes de David, las tribus de Israel, la nación redimida de Israel!

El profeta Zacarías nos manifestó cómo se verá el regreso de Jesús desde el suelo. Leamos Zacarías 14:3-5, que complementa el cuadro de Apocalipsis 19. A medida que lees, recuerda que en Hechos 1, Jesús ascendió al cielo desde el monte de los Olivos, y dos ángeles cercanos les dijeron a los discípulos que él regresaría de la misma manera.

Cada vez que visito Israel, paso tiempo recorriendo el monte de los Olivos, la cresta de la montaña situada al este de la ciudad vieja de Jerusalén, y entre ambos lugares, el legendario valle del Cedrón. En la actualidad, en el monte de los Olivos hay un gran cementerio y numerosas casas, hoteles, tiendas y sitios religiosos, además de algunas áreas de olivos antiguos. Sin embargo, en algún sitio de esa zona se encuentra el lugar preciso desde el que Jesús ascendió al cielo, y este será el lugar donde sus pies tocarán tierra. Y cuando esto ocurra lo hará con la fuerza de un terremoto.

He aquí Zacarías 14:3-5, mencionada anteriormente:

> *Entonces saldrá el SEÑOR y peleará contra aquellas naciones, como cuando pelea en el día de la batalla. »En aquel día pondrá el SEÑOR sus pies en el monte de los Olivos, que se encuentra al este de Jerusalén, y el monte de los Olivos se partirá en dos de este a oeste, y formará un gran valle, con una mitad del monte desplazándose al norte y la otra mitad al sur. Ustedes huirán por el valle de mi monte, porque se extenderá hasta Asal.*

A medida que los ejércitos del anticristo van arrollando de oeste a este hacia el Monte del Templo, y a esto se unen otros numerosos ejércitos desde el norte, el sur y el este, el pueblo judío quedará atrapado alrededor del templo. Jerusalén será pisoteada por los ejércitos gentiles.

En esa hora, Jesús aparecerá en el cielo. Mateo 24:30 expresa: «La señal del Hijo del hombre aparecerá en el cielo, y se angustiarán todas las razas de la tierra. Verán al Hijo del hombre venir sobre las nubes del cielo con poder y gran gloria».

Descenderá al monte de los Olivos y la tierra se abrirá bajo sus pies, y se formará un valle a través de la cresta del monte y servirá como vía de escape al pueblo judío atrapado mientras Jesús entra por la puerta oriental y dirige su atención a las hordas invasoras.

Los que creen que el rapto y la resurrección de la iglesia ocurrirán en el momento del regreso de Jesús entienden que es en este instante cuando las tumbas entregan a sus muertos. Si este es el momento al que Pablo se refirió en 1 Tesalonicenses 4 y 1 Corintios 15, en este mismo instante miles de millones de cuerpos saldrán volando como cohetes al aire, de repente glorificados, y se unirán a Jesús en su descenso. Los seguidores vivos de Cristo serán arrebatados y transformados en un abrir y cerrar de ojos para formar parte de la invasión celestial que liberará a un mundo que Satanás tiene sujeto.

Presta atención a como estos acontecimientos en Apocalipsis 17–19 son la consumación perfecta de las predicciones de Jesús en Lucas 21:20-28:

»Ahora bien, cuando vean a Jerusalén rodeada de ejércitos, sepan que su desolación ya está cerca. Entonces los que estén en Judea huyan a las montañas, los que estén en la ciudad salgan de ella, y los que estén en el campo no entren en la ciudad. Ese será el tiempo del juicio cuando se cumplirá todo lo que está escrito. ¡Ay de las que estén embarazadas o amamantando en aquellos días! Porque habrá gran aflicción en la tierra, y castigo contra este pueblo. Caerán a filo de espada y los llevarán cautivos a todas las naciones. Los gentiles pisotearán a Jerusalén, hasta que se cumplan los tiempos señalados para ellos.

»Habrá señales en el sol, la luna y las estrellas. En la tierra, las naciones estarán angustiadas y perplejas por el bramido y la agitación del mar. Se desmayarán de terror los hombres, temerosos por lo que va a sucederle al mundo, porque los cuerpos celestes serán sacudidos. Entonces verán al Hijo del hombre venir en una nube con poder y gran gloria. Cuando comiencen a suceder estas cosas, cobren ánimo y levanten la cabeza, porque se acerca su redención».

ACONTECIMIENTO 45

Los rebeldes son derrotados (19:17-21)

Los últimos párrafos de Apocalipsis 19 describen la increíble victoria que Jesús y los ejércitos del cielo obtuvieron. Mientras Jesús desciende, el anticristo y todos sus ejércitos dirigen repentinamente su fuego contra él; pero en vano.

Vi a un ángel que, parado sobre el sol, gritaba a todas las aves que vuelan en medio del cielo: «Vengan, reúnanse para la gran cena de Dios, para que coman carne de reyes, de jefes militares y de magnates; carne de caballos y de sus jinetes; carne de toda clase de gente, libres y esclavos, grandes y pequeños».

Entonces vi a la bestia y a los reyes de la tierra con sus ejércitos, reunidos para hacer guerra contra el jinete de aquel caballo y contra su ejército. Pero la bestia fue capturada junto con el falso profeta. Este es el que hacía señales milagrosas en presencia de ella, con las cuales engañaba a los que habían recibido la marca de la bestia y adoraban su imagen. Los dos fueron arrojados vivos al lago de fuego y azufre. Los demás fueron exterminados por la espada que salía de la boca del que montaba a caballo, y todas las aves se hartaron de la carne de ellos. (vv. 17-21)

La noche anterior a la crucifixión de Cristo, un destacamento de soldados romanos vino a arrestarlo. Al ver a las tropas con sus antorchas y espadas desenvainadas, les preguntó: «¿A quién buscan?». Ellos contestaron que buscaban a Jesús de Nazaret, a lo cual Jesús respondió «Yo soy». En ese momento, los soldados fueron golpeados por una onda expansiva irradiada por sus palabras, que los empujó hacia atrás y los echó al suelo. (Jn 18:4-6). En aquella ocasión, Jesús contuvo su poder y dejó que lo arrestaran. No obstante, cuando Jesús venga de nuevo, la fuerza de sus palabras hará que sus enemigos retrocedan como ramitas en un tornado. Daniel 2:35 afirma que serán «… como el que vuela en el verano cuando se trilla el trigo. […] y no quedó ni rastro de ella». Las ondas expansivas de su presencia misma repelerán a los rebeldes y logrará una victoria incondicional de forma instantánea.

Cuando Jesús venga de nuevo, la fuerza de sus palabras hará que sus enemigos retrocedan como ramitas en un tornado.

En Daniel 8:23-25, el fin del inicuo se describe así:

"Hacia el final de esos reinos, cuando los rebeldes lleguen al colmo de su maldad, surgirá un rey de rostro adusto, maestro de la intriga, que llegará a tener mucho poder, pero no por sí mismo. Ese rey causará impresionantes destrozos y saldrá airoso en todo lo que emprenda. Destruirá a los poderosos y al pueblo santo. Con su astucia propagará el engaño, creyéndose un ser superior. Destruirá a mucha gente que creía estar segura, y se enfrentará al Príncipe de los príncipes, pero será destruido sin intervención humana…".

Esto también está en consonancia con la profecía de Ezequiel, quien sobre el anticristo expresó: «Quebraré el arco que llevas en la mano izquierda, y arrojaré a la basura las flechas que llevas en la mano derecha.

Caerás sobre los montes de Israel, junto con tus tropas y las naciones que te acompañan. Te arrojaré a las aves de rapiña y a las fieras salvajes para que te devoren» (Ez 39:3-4).

Daniel dijo: «En los días de estos reyes el Dios del cielo establecerá un reino que jamás será destruido ni entregado a otro pueblo, sino que permanecerá para siempre y hará pedazos a todos estos reinos» (Dn 2:44).

Isaías describió este momento de la siguiente manera: «Desde el occidente temerán el nombre del SEÑOR, y desde el oriente respetarán su gloria. Porque vendrá como un torrente caudaloso, impulsado por el soplo del SEÑOR. "El Redentor vendrá a Sión; ¡vendrá a todos los de Jacob que se arrepientan de su rebeldía! —afirma el SEÑOR—"». (Is 59:19-20).

Se nos dice que enterrar todos los cuerpos y limpiar la tierra demorará siete meses. El Valle de ejército de Gog se llenará de enormes fosas comunes, y los supervivientes de Israel utilizarán las armas desechadas como leña y combustible durante los próximos siete años (Ez 39:9-12).

ACONTECIMIENTO 46

El milenio comienza (20:1-3)

¿Qué sucederá después? Esto nos lleva al acontecimiento 46: el milenio, o reinado de mil años de Cristo. En la secuencia de acontecimientos en desarrollo de Apocalipsis, esto sigue un orden lógico:

> *Vi además a un ángel que bajaba del cielo con la llave del abismo y una gran cadena en la mano. Sujetó al dragón, a aquella serpiente antigua que es el diablo y Satanás, y lo encadenó por mil años. Lo arrojó al abismo, lo encerró y tapó la salida para que no engañara más a las naciones, hasta que se cumplieran los mil años. Después habrá de ser soltado por algún tiempo.* (20:1-3)

Recuerda que el abismo es la prisión de máxima seguridad construida por Dios en la que Satanás residirá durante mil años. Es interesante que el anticristo y el falso profeta ya están en otro lugar, conocido como el *lago de fuego y azufre*, que comúnmente llamamos «infierno» (Ap 19:20) y donde Satanás también acabará.

Por ahora, está capturado, separado de sus dos cómplices y encarcelado en el espantoso abismo.

La frase *mil años* aparece seis veces en este pasaje, por lo que a este período lo llamamos el milenio, término latino que se refiere a mil años (*mille + annum*). No conozco ninguna manera adecuada de interpretar esto que no sea la literal. Otras designaciones temporales que aparecen en Apocalipsis (42 meses, 3,5 años, 1260 días) parecen ser literales.

Creo que este milenio es un reinado terrenal de Jesucristo en este planeta por mil años después de su regreso. Durante este tiempo, la tierra no será perfecta ni estará libre de pecado; no se trata del nuevo cielo y la nueva tierra. No es nuestro hogar celestial; no es el estado eterno, aunque sí es un anticipo del estado eterno.

Durante este tiempo, Satanás estará atado, y Jesús reinará y gobernará de manera literal. Será un reino teocrático. El pueblo judío crecerá y prosperará. Los sobrevivientes de la tribulación volverán a llenar la tierra, y durante este tiempo Dios cumplirá todas sus promesas del Antiguo Testamento a la nación de Israel.

El profeta Isaías expresó: «Les daré una señal, y a algunos de sus sobrevivientes los enviaré a las naciones: a Tarsis, Pul, Lidia (famosa por sus arqueros), Tubal y Grecia, y a las costas lejanas que no han oído hablar de mi fama ni han visto mi gloria. Ellos anunciarán mi gloria entre las naciones» (Is 66:19).

Se trata de un tema importante de la Escritura. El doctor J. Dwight Pentecost escribió: «Una gran parte de la Escritura proféticas está dedicada al tema del milenio, más que a cualquier otro tema, y en ella se desarrolla su carácter y condiciones».[2]

Habacuc habló de este período de la historia cuando escribió: «Porque así como las aguas cubren los mares, así también se llenará la tierra del conocimiento de la gloria del Señor» (Hab 2:14).

El capítulo final de Zacarías nos dice que cuando Jesús regrese al monte de los Olivos, la tierra se abrirá debajo de sus pies, y brotarán manantiales subterráneos que fluirán como ríos hacia el Mar Muerto y hacia el mar Mediterráneo, convirtiendo a Israel en una tierra como el jardín del Edén (Zac 14:8).

«El SEÑOR reinará sobre toda la tierra. En aquel día el SEÑOR será el único Dios, y su nombre será el único nombre» (v. 9).

Cuando Jesús regrese al monte de los Olivos, la tierra se abrirá debajo de sus pies, y brotarán manantiales subterráneos que fluirán como ríos.

En los últimos capítulos de Ezequiel también se describen el cambio en la geografía de Jerusalén y el maravilloso templo milenario, al que la gloria del Señor regresa, como en los días del Antiguo Testamento. Desde debajo del templo, un río fluye hasta el Mar Muerto, y lo convierte en un paraíso: «... Cuando desembocan en ese mar, las aguas se vuelven dulces... Habrá peces en abundancia porque el agua de este río transformará el agua salada en agua dulce... Junto al río se detendrán los pescadores... Junto a las orillas del río crecerá toda clase de árboles frutales...» (Ezequiel 47:8-12).

Esto es lo que Isaías, hijo de Amoz, vio con respecto a Judá y Jerusalén:

> *En los últimos días, el monte de la casa del SEÑOR será establecido como el más alto de los montes; se alzará por encima de las colinas, y hacia él confluirán todas las naciones. Muchos pueblos vendrán y dirán: «¡Vengan, subamos al monte del SEÑOR, a la casa del Dios de Jacob!, para que nos enseñe sus caminos y andemos por sus sendas». Porque de Sión saldrá la ley, de Jerusalén, la palabra del SEÑOR. Él juzgará entre las naciones y será árbitro de muchos pueblos. Convertirán sus espadas en arados y sus lanzas en hoces. No levantará espada nación contra nación, y nunca más se adiestrarán para la guerra.* (Is 2:1-4)

ACONTECIMIENTO 47

Los santos de la tribulación resucitan para reinar con Cristo (20:4-6)

¿Quiénes ayudarán a Jesús a gobernar la tierra? Todos los que fueron martirizados durante los siete años de tribulación, y que ahora han sido resucitados para servir como reyes, presidentes, gobernadores, alcaldes y líderes en la nueva tierra.

> *Entonces vi tronos donde se sentaron los que recibieron autoridad para juzgar. Vi también las almas de los que habían sido decapitados por causa del testimonio de Jesús y por la palabra de Dios. No habían adorado a la bestia ni a su imagen, ni se habían dejado poner su marca en la frente ni en la mano. Volvieron a vivir y reinaron con Cristo mil años.* (20:4)

Esto es fascinante. ¿Quiénes poblarán la tierra durante el milenio? Dos grupos: 1) el pueblo judío sobreviviente recién convertido y que vivirá en Israel y aumentará su población y 2) los que sobrevivan a la tribulación. Zacarías 14:16-18 indica:

> *Entonces los sobrevivientes de todas las naciones que atacaron a Jerusalén subirán año tras año para adorar al Rey, al SEÑOR Todopoderoso, y para celebrar la fiesta de las Enramadas. Si alguno de los pueblos de la tierra no sube a Jerusalén para adorar al Rey, al SEÑOR Todopoderoso, tampoco recibirá lluvia. Y, si el pueblo egipcio no sube ni participa, tampoco recibirá lluvia. El SEÑOR enviará una plaga para castigar a las naciones que no suban a celebrar la fiesta de las Enramadas.*

Es posible que, durante los siete años de angustia, miles y miles de personas se entreguen a Cristo y logren sobrevivir a las redadas del anticristo. En 1 Reyes 19, Elías pensaba que era el único creyente con vida en Israel, pues él mismo era perseguido para ser masacrado. No obstante, el Señor le dijo: «Sin embargo, yo preservaré a siete mil israelitas que no se han arrodillado ante Baal ni lo han besado» (v. 18).

Del mismo modo, tal vez Dios preserve a miles de personas que reciban a Cristo durante la tribulación, y cuyas vidas serán ocultas providencialmente, por así decirlo, de los agentes del anticristo. Estos sobrevivientes repoblarán la tierra, y nacerán tantos bebés que se producirá una explosión demográfica. Sobre este período, Zacarías 8:4-5 sostiene: «… "Los ancianos y las ancianas volverán a sentarse en las calles de Jerusalén, cada uno con su bastón en la mano debido a su avanzada edad. Los niños y las niñas volverán a jugar en las calles de la ciudad"».

Isaías describió el milenio de la siguiente manera:

«… "Estoy por crear una Jerusalén feliz, un pueblo lleno de alegría…

»Nunca más habrá en ella niños que vivan pocos días, ni ancianos que no completen sus años. El que muera a los cien años será considerado joven… Construirán casas y las habitarán; plantarán viñas y comerán de su fruto… No trabajarán en vano, ni tendrán hijos para la desgracia; tanto ellos como su descendencia serán simiente bendecida del Señor*… El lobo y el cordero pacerán juntos; el león comerá paja como el buey… En todo mi monte santo no habrá quien haga daño ni destruya", dice el* Señor*».* (Is 65:18-25)

Muchos de mis amigos creen que, durante el milenio, estaremos en la tierra con Cristo, y tal vez estén en lo cierto. Yo tiendo a creer que disfrutaremos la gran ciudad de la Nueva Jerusalén con nuestros cuerpos resucitados y glorificados. En otras palabras, durante el reinado terrenal de Cristo yo espero estar en el cielo; y no en este planeta.

La población del milenio estará formada por creyentes que sobrevivieron a la tribulación, quienes se casarán, procrearán y repoblarán la tierra. Estos envejecerán y algunos morirán, aunque la esperanza de vida será similar a la descrita al principio de Génesis, quizás cientos de años. A pesar de que Satanás estará atado durante este período, los seres humanos aún tendrán la mancha del pecado en su interior; y dentro de mil años, el mundo estará listo nuevamente para rebelarse contra el Señor Jesús.

Esto no parece ser un lugar para santos glorificados.

Pero si estamos en el cielo mientras Cristo está en la tierra, ¿no estaremos separados de él?

En primer lugar, no hay nada que impida que Cristo viaje instantáneamente de su trono celestial a su trono terrenal. Podemos suponer que lo hará. No creo que él renuncie a su trono celestial como lo hizo durante su primera venida. Él gobernará y reinará tanto en el cielo como en la tierra.

En segundo lugar, como hemos dicho antes, mil años a los ojos de Dios son como un día (2 P 3:8), por lo que nuestra separación de él será, a lo máximo, efímera.

En tercer lugar, su presencia llenará el cielo y la tierra, y esto es un misterio que no puedo explicar por completo; lo cual es algo bueno.

Como he leído y expresado a menudo, un Salvador lo suficientemente pequeño como para entenderlo no es lo suficientemente grande como para ser adorado.

En cuarto lugar, cuando Apocalipsis 20:4 expresa: «... Volvieron a vivir y reinaron con Cristo mil años», no se refiere a todos los creyentes de la historia, sino a los mártires de la tribulación. Por último, ¿quién puede limitar lo que el Señor quiere hacer? No puedo responder todas las preguntas. El Señor nos proporciona mucha información sobre estos tiempos; aunque no un conocimiento total. Incluso con todas las profecías que Dios nos ha dado, hay mucho que está velado tras un misterio glorioso. ¡Cristo aún tiene sorpresas maravillosas reservadas para nosotros! Yo solo quiero estar donde él lo desee.

ACONTECIMIENTO 48

La batalla final (20:7-10)

Aun con Satanás atado, al final de los mil años la naturaleza pecaminosa de la humanidad se manifestará. La población de la tierra volverá a ser numerosísima y Satanás será liberado. Habrá una especie de repetición de la batalla de Armagedón; de Gog y Magog, como vimos en Apocalipsis 16.

> *Cuando se cumplan los mil años, Satanás será liberado de su prisión, y saldrá para engañar a las naciones que están en los cuatro ángulos de la tierra —a Gog y a Magog—, a fin de reunirlas para la batalla. Su número será como el de las arenas del mar. Marcharán a lo largo y a lo ancho de la tierra, y rodearán el campamento del pueblo de Dios, la ciudad que él ama. Pero caerá fuego del cielo y los consumirá por completo. El diablo, que los había engañado, será arrojado al lago de fuego y azufre, donde también habrán sido arrojados la bestia y el falso profeta. Allí serán atormentados día y noche por los siglos de los siglos.* (20:7–10)

¿Por qué Satanás es liberado en definitiva? El doctor W. A. Criswell, en su comentario de Apocalipsis, responde de la única manera posible. Escribió: «Ahora llegamos a una revelación en la Palabra de Dios que no puedo entender; y no creo que ningún hombre pueda entenderla. Hay algo aquí que va más allá de la comprensión humana... No podemos desentrañarlo. Pertenece a los consejos secretos del Cielo».[3]

ACONTECIMIENTO 49

Los impíos son juzgados en el gran trono blanco (20:11-15)

La última mitad de Apocalipsis 20 contiene el pasaje más espantoso de toda la Biblia. Al final del milenio y tras la batalla final, nuestros ojos se encuentran con las palabras de Apocalipsis 20:11.

> *Luego vi un gran trono blanco y a alguien que estaba sentado en él. De su presencia huyeron la tierra y el cielo, sin dejar rastro alguno.*

Este puede ser el punto en el que los cielos y la tierra actuales se deshacen por el fuego, como profetizó Pedro cuando expresó:

> *Y ahora, por esa misma palabra, el cielo y la tierra están guardados para el fuego, reservados para el día del juicio y de la destrucción de los impíos... En aquel día los cielos desaparecerán con un estruendo espantoso, los elementos serán destruidos por el fuego, y la tierra, con todo lo que hay en ella, será quemada... Ese día los cielos serán destruidos por el fuego, y los elementos se derretirán con el calor de las llamas. Pero, según su promesa, esperamos un cielo nuevo y una tierra nueva, en los que habite la justicia.* (2 P 3:7, 10, 12-13)

Lo último que ocurrirá antes de que el universo arda y se derrita hasta dejar de existir es la resurrección de todos los muertos incrédulos de todas las épocas; todos los que rechazaron el plan de redención de Dios que es por gracia. Hasta este momento se han vuelto polvo en sus tumbas.

La Biblia presenta el proceso de resurrección por etapas. Primero ocurrió la resurrección de Cristo el Domingo de Pascua; luego los santos de todos los tiempos resucitarán en el rapto, cuando sea que ocurra; luego lo harán los santos de la tribulación que están destinados a reinar con Cristo durante el milenio. Se nos dice que todos ellos forman parte de una *primera resurrección*: la resurrección para vida (Ap 20:5).

En su misericordia, Dios reserva a los malvados muertos hasta el final. Ahora son resucitados y presentados ante un juez santo mientras todo el cosmos retrocede hacia la inexistencia. Este trono no es el trono de la gracia. No hay belleza de diamante, ni arco iris de misericordia. Es un trono cegador de un blanco ardiente. Es grande porque representa una autoridad sin par; y es *blanco*, que simboliza una pureza inquebrantable. Apocalipsis 20:12 sostiene:

> *Vi también a los muertos, grandes y pequeños, de pie delante del trono. Se abrieron unos libros…*

Evidentemente, estos libros contienen las historias de vida de todas las personas que han existido.

El versículo 12 continúa:

> *Se abrieron unos libros, y luego otro, que es el libro de la vida.*

El libro de la vida, o el libro de la vida del Cordero, parece ser un registro de cada persona que Cristo ha redimido. Apocalipsis 21:27 afirma en cuanto al cielo:

> *Jamás entrará en ella nada inmundo, ni el que practica abominación y mentira, sino solo aquellos cuyos nombres están escritos en el libro de la vida del Cordero.* (NBLA)

Según Apocalipsis 17:8, este libro existe *desde la creación del mundo*.

El apóstol Pablo se refirió a este libro en Filipenses 4:3, cuando expresó: «Y a ti, mi fiel compañero, te pido que ayudes a estas mujeres que han luchado a mi lado en la obra del evangelio, junto con Clemente y los demás colaboradores míos, cuyos nombres están en el libro de la vida».

Jesús dijo a sus discípulos: «Sin embargo, no se alegren de que puedan someter a los espíritus, sino alégrense de que sus nombres están escritos en el cielo» (Lc 10:20).

En el momento en que una persona recibe a Jesucristo como Salvador, su nombre es registrado en el libro de la vida del Cordero; o, tal vez Dios conoce de antemano los nombres que estarán en este libro, y los escribe antes de la fundación del mundo (Ap 13:8; NBLA). Cuán horrible es estar ante la gloria resplandeciente de Dios mientras los ángeles buscan tu nombre en los registros, ¡y no lo encuentran! El terror de esta escena desafía la imaginación.

Los versículos 12-15 continúan:

> *Los muertos fueron juzgados según lo que habían hecho, conforme a lo que estaba escrito en los libros. El mar devolvió sus muertos; la muerte y el infierno devolvieron los suyos; y cada uno fue juzgado según lo que había hecho. La muerte y el infierno fueron arrojados al lago de fuego. Este lago de fuego es la muerte segunda. Aquel cuyo nombre no estaba escrito en el libro de la vida era arrojado al lago de fuego.*

Cuando la última persona desciende al juicio, la historia del planeta tierra se cierra y concluye para siempre. El último momento ha llegado.

El Libro de Apocalipsis está lleno de acontecimientos apocalípticos; sin embargo, estamos en presencia de la escena más sombría, la más inquietante. Si estás leyendo esto, y en tu corazón no tienes seguridad en cuanto a tu relación con el Salvador, quien murió para salvarte de este momento, te insto a que pongas a un lado este libro de inmediato, te arrodilles y ores sinceramente para que Jesucristo entre en tu corazón con su perdón, gracia y abundancia que cambian la vida. Al final de este libro incluyo una guía del mensaje del evangelio y una oración sencilla que puedes hacer en respuesta al mismo.

Este pasaje siempre deja una carga honda y pesada en mi corazón por aquellos que no le dan importancia a seguir a Jesucristo, y me motiva a compartir el evangelio cada vez que puedo.

La tribulación

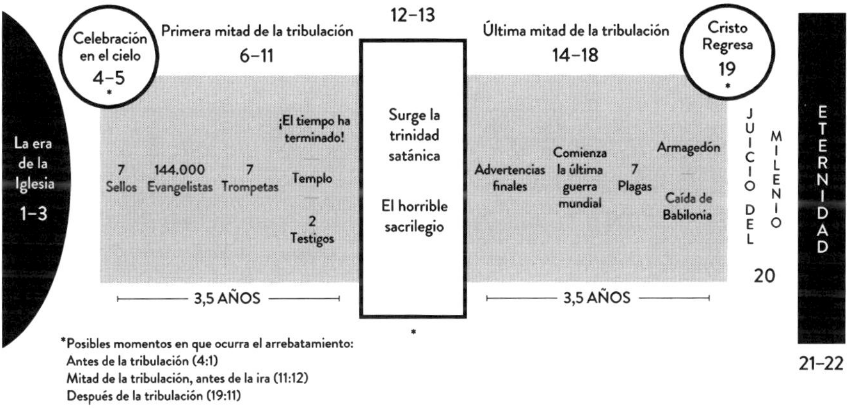

ACONTECIMIENTO 50

El cielo nuevo, la tierra nueva, la nueva Jerusalén; ¡y la eternidad! (21:1–22:21)

El juicio del gran trono blanco es el acontecimiento final en el calendario de Dios del fin de los tiempos de la primera tierra. Ahora pasamos la página, llegamos a los capítulos 21–22, y descubrimos que estamos en la tierra de la eternidad, el Edén eterno; ¡el paraíso!

Apocalipsis 21 empieza con la creación de un nuevo universo glorioso, y un mundo imperecedero para los redimidos de todas las épocas. Disfruto llenarme la mente con las escenas de estos dos capítulos, y en las noches, cuando me dispongo a dormir, a menudo reflexiono sobre esto. Cada vez que pienso en Katrina, mi querida esposa, que ahora reside en esta ciudad, me lleno de gozo. ¡Qué maravilloso es que Dios termine su libro con estos increíbles cuarenta y ocho versículos!

Aquí se fusionarán los reinos de lo espiritual y lo físico, y comenzará nuestro disfrute de la vida eterna. Los dos últimos capítulos son la *Guía de Viaje de Dios a la Eternidad*. El Señor termina su Biblia con una descripción del cielo nuevo, la tierra nueva y su capital eterna de la nueva Jerusalén.

Por mucho tiempo quise escribir un libro sobre estos dos capítulos, pero otras personas han hecho un mejor trabajo del que yo podría hacer. Por tanto, déjame guiarte por los versículos tal y como yo los entiendo; según mi regla básica de que todo lo que tiene sentido literal puede interpretarse plausiblemente de esa manera.

¡Y yo asumo estos dos capítulos de una forma sumamente literal! Creo que Dios nos dio estas descripciones a fin de que podamos visualizar las escenas y prever nuestra herencia.

Apocalipsis 21:1 señala:

> *Después vi un cielo nuevo y una tierra nueva, porque el primer cielo y la primera tierra habían dejado de existir, lo mismo que el mar.*

Algunos estudiosos creen que el primer cielo y la primera tierra serán fusionados y refundidos, similar a nuestros viejos cuerpos, que se descompondrán para luego ser resucitados y glorificados, imperecederos y preparados para la eternidad. Otros creen que es un universo totalmente nuevo; hecho desde cero por orden pronunciada por Dios *(ex nihilo)*; una nueva creación, y, por supuesto, glorificado, imperecedero y preparado para la eternidad.

En cualquier caso, el cielo nuevo se refiere a un universo nuevo, a un cosmos nuevo, al espacio intergaláctico. Si nuestras galaxias actuales son algo asombroso, pensemos en las galaxias eternas que formarán el cielo nuevo.

Si nuestras galaxias actuales son algo asombroso, pensemos en las galaxias eternas que formarán el cielo nuevo.

Y suspendido en algún lugar del universo nuevo, grande y hermoso de Dios habrá un planeta Tierra completamente nuevo. Sí, Dios va a crear una tierra nueva como nuestro hogar eterno.

En mi opinión, la tierra nueva será mucho más grande que la actual; y tengo varias razones para creerlo. En primer lugar, sabemos que Dios puede crear planetas enormes. En nuestro sistema solar, Júpiter tiene más de diez veces el tamaño de la Tierra. En segundo lugar, es de esperar que nuestra morada eterna sea enorme, pues será el hogar de miles y miles de millones de personas, además de todos los ángeles. Y en tercer lugar, se dice que la ciudad de la Nueva Jerusalén tiene 2240 kilómetros (1400 millas) de altura.[4] Para entenderlo mejor, la estación espacial orbita a unos 400 kilómetros (248 millas) sobre la tierra.[5] ¡Imagina una ciudad con sus torres más altas a unos 1600 kilómetros (mil millas) más allá de la estación espacial! El tamaño del planeta Tierra deberá ser proporcional al de su capital, que es enorme.

Quizá te decepciones al saber que ya no habrá mar, pero estoy seguro de que habrá masas de agua enormes y hermosas. Al mirar la Tierra actual podemos notar que Dios, en su planificación creativa, ama todo tipo de elementos acuáticos. Sin embargo, en la actualidad, cerca del 70 % del planeta está cubierto de agua salada, un páramo gigantesco en lo que respecta a la habitación humana normal. Para Juan, el mar Egeo le aislaba de sus seres más queridos. Si bien es seguro que habrá bellas masas de agua, espero que gran parte de la tierra nueva sea habitable.[6]

En 2 Corintios 12, el apóstol Pablo habló de una ocasión en que había sido «… llevado al tercer cielo …al paraíso y escuchó cosas indecibles que a los humanos no se nos permite expresar» (vv. 2-4). El primer cielo es el cielo azul sobre nuestra cabeza; el segundo es el universo más allá, y el tercero es el cielo de los cielos donde Dios habita. La palabra *paraíso* es un antiguo vocablo persa que transmite la idea de jardines reales.[7] Pablo recibió un atisbo de lo que vio Juan en Apocalipsis; y no le fue permitido describir lo que vio, pues Dios tenía otro mensaje para él: el evangelio. Sin embargo, ahora a Juan se le permitió, e incluso se le ordenó, que nos describiera esas vistas y sonidos maravillosos. Luego de ver el nuevo universo y la tierra nueva, su atención se dirigió a algo que estaba muy por encima de él, y que descendía a través de las estrellas y los cielos, como una piedra preciosa gigantesca y gloriosa.

Apocalipsis 21:2 expresa:

> *Vi además la ciudad santa, la nueva Jerusalén, que bajaba del cielo, procedente de Dios, preparada como una novia hermosamente vestida para su prometido.*

La ciudad santa existe ahora; y está en algún lugar por encima de nuestra cabeza en un reino invisible. Creo que es actualmente la capital de Dios, el hogar de su trono, de sus huestes angelicales, y de todos aquellos que han muerto en Jesús. Cuando mi esposa murió, creo que fue transportada a esta gran ciudad, donde quizás recibió un cuerpo temporal (o una imagen de un cuerpo) hasta que su cuerpo resucitado llegue hasta ella.

Esta ciudad ha estado en la mente del pueblo de Dios desde el principio. La Biblia indica que Abraham «... esperaba la ciudad de cimientos sólidos, de la cual Dios es arquitecto y constructor» (Heb 11:10). Los héroes y profetas del Antiguo Testamento «... anhelaban una patria mejor, es decir, la celestial. Por lo tanto, Dios no se avergonzó de ser llamado su Dios, y les preparó una ciudad» (Heb 11:16).

Hebreos 13:14 señala: «Pues aquí no tenemos una ciudad permanente, sino que buscamos la ciudad venidera».

¡Medita en esto! Hay una ciudad eterna con cimientos (los veremos en los próximos versículos) y Dios Todopoderoso es el arquitecto y constructor. Él ha preparado esta ciudad para su pueblo, y nosotros debemos anhelarla. La última noche de su vida terrenal natural, Jesús expresó: «...Voy a prepararles un lugar...Así ustedes estarán donde yo esté» (Jn 14:2-3).

Tan pronto como Dios haya preparado la tierra nueva, llena de flores, colores, montañas, valles y paisajes increíbles, la gran ciudad de la Nueva Jerusalén descenderá del cielo, con sus brillantes cimientos listos para fijarse en su perímetro preformado de unos 9000 kilómetros (5600 millas) sobre la tierra nueva.

En ese momento, los reinos de lo visible y lo invisible se fusionarán. Efesios 1:9-10 señala: «Él nos hizo conocer el misterio de su voluntad conforme al buen propósito que de antemano estableció en Cristo, para llevarlo a cabo cuando se cumpliera el tiempo, esto es, reunir en él todas las cosas, tanto las del cielo como las de la tierra».

En la actualidad existen dos reinos: el visible y el invisible, el físico y el espiritual. Cuando la Nueva Jerusalén descienda a la tierra nueva, estos dos reinos se fusionarán en uno solo. Los siguientes versículos en Apocalipsis 21:3-4 expresan:

> *Oí una potente voz que provenía del trono y decía: «¡Aquí, entre los seres humanos, está la morada de Dios! Él acampará en medio de ellos, y ellos serán su pueblo; Dios mismo estará con ellos y será su Dios... las primeras cosas han dejado de existir».*

Dios desterrará las lágrimas, la muerte, el luto, el llanto y el dolor. Esas cosas se van para siempre.

Dios desterrará las lágrimas, la muerte, el luto, el llanto y el dolor. Esas cosas se van para siempre.

En el versículo 9, un ángel escolta a Juan hasta una de las montañas elevadas de la tierra nueva a fin de que pueda contemplar, sin estorbos, lo que sucederá a continuación. Una ciudad enorme, que brilla cual diamante e irradia una luz maravillosa, aparece en lo alto del cielo, y desciende lentamente hasta la tierra nueva. Juan pudo describirla con todo detalle. El versículo 11 describe:

> *Resplandecía con la gloria de Dios, y su brillo era como el de una piedra preciosa, semejante a una piedra de jaspe transparente.*

Como aprendimos antes, esta piedra es quizás una joya parecida al diamante. ¿Puedes visualizar eso? Toda una ciudad colosal que desciende a la tierra nueva, resplandeciendo como una joya. Como ya mencioné, a menudo pienso en esto antes de dormir, y en mi mente observo una enorme ciudad de diamantes que se desliza sobre la nueva tierra como, bueno, una enorme nave espacial o una ciudad espacial.

Los diamantes son la sustancia más dura que la ciencia conoce. Lo único que puede rayar un diamante es otro diamante. Están hechos de carbono, pero se formaron en los lugares más recónditos de la tierra caliente, antes de los dinosaurios.[8] Los volcanes se encargan de expulsarlos, y el calor y la presión los transforman en las piedras más bellas del planeta. Ninguna otra gema refleja, refracta y dispersa la luz con tanta brillantez como un diamante.

¿Pero una ciudad entera de diamantes? ¿Podría el Señor hacer esto?

Resulta curioso que, en el 2004, los científicos descubrieron un planeta que ellos piensan que está compuesto de carbono en su mayor parte; y que un tercio de él era diamante puro, un diamante de diez mil millones de billones de billones de quilates.[9] Este planeta gira alrededor de una estrella cercana en la Vía Láctea, y su nombre oficial es 55 Cancri e. Desde su descubrimiento, los astrónomos han llegado a la conclusión de que el planeta no sea tanto de carbono como en un principio se pensó, aunque esto dio lugar a una nueva línea de investigación.

Los astrónomos creen ahora que puede haber muchos planetas compuestos de material diamantino. A estos descubrimientos potenciales les llaman «planetas de diamante».[10]

No estoy planteando que ese planeta sea la ciudad de la Nueva Jerusalén. No obstante, si Dios es capaz de crear diamantes en nuestro planeta y planetas de diamante en nuestro universo, ¡imagínate una ciudad de la que él es el diseñador, arquitecto y constructor! Esta es Jaspe Jerusalén; la ciudad celestial que brilla como un diamante en todas direcciones.

Los versículos 12 y 14 expresan:

> *Tenía una muralla grande y alta, y doce puertas... La muralla de la ciudad tenía doce cimientos...*

Las doce puertas llevan inscritos los nombres de las doce tribus de Israel (el canal de redención de Dios en el Antiguo Testamento), y los cimientos llevan inscritos los nombres de los doce apóstoles (que representan a la Iglesia, el canal de redención de Dios en el Nuevo Testamento). Esto me recuerda a los veinticuatro ancianos, que, como ya he dicho, pueden representar a los redimidos de todas las épocas. Los dos grandes canales de redención que Dios utiliza son la nación judía, que trajo al Mesías, y la iglesia que proclama al Mesías. En Israel hubo doce patriarcas y tribus; y en la Iglesia, doce apóstoles. Los veinticuatro nombres figuran en las distintas piedras fundacionales y puertas de esta ciudad.

Si Dios es capaz de crear diamantes en nuestro planeta y planetas de diamante en nuestro universo, ¡imagínate una ciudad de la que él es el diseñador, arquitecto y constructor!

Ahora Juan fue llevado aún más cerca, hasta las murallas y las puertas. Su guía, un ángel, tenía un instrumento de oro para medir, y las dimensiones indicaron 2200 kilómetros (1400 millas) en todas direcciones: longitud, anchura y altura. Una ciudad de este tamaño (unos 3,2 millones de kilómetros cuadrados [2 millones de millas cuadradas]) es más grande que la nación de la India (2 000 000 kilómetros cuadrados [1 240 000 millas cuadradas]).

Las murallas tienen sesenta y cinco metros (doscientos pies) de grosor, y Juan puso empeño en señalar que se trata de medidas humanas literales (v. 17).

El versículo 18 nos especifica que las murallas están hechas del mismo material similar al diamante que caracteriza a toda la ciudad, aunque aquí se describe como una especie de oro transparente:

> *La muralla estaba hecha de jaspe, y la ciudad era de oro puro, semejante a cristal pulido.*

Cuando imagino esto, veo sencillamente una ciudad de diamantes con una abundante tonalidad dorada. Uno puede estudiar este pasaje y asociarlo a imágenes mentales propias. Sin embargo, Dios ciertamente nos ha dado estos detalles para que podamos atesorarlos en nuestra mente, y reflexionemos sobre ellos con gran ilusión.

Los cimientos de la ciudad están compuestos de alhajas enormes, las joyas y piedras preciosas más bellas jamás vistas. Cada una de las doce puertas se presenta como una perla gigante (vv. 19-21). A mi entender son enormes portales de porcelana de color marfil de algún tipo, sumamente hermosos. Cada vez que entremos y salgamos de la ciudad, lo haremos a través de estas puertas anchas y abiertas de par en par.

Apocalipsis 22:14 afirma que podremos acceder al árbol de la vida, y podremos entrar por las puertas que dan a la ciudad. En su libro *El cielo*, Randy Alcorn escribió:

> Quince veces en Apocalipsis 21 y 22 se llama ciudad al lugar donde Dios y su pueblo vivirán juntos. La repetición de la palabra y la descripción detallada de la arquitectura, las murallas, las calles y otras características de la ciudad indican que el término *ciudad* no es una simple figura retórica, sino una ubicación geográfica literal. Después de todo, ¿dónde esperamos que vivan los resucitados físicamente si no es en un entorno físico?
>
> Todo el mundo sabe lo que es una ciudad: un lugar con edificios, calles y viviendas ocupadas por personas, y sujetas a un gobierno común. Las ciudades tienen habitantes, visitantes, actividades animadas, eventos culturales, y encuentros relacionados con la música, las artes,

la educación, la religión, el entretenimiento y el deporte. Si la capital de la tierra nueva no tiene estas características distintivas de una ciudad, parecería engañoso que la Escritura la llamara ciudad de forma reiterada.[11]

Alcorn toca un punto clave. Jesús resucitó física y corporalmente de la tumba. Su cuerpo fue crucificado físicamente y soportó un dolor atroz y prolongado. Jesús murió al pie de la letra. Tres días después, en el momento de su resurrección, su cuerpo fue cambiado, transformado, glorificado y preparado para la eternidad. Un cuerpo intemporal e imperecedero; sin embargo, seguía siendo su propio ser físico, su persona literal en un cuerpo resucitado y real. A sus discípulos les dijo que lo tocaran y los invitó a cenar con él.

Puesto que nuestros cuerpos de resurrección serán como el suyo, la implicación clara y segura es que moraremos en una ubicación geográfica literal. Los cuerpos físicos necesitan un lugar literal donde existir.

Más adelante, de algún modo Juan ha pasado inadvertidamente por la puerta hasta la ciudad misma, y se ha quedado estupefacto. El gran bulevar de la ciudad es de oro puro, el mismo oro que es transparente (v. 21); y al parecer recorre los 2200 kilómetros (1400 millas), sin duda con muchas calles transversales y avenidas que lo cruzan.

En el versículo 23, Juan afirma:

La ciudad no necesita ni sol ni luna que la alumbren, porque la gloria de Dios la ilumina, y el Cordero es su lumbrera.

Juan no indicó que no hubiera sol ni luna que iluminaran y adornaran la tierra nueva; solo que, en la capital, el sol y la luna son superfluos porque el resplandor de la gloria de Dios siempre alumbra la ciudad. Esto, una vez más, es literal. ¿Recuerdas cuando Jesús apareció en el monte de la transfiguración? Su rostro, y de hecho, todo su cuerpo, resplandecía como el sol. Pablo describió a Dios como «el único inmortal que vive en luz inaccesible» (1 Ti 6:16). En hebreo, esto se conoce como la

En la capital, el sol y la luna son superfluos porque el resplandor de la gloria de Dios siempre alumbra la ciudad.

gloria *shekinah* de Dios.[12] En español, podríamos decir «las nubes de gloria de Dios».

¿Cómo podemos ver con tal resplandor deslumbrante? Después de todo, cuando el apóstol Pablo vio a Cristo en el camino a Damasco, quedó ciego al instante (Hch 9:8). La respuesta maravillosa es que nuestros cuerpos serán transformados en la resurrección para ser como el cuerpo resucitado de Cristo (Fil 3:21). Serán imperecederos e inmortales (1 Co 15:53); y nuestros ojos serán mejorados para la eternidad.

Con estos cuerpos físicos, necesitaremos lugares donde vivir. Jesús indicó que en la casa de su Padre hay muchas viviendas, y la casa de su Padre parece referirse al cielo: el cielo nuevo y la tierra nueva. Los versículos 24-26 señalan:

> *Las naciones caminarán a la luz de la ciudad, y los reyes de la tierra le entregarán sus espléndidas riquezas. Sus puertas estarán abiertas todo el día, pues allí no habrá noche. Y llevarán a ella todas las riquezas y el honor de las naciones.*

Nota la mención de las *naciones* en la tierra nueva. En cuanto a nuestra ubicación, no nos limitaremos a la Nueva Jerusalén, que imagino será la capital de la tierra nueva. Poblaremos toda la ciudad y toda la tierra de manera organizada. Habrá sistemas y estructuras organizativas, no caos.

No veo ninguna razón por la que no podamos tener un hogar en la ciudad y otro en algún otro sitio de la tierra nueva. Tal vez quienes deseen viajar por el universo y contemplar las bellezas del cosmos intergaláctico puedan hacerlo. Nuestros cuerpos tendrán propiedades muy superiores a las que ahora poseemos. Seremos transformados en este nuevo mundo donde los reinos físico y espiritual se fusionan.

También tendremos actividades significativas. Como se trata de la eternidad, tendremos opciones y oportunidades infinitas. A menudo pienso que en el cielo me gustaría dedicarme a la pintura al óleo, y me encantaría convertirme en un pianista consumado para tocar los himnos que me fascinan, y algo del jazz para piano que me gusta. Por favor, no pienses que tomo estas cosas a la ligera. Creo que estos versículos nos dicen que seremos creativos y productivos. Habrá negocio y comercio, naciones organizadas y un gobierno perfecto. Dios lo hace todo con orden, y con miles de millones de personas y ángeles poblando la tierra nueva, las cosas estarán bien organizadas; y a la vez reinará el ambiente amoroso y libre de amenazas.

En definitiva, nuestra herencia en el cielo será literal, fabulosa, física y eterna.

En Apocalipsis 22:1-2, Juan fue llevado más al interior de la capital, al centro mismo de la ciudad. Allí vio el espectáculo más grandioso de todos los tiempos y de la eternidad: el trono glorioso de Dios Todopoderoso, y debajo de él un río imponente que fluía con aguas tan claras como el cristal. Tómate un momento para imaginarlo. Esta es mi escena favorita de toda la Biblia.

> *Luego el ángel me mostró un río de agua de vida, claro como el cristal, que salía del trono de Dios y del Cordero, y corría por el centro de la calle principal de la ciudad. A cada lado del río estaba el árbol de la vida...*

En mi opinión se trata de un huerto de árboles de vida. ¡Oh, poder vislumbrar esto! En el centro de la ciudad dorada y de diamantes está el enorme trono de nuestro Dios glorioso; tan literal y real como el cuerpo resucitado de Cristo. Y desde el trono, brotando como el Niágara, están las cabeceras de un glorioso río cristalino que fluye a lo largo de las vías del dorado bulevar central, rodeado de los jardines más hermosos jamás diseñados, llenos de árboles de vida.

Cuando mi esposa, Katrina, se estaba muriendo, arreglé una cita con ella para pasear junto a este río.

El río de Ezequiel

El río de cristal que brota desde abajo del trono de Dios es eterno. Es el cielo mismo. Sin embargo, podemos echarle un vistazo en el Libro de Ezequiel, donde hay una descripción del templo milenario durante el reinado de mil años de nuestro Señor. El río milenario de Ezequiel es un avance del río cristalino de la Nueva Jerusalén. Él escribió:

En mi visión, el hombre me llevó nuevamente a la entrada del templo. Allí vi una corriente de agua que fluía hacia el oriente por debajo de la puerta del templo... el río ya era demasiado profundo para cruzarlo caminando. Había buena profundidad para nadar, pero demasiada para atravesarlo a pie... Al volver, me sorprendió ver muchos árboles que crecían a ambos lados del río... A ambas orillas del río crecerá toda clase de árboles frutales. Sus hojas nunca se marchitarán ni caerán y sus ramas siempre tendrán fruto. Cada mes darán una nueva cosecha, pues se riegan con el agua del río que fluye del templo...». (Ez 47:1-12, NTV)

Visualizar la descripción que hace Ezequiel del río milenario y sus exuberantes jardines y riberas me ayuda a tener una mejor imagen del río cristalino de la Nueva Jerusalén; que sin duda refrescará toda la tierra nueva.

En el versículo 3 leemos:

Ya no habrá maldición. El trono de Dios y del Cordero estará en la ciudad. Sus siervos lo adorarán.

La maldición que estropeó la primera creación no se verá por ninguna parte en la nueva. ¿Y qué haremos nosotros? ¡Servir! Como ya señalé, estaremos ocupados en actividades significativas por toda la eternidad.

El cielo incluye música natural; también alabanza y adoración constantes, aunque no será como un servicio de iglesia interminable. Tendremos actividad productiva, compañerismo maravilloso, y acceso constante al trono y a Aquel que allí está sentado. Tendremos posiciones de autoridad y oportunidades para servir de manera humilde.

También gozaremos de un tiempo ilimitado para tener comunión refrescante con los santos de todas las épocas, con todos los héroes de la historia bíblica y cristiana. Conoceremos a nuestros antepasados que sirvieron a Cristo décadas y siglos antes de que nosotros apareciéramos. Y lo mejor de todo, lo más importante, veremos literalmente el rostro de nuestro Señor Jesucristo, y tendremos interacción con él, comunión con él, lo adoraremos y moraremos con él.

El versículo 4 expresa: «Lo verán cara a cara…».

«Y así estaremos con el Señor para siempre» (1 Ts 4:17).

«Y reinarán por los siglos de los siglos» (Ap 22:5).

«El que da testimonio de estas cosas, dice: "Sí, vengo pronto"» (Ap 22:20).

¡Aleluya!

CONCLUSIÓN

El Espíritu y la novia dicen: «¡Ven!».

Todavía tienes preguntas, ¿verdad? Yo también.

Ayer mi yerno Joshua me recordó que no fue hasta después de la primera venida de Cristo que los estudiantes de la Biblia pudieron reconocer y reunir todas las predicciones al respecto. El Señor le dio a Israel muchísima información; más de trescientas predicciones específicas sobre la venida de Cristo a la tierra de muchos tipos y anuncios. Tenían información suficiente para formarse una idea razonable de lo que ocurriría. No obstante, solo en retrospectiva pudieron (al igual que nosotros) encajarlo todo de una manera que nos permite ver su plenitud y perfección.

De la misma manera, para encajar las piezas del rompecabezas que Dios nos ha dado sobre su segunda venida, se necesitan años de estudio ameno; este proceso es de gran edificación. Todo estudio de la profecía bíblica, que se realiza en oración, nos llena de entusiasmo por el futuro, por el regreso de nuestro Señor, y nos llena de celo por terminar la obra que él nos ha encomendado en la tierra.

Todo estudio de la profecía bíblica, que se realiza en oración, nos llena de entusiasmo por el futuro, por el regreso de nuestro Señor, y nos llena de celo por terminar la obra que él nos ha encomendado en la tierra.

Es una forma magnífica de enseñarnos. Las verdades predictivas del Señor están entretejidas en toda su Palabra, de modo que dondequiera que estemos leyendo en la Biblia, allí cerca tendremos una de ellas.

Cada uno edifica «... a qué esperanza él los ha llamado, cuál es la riqueza de su gloriosa herencia entre los santos» (Ef 1:18). El apóstol

Pedro, al referirse a los profetas del Antiguo Testamento que predijeron las venidas de Cristo, expresó: «Los profetas, que anunciaron la gracia reservada para ustedes, estudiaron cuidadosamente esta salvación. Querían descubrir a qué tiempo y a cuáles circunstancias se refería el Espíritu de Cristo, que estaba en ellos, cuando testificó de antemano acerca de los sufrimientos de Cristo y de la gloria que vendría después de estos... Aun los mismos ángeles anhelan contemplar esas cosas» (1 P 1:10-12).

Al igual que los estudiantes bíblicos del pasado, debemos escudriñar la Escritura con suma atención y cuidado, procurando indagar sobre las circunstancias relacionadas con el regreso de Cristo. Y eso es precisamente lo que he intentado hacer en este libro. Puede que aún no haya esclarecido todos los detalles; desde luego que no. Sin embargo, creo que los esquemas generales están claros, tan claros como los esquemas generales del Libro de Apocalipsis.

En estos momentos estamos viviendo Apocalipsis 2–3, en los días de la iglesia, y debemos mantenernos puros, fuertes, saludables y centrados en el evangelio.

En algún momento, tal vez pronto, surgirá una crisis en la tierra que desencadenará una nueva respuesta global de los gobiernos mundiales, y los acontecimientos actuales tomarán un tono amenazador.

Mientras tanto, en el cielo, un servicio de adoración en el trono de Dios (Ap 4–5) servirá de preludio a un período de siete años de tensión mundial que Cristo enviará, en aras de la evangelización y el juicio. Tendrán lugar cincuenta acontecimientos, uno tras otro, como los he enumerado de las páginas de Apocalipsis.

Durante cuarenta y dos meses, mientras Israel se encuentra protegido por un tratado de paz, desastres enormes y gran agitación geopolítica estremecerán al mundo, y Dios comenzará una serie de juicios (los sellos y las trompetas) que harán que multitudes de personas lo busquen y alcancen salvación mediante la fe en Cristo (Ap 6-11).

A mitad de estos siete años, el líder mundial será asesinado y resucitado (o al menos eso parece) y poseído por el diablo. Este tirano exigirá que el pueblo judío lo adore en el templo, y ellos se negarán (Ap 12-13).

Esto desatará un tiempo de angustia sin par en la historia, cuando los ejércitos del mundo se unan a la confederación del anticristo y marchen hacia Israel para destruir al pueblo judío. Dios derramará siete copas de ira cuando sus enemigos converjan en Armagedón. Israel será asolado, y entrarán por la fuerza en Jerusalén (Ap 14–18).

En ese preciso momento, cuando todo parece perdido y el mundo está sumido en un caos total, Jesucristo regresará, pondrá fin a la batalla de forma abrupta, y salvará a su pueblo Israel, tanto espiritual como políticamente (Ap 19). Reinará en la tierra mil años desde Jerusalén, la capital de Israel. Al final de ese período, los muertos no salvos resucitarán para ser juzgados y condenados (Ap 20).

Y por último, al fin, Jesús estará con su pueblo para siempre en el cielo nuevo, la tierra nueva y la ciudad de la Nueva Jerusalén, donde mora la justicia; y así estaremos con el Señor para siempre (Ap 21–22).

¿Estás tú preparado para estos acontecimientos? ¿Y tu familia? ¿Están preparados tus seres queridos?

La invitación final de la Biblia dice:

> *El Espíritu y la novia dicen: «¡Ven!»; y el que escuche diga: «¡Ven!» El que tenga sed, venga; y el que quiera, tome gratuitamente del agua de la vida.* (Ap 22:17)

Te animo de todo corazón a que hoy vengas a Jesús. Toma su regalo gratuito de bendiciones eternas y una herencia perpetua. Confiesa en oración tus pecados y disponte a dejar a un lado todo lo malo y dañino en tu vida, y esto mediante la gracia de Dios y con su fuerza. Reconoce a Jesucristo como tu Salvador viviente y entrégale tu vida hoy.

Y no tengas miedo del mundo en el futuro. La gracia de Dios es enérgica, inconmensurable, y está a tu disposición. Sus planes están delineados en su Palabra. Su amor es eterno, y su verdad permanece para siempre. Él te ama más de lo que crees, y desea ser tu Salvador y tu Soberano por siempre.

Tenemos tanto por delante: ¡una herencia sin fin, una vida eterna! No mires a tu alrededor ni te angusties. Mira al frente y sé bendecido. ¡Aleluya! ¡Maranata!

> *El que da testimonio de estas cosas, dice: «Sí, vengo pronto».*
> *Amén. ¡Ven, Señor Jesús! Que la gracia del Señor Jesús sea con todos. Amén.*
> Apocalipsis 22:20-21

APÉNDICE 1

Las cinco perspectivas de Apocalipsis

Al estudiar el Libro de Apocalipsis, no te sorprendas por la gran cantidad de perspectivas que encontrarás. Es la última asignatura del plan de estudios divino de la Escritura. Es la facultad de posgrado en la carrera de su Palabra. Como ningún otro libro jamás escrito, Apocalipsis apunta al futuro con un lenguaje visual y visceral.

En *Los 50 acontecimientos finales de la historia del mundo*, he tratado de presentar el material de Apocalipsis de una forma sencilla, de manera que un alumno de secundaria o un estudiante principiante de la Biblia lo puedan comprender. Si le damos el enfoque adecuado, Apocalipsis pierde algo de su perplejidad, aunque su maravilla y misterio permanecen. He leído algunas explicaciones complejas de Apocalipsis, repletas de ideas enigmáticas propuestas por eruditos brillantes. Sin embargo, a menudo pienso: *Si este libro está escrito para millones de estudiantes corrientes y sinceros de la Biblia, ¿no es mejor adoptar la lectura más natural?*

La lectura más natural, según me parece, consiste en tomar sencillamente cada versículo a su vez, cada escena tal como aparece, y cada capítulo, uno tras otro, y seguir el flujo de los acontecimientos desde la escena inicial en el cielo, en Apocalipsis 4–5, hasta nuestro hogar eterno en el cielo en Apocalipsis 21–22. Los capítulos intermedios (Ap 8–20) nos cuentan lo que sucederá por etapas.

Apocalipsis es un libro para todo creyente. Tal vez sea la parte más profunda de la piscina, aunque los que lo estudian desarrollan una capacidad natural para flotar.

Los que lo leen son bendecidos. A través de sus veintidós capítulos, Jesús nos lleva a un recorrido personal por los acontecimientos relacionados con su regreso a la tierra, y explica los diversos acontecimientos, cada uno de los cuales sucede al siguiente, de modo que podamos:

1. saber que el mal será juzgado y eliminado del universo;
2. esperar nuestro futuro eterno;
3. ser fuertes, fieles y santos en nuestra vida diaria mientras aguardamos nuestra esperanza gloriosa;
4. ser consolados en tiempos de pérdida; y
5. confiar en el poder inquebrantable de Cristo, y en el reinado eterno de nuestro Dios Todopoderoso.

Las visiones gráficas de Apocalipsis transmiten la naturaleza sensacional de los acontecimientos que describe. El libro tiene el propósito de ser impresionante, pero a la vez inteligible.

Futurista

El enfoque que yo doy a todo esto se llama *futurista*. En otras palabras, creo que este libro está lleno de profecías sobre el futuro. La mayor parte del material, especialmente del capítulo 4 en adelante, trata del mundo de mañana. ¡Y de cuán maravillosamente nuestro amoroso Señor hace esto por sus hijos! Él nos da lo que sabe que necesitamos: la información suficiente que podemos asimilar sobre la gloriosa esperanza que nos aguarda.

Para mí, Apocalipsis es un recorrido cronológico por los años que preceden al regreso de Cristo. A pesar de todos sus símbolos y elementos visuales, los 404 versículos del Apocalipsis son peldaños hacia el futuro, y lo que vemos es lo que es. Una cosa le sucede a otra, y al final del proceso somos llevados al cielo.

Entre los futuristas hay diversidad de opiniones en cuanto a cómo se alinean algunos de los acontecimientos del Apocalipsis. Sin embargo, todos creen que el material es un cuadro profético de los acontecimientos que conducen de manera poderosa al regreso de Cristo.

Preteristas

No todos están de acuerdo con el futurismo, y algunos intérpretes adoptan el enfoque preterista. Este término proviene de la palabra latina *praeter*, que significa «el pasado». Los preteristas creen que la mayoría de los acontecimientos descritos en Apocalipsis ocurrieron en el siglo I, al poco tiempo de que Juan escribiera el libro. Después de todo, el libro comienza con estas palabras: *Esta es la revelación de Jesucristo, que Dios le dio para mostrar a sus siervos lo que sin demora tiene que suceder* (Ap 1:1). Note la frase *sin demora*. Jesús indicó que las profecías que dio sobre su regreso se cumplirían antes de que aquella generación pasara (Mt 24:34), y los preteristas interpretan eso de manera bastante literal.

Los preteristas creen que Jesús y Juan describían acontecimientos que estaban a punto de ocurrir en el primer siglo, y que estaban relacionados con el Imperio romano, la destrucción de Jerusalén y Judea en el año 70 d. C., y la persecución de los cristianos. Eso significa que el Libro del Apocalipsis debió escribirse en la década del 60, antes de la caída de Jerusalén en el año 70 d. C. Muchos preteristas interpretan que la bestia que subía del mar es el emperador Nerón, y otros incluso afirman que se refiere a los judíos enemigos y perseguidores de la iglesia primitiva.

Una variante de esta perspectiva indica que el libro es esencialmente una predicción de la caída del Imperio romano, que ocurrió en el siglo V. En cualquier caso, para los preteristas, lo que escribió Juan ya tuvo lugar, excepto quizás el regreso de Cristo y el estado eterno.

El doctor R. C. Sproul, a quien admiro mucho, adoptó el punto de vista preterista, y al parecer Hank Hanegraaff abraza una variante de esta perspectiva.

Resulta curioso que este punto de vista se desarrolló durante la contrarreforma, entre los católicos, que estaban hartos de que los reformadores le llamaran a su sistema papal la bestia escarlata del mar y el anticristo. Los reformadores sostenían un punto de vista que veremos a continuación: el historicismo.

Historicistas

El *historicismo* gozó de popularidad durante los días de la Reforma; sin embargo, hoy en día tiene menos adeptos. Según el historicismo, los capítulos de Apocalipsis predicen una serie de períodos de tiempo entre la época de Juan y el regreso de Cristo. En otras palabras, las diferentes escenas representan diferentes etapas de la historia de Europa occidental: la era cristiana primitiva, la legalización del cristianismo en el siglo III, la Edad Media, el ascenso del papado, la Reforma, etc. Este punto de vista fue popular desde los días de la Reforma, pero hoy tiene menos seguidores. Esta visión fue popular desde la época de Martín Lutero hasta los días de Charles Spurgeon, aunque cada generación recalculó la forma en que las piezas encajaban. Martín Lutero pensaba que la bestia salida del mar (el anticristo) era el sistema papal romano.

Idealistas

La perspectiva *idealista* interpreta las diversas escenas de Apocalipsis como símbolos generales del conflicto continuo entre el bien y el mal, entre las fuerzas de Dios y las fuerzas de Satanás; y a estas escenas no les atribuyen ningún acontecimiento histórico o profético específico. Es como un caleidoscopio de formas y patrones que cambian constantemente, y que transmiten, en términos generales, las luchas que conducen al regreso de Cristo. Según los idealistas, Apocalipsis está lleno de lecciones espirituales; sin embargo, contiene pocas profecías específicas. El teólogo Karl Barth era idealista.

Eclécticos

Más recientemente, algunos comentaristas han adoptado elementos de todos los sistemas anteriores (especialmente de la teoría idealista) y los han reunido en una perspectiva conocida como *eclecticismo*. George Ladd y Greg K. Beale son defensores de este punto de vista. Las escenas de Apocalipsis recapitulan una y otra vez la lucha entre el bien y el mal, que conduce a la victoria final y completa de Cristo sobre Satanás. No soy ecléctico, aunque como Beale, también noto la presencia dominante de referencias al Antiguo Testamento en las páginas de Apocalipsis, y estoy de acuerdo con su apreciación del contexto histórico-cultural de su autor humano y sus primeros lectores.

Un punto fascinante a considerar es que, aunque en Apocalipsis no se cita textualmente ningún versículo del Antiguo Testamento, hay frases e imágenes veterotestamentarias en 278 de sus 404 versículos. El estilo literario de Juan también demuestra su familiaridad con la literatura judía del segundo templo, especialmente los escritos apocalípticos redactados entre el 200 a. C. y su propia época.

Lo anterior nos presenta dos interrogantes.

Pregunta 1: ¿Se limitó Juan a readaptar escritos del Antiguo Testamento?

¿Cómo se explica la presencia dominante de material veterotestamentario en Apocalipsis, a pesar de no aparecer ni una sola cita del Antiguo Testamento?

Es cierto que Juan tenía un dominio magistral del Antiguo Testamento, lo cual no significa que se limitara a producir su libro a partir del conocimiento de las Escrituras hebreas. El Libro del Apocalipsis no es el resultado de varias imágenes del Antiguo Testamento que Juan tomó y adaptó a un nuevo libro. Si así fuera, veríamos citas literales.

Creo que es mejor enfocarlo de la siguiente manera. Las cosas que Juan vio eran compatibles con lo que Ezequiel y Daniel vieron. Juan experimentaba visiones que se correspondían con la verdad del Antiguo Testamento. El trono de Dios que divisó, era el mismo trono que Moisés, Isaías, Ezequiel y Daniel habían vislumbrado. Juan no se limitó a copiar el lenguaje veterotestamentario; sino que el mismo Dios que había inspirado el Antiguo Testamento ahora le mostraba estas verdades.

El Señor no le dijo a Juan: «Toma muchos pasajes del Antiguo Testamento y dales una nueva forma», sino que le indicó: «Escribe en un libro lo que veas…» (Ap 1:11). «Escribe, pues, lo que has visto…» (Ap 1:19). Juan señaló: «Entonces oí una voz del cielo, que decía: "Escribe…"» (Ap 14:13).

Apocalipsis 21:5 señala: «El que estaba sentado en el trono dijo: "¡Yo hago nuevas todas las cosas!" Y añadió: "Escribe, porque estas palabras son verdaderas y dignas de confianza"».

Aunque Juan conocía bien el Antiguo Testamento y los escritos apócrifos del segundo templo, no se limitó a reutilizar el material. Él escribió un material nuevo, dado por el mismo Dios que antes había hablado a Abraham, David, Isaías, Ezequiel, Daniel, Zacarías y, sí, a Jesús.

Durante toda su vida, el apóstol Juan estuvo muy familiarizado con los escritos veterotestamentarios e intertestamentarios, lo cual influyó en su terminología y en su estilo literario. Sin embargo, las visiones que les fueron dadas en la escabrosa isla de Patmos eran frescas, vívidas, detalladas y verdaderas. Lo que vio y escribió se correspondía perfectamente con el resto de la Escritura, y sirve como punto culminante de la verdad que Dios ha revelado.

Pregunta 2: ¿Qué consuelo traería Apocalipsis para los lectores de Juan?

Los críticos del futurismo a veces hacen otra pregunta: si los acontecimientos descritos en Apocalipsis estaban dirigidos originalmente a lectores del siglo I, y no ocurrirían hasta dentro de al menos dos mil años, ¿qué consuelo inmediato les brindaría el libro?

¿Les diría realmente Juan: «Bueno, no se preocupen; Dios resolverá todo esto dentro de unos milenios»?

Sin embargo, recuerda que las predicciones iniciales sobre la primera venida de nuestro Señor se dieron dos mil años antes de que él apareciera en Belén. Las semillas de la profecía mesiánica se sembraron en Génesis 12, cuando Dios le dio aquellas promesas a Abraham. Los siglos extensos que transcurrieron entre Abraham y Jesús estuvieron repletos de profecías adicionales sobre la vida y el ministerio del Mesías. Los estudiosos de la Biblia de todas las épocas «Los profetas, que anunciaron la gracia reservada para ustedes, estudiaron cuidadosamente esta salvación. Querían descubrir a qué tiempo y a cuáles circunstancias se refería el Espíritu de Cristo, que estaba en ellos, cuando testificó de antemano acerca de los sufrimientos de Cristo y de la gloria que vendría después de estos» (1 P 1:10-11).

Había terapia en la búsqueda, ¡y aún la hay!

Saber que Dios tiene un plan para la historia del mundo y procurar discernirlo en las páginas de su libro son cosas que no tienen comparación. Aunque los tiempos se tuercen y giran (a veces como un río, y a veces como una serpiente), estos fluyen inexorablemente hacia el regreso de Cristo. Cuanto más estudiamos esto en la Escritura, más esperamos «… su venida» (2 Ti 4:8). Cuanto más esperamos su venida, más feliz y sana será nuestra vida.

Jesús aseguró a sus discípulos: «Y, si me voy y se lo preparo, vendré para llevármelos conmigo. Así ustedes estarán donde yo esté» (Jn 14:3). Esas palabras las pronunció hace dos mil años, pero desde entonces han consolado a todas las generaciones.

El apóstol Pablo dijo a los tesalonicenses que sufrían persecución: «Dios, que es justo, pagará con sufrimiento a quienes los hacen sufrir a ustedes. Y a ustedes que sufren, les dará descanso, lo mismo que a nosotros. Esto sucederá cuando el Señor Jesús se manifieste desde el cielo entre llamas de fuego, con sus poderosos ángeles» (2 Ts 1:6-7). Pablo escribió esas palabras hace dos mil años; y trajeron consuelo a los tesalonicenses y han fortalecido a los cristianos en todas las épocas posteriores.

Hace mucho tiempo, el apóstol Pedro expresó: «Pero no olviden, queridos hermanos, que para el Señor un día es como mil años, y mil años como un día. El Señor no tarda en cumplir su promesa, según entienden algunos la tardanza… Pero el día del Señor vendrá como un ladrón. En aquel día los cielos desaparecerán con un estruendo espantoso, los elementos serán destruidos por el fuego, y la tierra, con todo lo que hay en ella, será quemada» (2 P 3:8-10).

Luego preguntó: «Ya que todo será destruido de esa manera, ¿no deberían vivir ustedes como Dios manda, siguiendo una conducta intachable y esperando ansiosamente la venida del día de Dios?…» (vv. 11-12).

Ya que Dios tiene un plan para la historia… ya que Jesús viene…ya que el cielo es real, tenemos algo que esperar con ansias. Lo anhelamos todos los días. Y esa esperanza gloriosa nos motiva a vivir con mayor esperanza y santidad, y a compartir el mensaje con los demás. Caminamos y trabajamos a la luz de su regreso inminente.

Que abunden nuestros cantos
Y se seque toda lágrima,
Marchamos por la tierra de Emanuel
A mundos más sublimes en las alturas.

Isaac Watts

APÉNDICE 2

El Apocalipsis en una servilleta

Mi tesis en *Los 50 acontecimientos finales de la historia del mundo* es que el Apocalipsis es entendible, que Dios desea que anhelemos la realidad de su victoria venidera y las reseñas generales de los últimos días de la tierra y de la gloria que vendrá después. En varias ocasiones he sacado un bolígrafo y he plasmado el bosquejo del Apocalipsis en una servilleta mientras tomaba un café con alguien. Tú puede hacer lo mismo.

Primero, dibujo un rectángulo y lo etiqueto APOC.

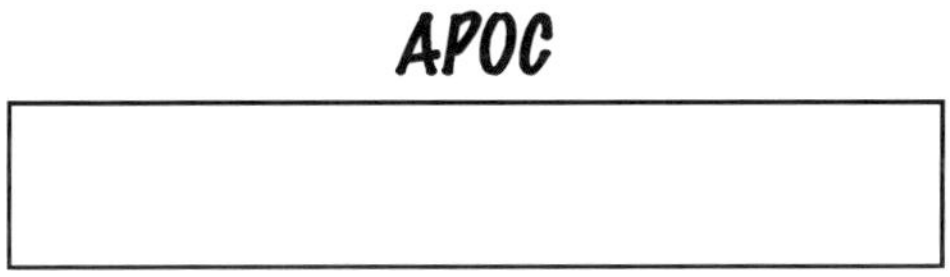

A continuación, trazo tres líneas verticales así:

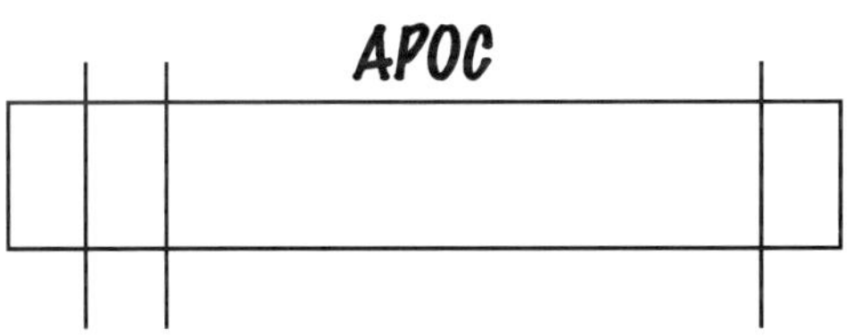

Utilizo abreviaturas para señalarlas como introducción (I), siete iglesias (el número 7 y un dibujo del edificio de una iglesia) y cielo (C). También añado debajo los números de los capítulos.

Explico que el primer capítulo de Apocalipsis es la introducción del libro, donde se señala su autor, destinatarios, propósito y la visión inicial: el Cristo en su trono que se apareció a Juan. Los dos capítulos siguientes son mensajes individuales a siete iglesias, y gracias a los consejos dados aquí podemos aprender a ser mejores seguidores de Cristo. Los dos últimos capítulos describen nuestro hogar celestial.

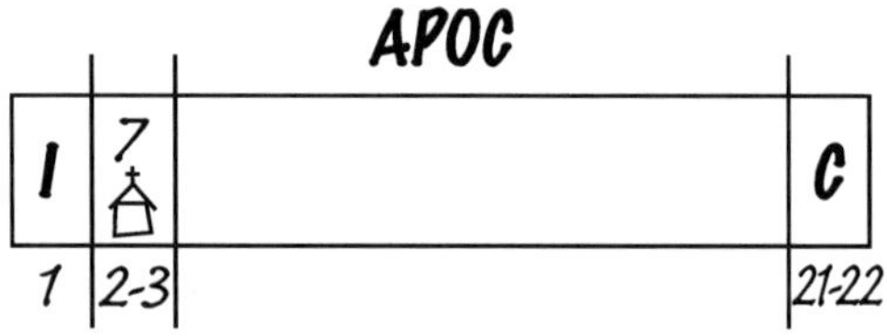

Luego trazo otra línea, le añado una flecha y explico que los capítulos 19–20 describen la segunda venida de Cristo y lo que hará cuando regrese.

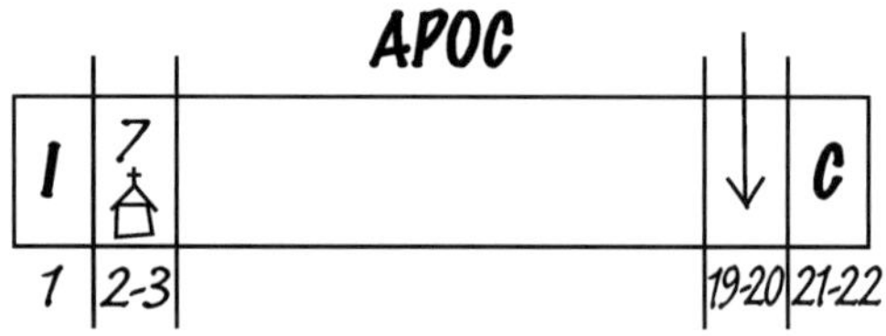

De esta forma queda la parte central del libro; los capítulos 4–18. Estos capítulos describen siete años de tribulación, cuando el mal es juzgado y la tierra es preparada para su rencuentro con Jesús. Uso la abreviatura TRIB. para la tribulación.

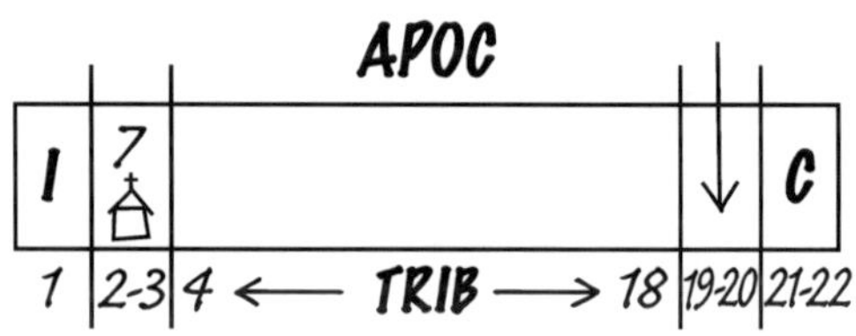

Mediante una línea de puntos, delimito los capítulos 4–5, y explico que esos capítulos describen la escena en el trono de Dios, al comienzo de la tribulación. Uso una T para trono, con un círculo alrededor, por las huestes celestiales que rodeaban el trono.

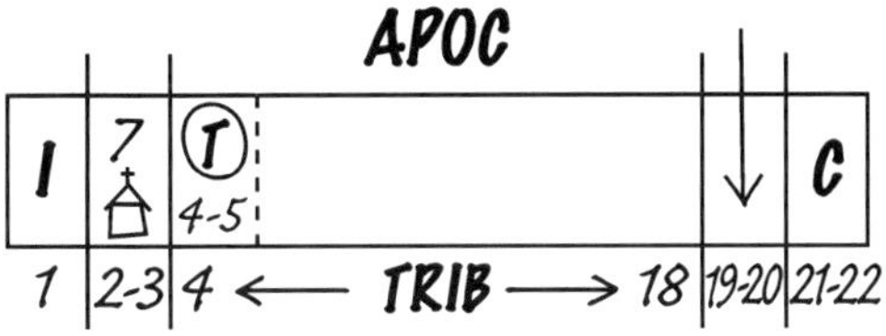

Ahora tenemos los capítulos 6–18, que describen lo que sucederá en la tierra durante estos siete años. En medio del espacio que resta, dibujo un círculo y digo que esa es la mitad de la tribulación.

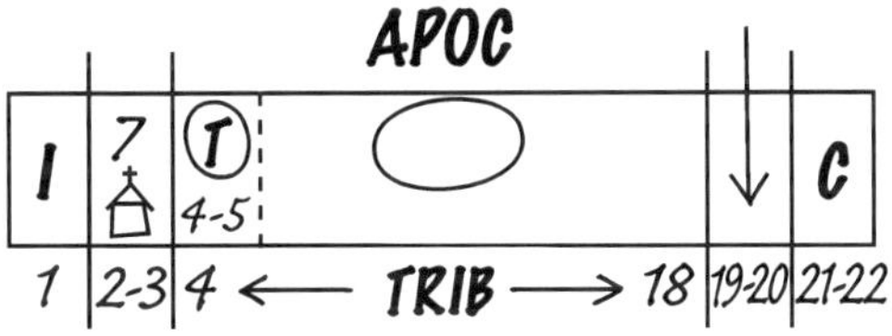

El resto es fácil. Los capítulos 6–11 describen la primera mitad de la tribulación, caracterizada por la apertura de los siete sellos y el toque de siete trompetas, que representan juicios que vendrán sobre la tierra. Pongo dos sietes en este espacio e indico que esto abarca los capítulos 6–11.

La mitad de la tribulación se describe en los capítulos 12–13; y la última mitad de la tribulación en los capítulos 14-18, que describen los juicios finales: las siete copas de ira derramadas sobre la tierra. Esto termina con la batalla de Armagedón, que ilustro con un rayo.

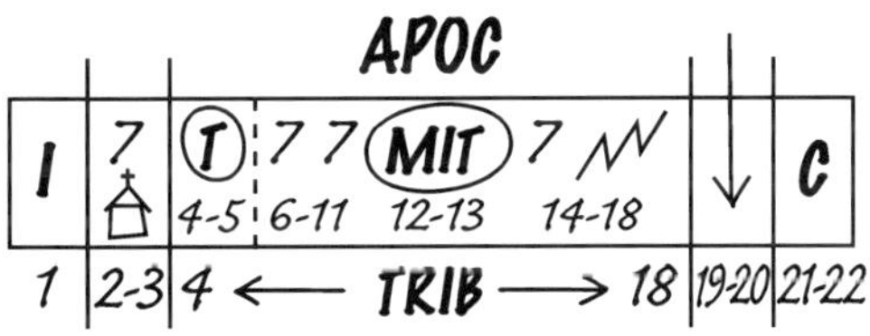

Una vez dibujado este esbozo, lo repaso todo de manera sencilla.

El Libro de Apocalipsis tiene veintidós capítulos. El primero es introductorio, y los dos siguientes son mensajes a las iglesias de los últimos días.

Los acontecimientos que se desarrollan durante la tribulación comienzan con la escena del trono en los capítulos 4–5; y duran por un período de siete años.

Los primeros tres años y medio se caracterizarán por siete sellos y siete trompetas, descritos en los capítulos 6–11. Los acontecimientos terribles de la mitad de la tribulación se describen en los capítulos 12–13, y los últimos tres años y medio de tribulación se desarrollan en los capítulos 14–18, y culminan en la batalla de Armagedón y con el regreso de Cristo en los capítulos 19–20.

Los dos capítulos finales nos hablan del reino eterno y perfecto de Dios, donde veremos a Jesús, le serviremos y estaremos con su pueblo para siempre.

A menudo le explico a las personas: «Si bien los detalles y las imágenes de Apocalipsis tal vez parezcan abrumadores, la estructura general y el mensaje del libro son tan sencillos como decir: "Dios está obrando ahora en su iglesia, y un día no muy lejano algún tipo de cataclismo desencadenará los últimos siete años de la historia que precederán a su regreso". Este es el esquema de Apocalipsis, y si lo entiendes, cualquier estudio posterior de los detalles tendrá más sentido. No le tengas miedo al Apocalipsis. Es tan emocionante como el regreso del Señor, y nos ayudará a prepararnos para ese glorioso día».

APÉNDICE 3

Génesis, Apocalipsis y el círculo de la Escritura

Cuando comparamos los tres primeros capítulos de la Biblia con los tres últimos, encontramos una historia que completa el ciclo. Los problemas y los conflictos planteados en Génesis 1–3 se abordan y resuelven a la perfección en Apocalipsis 20–22.

- En Génesis 1:1 Dios creó los cielos y la tierra; y en Apocalipsis 21:1 creo un cielo *nuevo* y una tierra *nueva*.
- En Génesis 2 Dios creó el paraíso (el jardín del Edén) en la tierra para su pueblo. En Apocalipsis 21 un nuevo paraíso (la nueva Jerusalén) domina la tierra.
- En Génesis 3 Adán y Eva oyeron la voz del Señor cuando el día comenzó a refrescar. En Apocalipsis 22 veremos su rostro y tendremos comunión con él para siempre.
- En Génesis 2 el árbol de la vida estaba en medio del jardín. En Apocalipsis 22 encontramos el mismo árbol en medio de la ciudad de Dios.
- En el jardín del Edén cuatro ríos regaban la tierra. En Apocalipsis 22 el río del agua de la vida riega la nueva Jerusalén.
- Génesis 2:12 afirma que el oro del Edén era bueno. En Apocalipsis 21–22 vislumbramos una ciudad con calles de oro.
- Génesis 2:15 indica que Dios puso a Adán y a Eva en el huerto del Edén para que lo cuidaran. Apocalipsis 22:3 dice que sus siervos se ocuparán en servirlo para siempre.
- La muerte llegó a la humanidad en Génesis 3. Al final de Apocalipsis, la muerte es abolida para siempre y con ella toda lágrima y sufrimiento.

- El dolor se introduce en Génesis 3:16, y es desterrado en Apocalipsis 21:4.
- El diablo estuvo ausente en los dos primeros capítulos de la Biblia, y aparece en Génesis 3. En Apocalipsis 19, es arrojado al lago de fuego y es maravilloso que no vuelve a aparecer en los dos últimos capítulos de la Biblia.
- En Génesis 3:17 la tierra fue maldecida a causa del pecado. Apocalipsis 22:3 asegura que no habrá más maldición.
- En Génesis 3:23-24 las puertas del Edén fueron cerradas a la humanidad. Sin embargo, las puertas de la futura ciudad de Dios no se cerrarán ni de día ni de noche (Ap 21:25).
- Los tres primeros capítulos de la Biblia nos cuentan el comienzo de la historia de Dios para el mundo; y en los tres últimos esta historia culmina perfectamente.

Cuando abrimos la Biblia, descubrimos a un Dios soberano que crea un universo para que fuera el hogar de las personas que estaba a punto de hacer a su propia imagen. Los colocó en un entorno paradisíaco; sin embargo, Satanás vino y estropeó las cosas.

Sesenta y seis libros vienen y van, y narran la historia del plan redentor de Dios a través de un Salvador, Cristo Jesús.

Al final de la Biblia, el caos es juzgado, Satanás es desterrado, la muerte es destruida, la maldición es quitada, y el paraíso es mejor que nunca; ahora es eterno, glorificado, unido, los reinos visibles e invisibles unidos bajo una cabeza, Cristo Jesús.

Solo un Autor Maestro podría haber escrito un libro tan maravilloso y habernos dado una historia que vuelve al principio y en verdad termina felizmente por siempre. ¡Maranata! Ven, Señor Jesús.

APÉNDICE 4

¿Nos conoceremos en el cielo?

¿Son literales las descripciones en Apocalipsis 21–22 del cielo nuevo, la tierra nueva y la nueva Jerusalén son literales o son imágenes de una realidad aún más literal? ¿Cuán maravilloso es esto? Estaremos de manera literal, física y corporal con la Divinidad, las personalidades piadosas del reino invisible, los santos de todos los tiempos, y unos con otros por la eternidad. ¿No sería una lástima si nunca reconociéramos a nadie? ¿Es posible que seamos totalmente extraños en el paraíso por siempre, que tengamos amnesia eterna?

No. No es ni remotamente posible; sin embargo, a veces nos preguntamos si nos conoceremos en el cielo. Es una pregunta afectiva. Nuestras relaciones en la tierra son más importantes para nosotros que cualquier otra cosa. Yo amé a mi padre y a mi madre; amo a mi hermana y a su familia; echo de menos a mi mujer, y llevo a mis hijas, a sus maridos y a todos sus hijos en el corazón. Aparte de mi relación con Cristo, estas relaciones son más valiosas para mí que cualquier otra cosa en este mundo. No quiero perder nunca estos lazos de amor. No importa si pierdo todo lo demás en la tierra, no quiero perder a mis seres más queridos. Deseo estar donde ellos están, y que ellos estén donde yo estoy.

Jesús sentía lo mismo. En el aposento alto, horas antes de su crucifixión, Jesús dijo a sus discípulos: «Y, si me voy y se lo preparo, vendré para llevármelos conmigo. Así ustedes estarán donde yo esté» (Jn 14:3).

Él deseaba que sus amigos estuvieran con él, cerca de él, en comunión con él para siempre. Algunas horas más tarde, Jesús hizo una oración indeciblemente profunda justo antes de su arresto. «Padre, quiero que los que me has dado estén conmigo donde yo estoy…» (Jn 17:24).

Jesús mismo (completamente Dios) deseaba que sus amigos y familiares estuvieran con él en la eternidad, donde él estaba, a fin de poder disfrutar de su comunión y amor. Él siente igual que nosotros respecto a nuestros seres más queridos. Estos pasajes de Juan 14 y 17 dan a entender claramente que una de las mayores alegrías del cielo será el rencuentro eterno con nuestros seres queridos.

Si bien la Biblia no nos da un versículo que diga: «Ustedes se reconocerán en el cielo», en ella se aborda esta realidad como una verdad obvia, y asume sencillamente que así será. Hay varios pasajes que hacen que esta suposición sea razonable y clara.

Juan 20:19-23

La resurrección de Jesucristo nos da el primer destello en la Escritura de cómo será el cuerpo glorificado de la resurrección. Juan 20:19-20 expresa: «Al atardecer de aquel primer día de la semana, estando reunidos los discípulos a puerta cerrada por temor a los judíos, entró Jesús y, poniéndose en medio de ellos, los saludó.

—¡La paz sea con ustedes!

Dicho esto, les mostró las manos y el costado. Al ver al Señor, los discípulos se alegraron».

Cuando Jesús resucitó de la tumba, tenía la misma identidad y el mismo aspecto que antes de morir. Los discípulos lo reconocieron; identificaron su rostro y sus rasgos, sus manos con las marcas de los clavos, e incluso les mostró su costado. Lo reconocieron por la cicatriz que le produjo la lanza romana. Él los conoció después de la resurrección, y ellos lo conocieron a él, aunque su cuerpo era ahora imperecedero.

He creído por mucho tiempo que nuestros cuerpos de resurrección tendrán la apariencia que tuvimos a la edad de treinta y pocos años. Jesús tenía unos treinta y tres cuando resucitó de entre los muertos, y Filipenses 3:21 dice que «Él transformará nuestro cuerpo miserable para que sea como su cuerpo glorioso…». Independientemente de la edad que aparentemos, seremos física, mental y emocionalmente maduros, y seremos reconocibles como nosotros mismos. La esencia de nuestra identidad no se perderá en el proceso del rapto o la resurrección.

Nuestras faltas y fracasos habrán desaparecido, pero yo seguiré siendo yo, y tú seguirás siendo tú; en la plenitud de la perfección de Cristo.

1 Corintios 13:12

En 1 Corintios 13 encontramos otro indicio. En los primeros versículos, que son varios, el apóstol Pablo elogia las virtudes del amor, y termina el capítulo hablando de que el amor permanece para siempre. El amor continuará después de nuestra muerte. La fe no será necesaria en el cielo, y nuestra esperanza hallará su cumplimiento. Sin embargo, el amor continuará. Nuestras relaciones con los que amamos continuarán y, de hecho, serán mucho mejores.

«Ahora vemos de manera indirecta y velada, como en un espejo; pero entonces veremos cara a cara. Ahora conozco de manera imperfecta, pero entonces conoceré tal y como soy conocido» (1 Co 13:12).

En otras palabras: «Ahora conozco a Jesucristo, pero un día lo conoceré mejor; lo veré plenamente y lo conoceré como él me conoce a mí». Esto quiere decir que, en el futuro, también nos conoceremos mejor, y nos amaremos más plenamente que ahora.

En el presente, incluso las mejores relaciones humanas son imperfectas. Un día, los que conocemos a Cristo Jesús, nuestro Señor, veremos su rostro, reflejaremos su amor y nos conoceremos unos a otros, así como somos conocidos.

1 Tesalonicenses 4

Otro pasaje útil se encuentra en 1 Tesalonicenses. Los cristianos de Tesalónica aún aprendían los rudimentos de la teología cristiana. Tenían preguntas sobre lo que ocurre cuando morimos. Pablo escribió:

> *Hermanos, no queremos que ignoren lo que va a pasar con los que ya han muerto, para que no se entristezcan como esos otros que no tienen esperanza. ¿Acaso no creemos que Jesús murió y resucitó? Así también Dios resucitará con Jesús a los que han muerto en unión con él. Conforme a lo dicho por*

el Señor, afirmamos que nosotros, los que estemos vivos y hayamos quedado hasta la venida del Señor, de ninguna manera nos adelantaremos a los que hayan muerto. El Señor mismo descenderá del cielo con voz de mando, con voz de arcángel y con trompeta de Dios, y los muertos en Cristo resucitarán primero. Luego los que estemos vivos, los que hayamos quedado, seremos arrebatados junto con ellos en las nubes para encontrarnos con el Señor en el aire. Y así estaremos con el Señor para siempre. Por lo tanto, anímense unos a otros con estas palabras. (1 Ts 4:13-18)

La razón por la que Pablo siente ánimo y consuelo es que estaremos juntos con las personas que amamos y con el Señor para siempre en el cielo. ¡Nuestra comunión con nuestros seres queridos cristianos continúa! Reanudaremos donde nos quedamos, y conoceremos como somos conocidos. Lo reconoceremos a él y a los demás, así como ellos nos reconocen a nosotros. ¡El ánimo que esto me produce no tiene límites!

2 Corintios 4:13-14

Del mismo modo, en 2 Corintios 4:14, Pablo escribió: «Pues sabemos que aquel que resucitó al Señor Jesús nos resucitará también a nosotros con él y nos llevará junto con ustedes a su presencia».

Pablo *sabía* algo. No esperaba, ni pensaba, ni especulaba, ni deseaba. Él *sabía* que su cuerpo resucitaría y que se reencontraría con sus amigos corintios en la presencia del Señor. Eso lo animó muchísimo, y repitió la misma idea en otras partes de sus cartas a sus amigos y a otras iglesias que estableció. Por ejemplo, llamó a los tesalonicenses «… nuestra esperanza, alegría o motivo de orgullo delante de nuestro Señor Jesús para cuando él venga…» (1 Ts 2:19). Pablo contaba plenamente con la amistad eterna de los que había ganado para Cristo.

Lucas 16:22-31

En Lucas 16, Jesús habló de un mendigo de la vecindad que murió y fue al cielo. Sin embargo, Jesús no usó la palabra *cielo*; sino la frase *al lado de Abraham*, y expresó: «Resulta que murió el mendigo, y los ángeles se lo llevaron para que estuviera al lado de Abraham…». El pasaje continúa y habla sobre «… Abraham, y a Lázaro junto a él» (Lc 16:22-23).

En otras palabras, un mendigo sucio del Medio Oriente, pero que confiaba en Dios, fue al cielo y se encontró caminando por la calle junto a Abraham, el personaje más grandioso del Antiguo Testamento. La historia íntegra se basa en la premisa de que nos conoceremos en el cielo. A pesar de que unos dos mil años separaban sus cronologías terrenales, Abraham y el mendigo se conocían y tenían comunión.

No sé si se conocieron instintivamente o si fueron presentados el uno al otro. Siento curiosidad al respecto. Cuando llegue al cielo, ¿conoceré por instinto a mi abuelo, que fue predicador en la montaña y murió mucho antes de que yo naciera? ¿O vendrá él a mí y me dirá: «En la tierra, yo fui tu abuelo»?

No lo sé, pero anhelo conocerlo, junto con Abraham, el mendigo de Lucas 16 y todos los demás héroes de la fe. Un pequeño indicio de que nuestro conocimiento puede ser instintivo proviene del pasaje siguiente.

Mateo 17:1-8

Durante la transfiguración de Cristo, Pedro, Santiago y Juan vislumbraron la gloria intrínseca y eterna de su Salvador. Mateo 17:1-4 dice: «Seis días después, Jesús tomó consigo a Pedro, a Jacobo y a Juan, el hermano de Jacobo, y los llevó aparte, a una montaña alta. Allí se transfiguró en presencia de ellos; su rostro resplandeció como el sol, y su ropa se volvió blanca como la luz…».

Cuando Jesús vino a la tierra, dejó su trono y su gloria eterna. Renunció temporalmente a su esplendor y a algunas de sus prerrogativas divinas. Vino a la humanidad como un bebé en un pesebre. Sin embargo, en esta ocasión durante su vida terrenal, fue rodeado por un momento con un destello de su gloria original y eterna.

¡Qué asombroso que dos héroes del Antiguo Testamento vinieron a hacerle compañía! Moisés, Elías y Jesús pertenecían a épocas diferentes de la historia humana. Moisés se remonta alrededor del año 1400 a. C., Elías vivió en los años 800 a. C., y Jesús en el siglo I d. C.

Aquí tenemos a tres hombres cuyas vidas terrenales estuvieron separadas por mil cuatrocientos años y, sin embargo, se conocían. Estuvieron allí físicamente, confraternizaron y hablaron entre ellos. Se conocían por sus mismos nombres, pero estaban glorificados, llenos de energía, rodeados de luz.

¡Esto es un anticipo del cielo!

Por tanto, sí, reconoceremos a nuestros seres queridos en el cielo. Como alguien dijera en una ocasión, ciertamente no seremos más tontos en el cielo que aquí en la tierra. Si nos conocemos ahora, sin duda nos conoceremos allá.

Hace varios años, dirigí un culto en una residencia para jubilados. Una anciana me llamó a un lado y me expresó que ella y su marido estuvieron casados más de sesenta años. Durante sus últimos años juntos, leían mi libro *Then Sings My Soul* [Entonces canta mi alma] en sus devocionales matutinos. Este libro cuenta la historia que hay detrás de nuestros himnos clásicos. Cada mañana, la pareja leía la historia de un himno y cantaba la canción. Una mañana llegaron a una canción que fue popular en el pasado. Escrita por Charles Gabriel, era generalmente conocida como «La canción de gloria». Algunas de las palabras del himno son:

> Cuando todos mis trabajos y pruebas hayan terminado
> Y esté a salvo en esa hermosa orilla,
> Solo para estar cerca del dulce Señor que adoro
> Será gloria para mí por todos los siglos.

El esposo leyó esa canción y su historia, y le expresó a su esposa: «Eso será gloria para mí. Estoy listo para ir ahora mismo».

«Pero, ¿y yo qué?», preguntó ella.

«Oh», respondió él, «tienes mucha gente que te cuide. Cuando llegue al cielo, eso será gloria para mí».

Ese mismo día, el esposo partió al hogar celestial. El recuerdo de aquella conversación final fue tan dulce y reconfortante para la mujer que quiso contármelo. Y, al igual que yo, se deleitó especialmente con la tercera estrofa de esta gran canción, que resume el espíritu de este artículo:

> Allí estarán amigos que amé hace tiempo,
> a mi alrededor fluirá el gozo cual un río;
> Sin embargo, sé que solo una sonrisa de mi Salvador,
> Será gloria para mí por los siglos.

APÉNDICE 5

Antíoco IV Epífanes

El prototipo bíblico del anticristo

¿Existe alguna forma de saber cómo será el anticristo? Sí, tenemos un anticipo histórico.

En el Antiguo Testamento, a menudo nos encontramos con personas, objetos o acontecimientos que sirven como anticipos divinos de personalidades o episodios futuros, y a los cuales denominamos figuras sobre la base de versículos como Romanos 5:14, que llama a Adán «figura del que había de venir» (RVR1960), refiriéndose a Jesús. En otras palabras, el primer Adán era un anticipo sencillo del postrer Adán: el Señor Jesús; y entre ambos existen paralelos.

En la ingeniería, los llamamos prototipos. En la arquitectura, los llamamos modelos. En corte y costura, patrones.

Las figuras son profecías concretas, a diferencia de las profecías verbales. Por ejemplo, el Libro de Hebreos explica cómo el sumo sacerdocio y el tabernáculo eran imágenes de la persona y el ministerio de Cristo, nuestro gran sumo sacerdote. Según 1 Corintios 5:7, el cordero pascual era un prototipo del Cordero de Dios, que quita el pecado del mundo. Jesús señaló que la serpiente en el poste en Números 21 era un símbolo de su crucifixión (Jn 3:14).

Tenemos muchas figuras de Cristo en el Antiguo Testamento, pero ¿sabías que también tenemos figuras del anticristo? Sin duda, el ejemplo más destacado de este último es Antíoco IV Epífanes.

Varias veces en su libro, Daniel profetizó un tirano venidero en la historia que serviría como precursor del anticristo. Quiero mostrarte las profecías de Daniel, cómo se cumplieron en un personaje llamado Antíoco IV Epífanes, y cómo, en última instancia, estas apuntan al anticristo.

Predicciones de Daniel

En el octavo capítulo de su libro, el profeta y estadista Daniel tuvo una visión aterradora. Vio un carnero con dos cuernos que atacaba furiosamente. Entonces, un macho cabrío con un cuerno enorme recorrió la tierra como volando y atacó al carnero. El carnero pereció y el macho cabrío se hizo más grande, pero en la flor de su poderío se le rompió su cuerno, y en su lugar surgieron cuatro cuernos más pequeños, que apuntaban en direcciones diferentes.

Uno de los cuatro cuernos creció en poder y apuntaba hacia Israel, la «hermosa tierra». Daniel 8:9-12 señala al respecto:

> *De uno de ellos salió otro cuerno, pequeño al principio, que extendió su poder hacia el sur y hacia el este, y también hacia nuestra hermosa tierra. Creció hasta alcanzar al ejército de los cielos, derribó algunas estrellas y las pisoteó, y aun llegó a sentirse más importante que el jefe del ejército de los cielos. Por causa de él se eliminó el sacrificio diario y se profanó el santuario. Por la rebeldía de nuestro pueblo, su ejército echó por tierra la verdad y quitó el sacrificio diario. En fin, ese cuerno hizo y deshizo.*

El significado de todo esto se expresa en los versículos 20-22: «El carnero de dos cuernos que has visto simboliza a los reyes de Media y de Persia [el Imperio persa]. El macho cabrío es el rey de Grecia [el Imperio griego], y el cuerno grande que tiene entre los ojos es el primer rey [Alejandro Magno]. Los cuatro cuernos que salieron en lugar del que fue hecho pedazos simbolizan a los cuatro reinos que surgirán de esa nación, pero que no tendrán el mismo poder».

Todo esto se desarrolló en la historia exactamente como Daniel lo había predicho. El Imperio persa (los medos y los persas, el carnero de dos cuernos) fue derrotado por el Imperio griego de Alejandro Magno, que recorrió el mundo a gran velocidad, y conquistó todo lo que veía.

Sin embargo, a los treinta y dos años de edad, Alejandro murió en Babilonia; y su imperio se dividió entre sus cuatro generales, y esto dio lugar a décadas de encarnizados conflictos regionales.

Uno de estos generales, Seleuco I Nicátor, fundó la dinastía seléucida, que controló gran parte de Asia Menor, Siria, Babilonia y Persia. Al ser asesinado en el 281 a. C., su hijo asumió el cargo. A su vez, su hijo Antíoco I lo sucedió. Veinte años más tarde, lo sucedió su hijo Antíoco II Theos, que se casó con dos mujeres. Cuando Antíoco II murió de repente en el 246 a. C. (probablemente envenenado por su primera esposa), se desató una guerra civil entre las dos mujeres y sus herederos; y por décadas la región estuvo sumida en el conflicto. Sin embargo, en el 222 a. C., Antíoco III el Grande tomó el control del Imperio seléucida a la edad de dieciocho años. Murió el 3 de julio del 187 a. C., y su hijo fue Antíoco IV Epífanes; el cuerno pequeño de Daniel 8, el octavo gobernante del Imperio seléucida. Llegó al poder alrededor del año 170 a. C.

Daniel predijo todo esto, y no solo en el capítulo 8 de su libro, pues también en el capítulo 11 añade más detalles: «Surgirá entonces un rey muy aguerrido [Alejandro Magno], el cual gobernará con lujo de fuerza y hará lo que mejor le parezca. Pero, tan pronto como surja su imperio, se resquebrajará y se esparcirá hacia los cuatro vientos del cielo...» (vv. 3 y 4a).

Luego sigue una complicada serie de profecías sobre los conflictos entre Siria y Egipto. Sin embargo, a partir del versículo 29 tenemos otra predicción clara sobre Antíoco IV, que incluye la extraordinaria profecía de que intentará invadir Egipto, pero Roma se lo prohibirá:

> *En el momento preciso, el rey del norte* [Antíoco] *volverá a invadir el sur* [Egipto], *aunque esta vez el resultado será diferente, porque los barcos de guerra de las costas occidentales* [Roma] *se opondrán a él y le harán perder el valor. Entonces retrocederá y descargará su enojo contra el santo templo* [Israel]... *Sus fuerzas armadas se dedicarán a profanar la fortaleza del templo, y suspenderán el sacrificio diario, estableciendo el horrible sacrilegio. Corromperá con halagos a los que hayan renegado del pacto, pero los que conozcan a su Dios se le opondrán con firmeza.* (11:29-32)

El cumplimiento pasado de las predicciones de Daniel

La exactitud de las predicciones de Daniel es impresionante a la luz de la historia intertestamentaria. Lo que escribió Daniel se cumplió al pie de la letra.

Antíoco IV gobernaba en la capital siria de Antioquía (resulta irónico que esta es la misma ciudad que más tarde envió a los primeros misioneros que la iglesia patrocinó; (Hechos 13). La ciudad estaba diseñada según un patrón cuadriculado como el de Alejandría y llegó a albergar a cientos de miles de personas. Antioquía contaba con un palacio fabuloso, un teatro, jardines y maravillosos edificios griegos de todo tipo. Llegó a ser una de las ciudades más grandiosas de la tierra.

Antíoco fingía ser un hombre de pueblo, y se nos dice que a veces se aparecía en los baños públicos donde se mezclaba con la gente común, en los puestos y talleres locales donde admiraba el talento artístico de los artesanos; e incluso visitaba casas particulares. A veces arrojaba dinero a la multitud. En los banquetes, en ocasiones se levantaba y bailaba desnudo junto a los animadores. Otras veces, se mezclaba disfrazado entre las masas para escuchar lo que se hablaba en las conversaciones cotidianas.

A pesar de su personalidad cordial y extrovertida, Antíoco tenía un lado oscuro; tan negro como la noche. El título que él mismo se otorgó, Epífanes, significaba «Dios manifestado». A sus espaldas lo llamaban Epímanes, que significaba «el Loco». Por el miedo a la creciente amenaza romana desde Occidente, Antíoco pensó que, si se anexionaba Egipto, podría reforzar su posición. Quería imponer la cultura griega (helenística) por todos lados, desde Babilonia hasta Egipto.

La pequeña provincia de Judea y su capital, Jerusalén, se hallaban en medio del imperio que Antíoco planeaba establecer. Decidió convertir el estado judío en una provincia helenística, despojarlo de su cultura judía y hacerlo plenamente griego. Lo primero que hizo fue sustituir al sumo sacerdote judío por uno afín a sus objetivos: Josué, que enseguida cambió su nombre por el de Jasón. El nuevo sumo sacerdote trabajó para llevar a cabo el plan de Antíoco. Los proyectos de construcción convirtieron Jerusalén en un modelo en miniatura de Antioquía, e incluía un gimnasio griego donde los atletas competían desnudos. Se erigieron estatuas y templos a dioses sirios. Antíoco saqueó el tesoro del templo para financiar su campaña militar dirigida a la conquista de Egipto.

Algunos de los judíos, a quienes Antíoco y sus visiones habían logrado cautivar, le siguieron la corriente. No obstante, como era de esperar, muchos judíos se rebelaron; en su mayoría los que descendían del remanente que había regresado con Zorobabel, Esdras y Nehemías. Esto creó un conflicto civil dentro de Israel.

Mientras tanto, Antíoco se dirigió a Egipto, donde sus ambiciones se estrellaron de frente contra el ejército romano en su auge. Algunos relatos cuentan que Popilio, el enviado romano, dibujó un círculo en la arena alrededor de Antíoco, y le exigió que renunciara a su campaña militar antes de salir de aquel círculo.

Frustrado en Egipto, Antíoco se sintió humillado cuando regresaba a Siria atravesando por Jerusalén. En un arrebato de ira asesinó a miles de personas. Eso produjo una rebelión más intensa, y Antíoco sencillamente prohibió el judaísmo; junto con la dieta mosaica y el estudio de la Torá, así como la circuncisión de los niños judíos. Hubo gran luto en todo Israel. Se cree que ochenta mil judíos fueron asesinados.

Antíoco ordenó colocar una estatua de Zeus en el templo. Esta es la famosa abominación que produjo desolación, un presagio del acontecimiento de mediados de la tribulación sobre el que Jesús, Pablo y Juan advirtieron. Antíoco hizo sacrificar cerdos en el altar. Convirtió el templo sagrado en una fortaleza griega. Su atrocidad más horrible y casi indecible fue la matanza de bebés varones judíos circuncidados. Los soldados sirios los mataban delante de sus madres, y luego crucificaban a las mujeres con sus bebés muertos colgados del cuello; mientras sufrían en las cruces. Cuando algo tan inhumano ocurre, detrás de esto hay una fuerza de un mal sobrenatural.

Esta historia se relata en varias fuentes, incluido el libro intertestamentario de 1 Macabeos, donde leemos:

> *Derramaron sangre inocente alrededor del santuario, y lo profanaron. Por temor a ellos huyeron los habitantes de Jerusalén; la ciudad se convirtió en residencia de extranjeros... El templo quedó en ruinas y desierto, las fiestas se volvieron días de tristeza, los sábados fueron causa de vergüenza...*

> *El rey publicó entonces en todo su reino un decreto que ordenaba a todos formar un solo pueblo, abandonando cada uno sus costumbres propias… que prohibían ofrecer holocaustos, sacrificios y ofrendas en el santuario, que hacían profanar el sábado, las fiestas, el santuario y todo lo que era sagrado; que mandaban construir altares, templos y capillas para el culto idolátrico, así como sacrificar cerdos y otros animales impuros, dejar sin circuncidar a los niños y mancharse con toda clase de cosas impuras y profanas, olvidando la ley y cambiando todos los mandamientos. Aquel que no obedeciera las órdenes del rey, sería condenado a muerte… el rey nombró inspectores para todo el pueblo, y dio orden de que en cada una de las ciudades de Judea se ofrecieran sacrificios…*
>
> *El día quince del mes de Quisleu del año ciento cuarenta y cinco, el rey cometió un horrible sacrilegio, pues construyó un altar pagano encima del altar de los holocaustos. Igualmente, se construyeron altares en las demás ciudades de Judea. En las puertas de las casas y en las calles se ofrecía incienso. Destrozaron y quemaron los libros de la ley que encontraron, y si a alguien se le encontraba un libro de la alianza de Dios, o alguno simpatizaba con la ley, se le condenaba a muerte…*
>
> *… De acuerdo con el decreto, a las mujeres que habían hecho circuncidar a sus hijos, las mataron con sus niños colgados del cuello…».* (1 Macabeos 1:37-61; DHH)

El historiador Josefo también escribió sobre este período, y afirmó que los sirios «se permitían todo tipo de maldades extremas, y atormentaban a los ciudadanos más dignos (de Judea) hombre por hombre y amenazaban su ciudad todos los días con la destrucción total».[1]

En sus *Antigüedades de los judíos*, Josefo escribió:

> (Antíoco) dejó el templo desolado; y se llevó los candelabros de oro, y el altar de oro [del incienso] y la mesa [del pan de la proposición] y el altar [del holocausto]. No se abstuvo ni siquiera de los velos, que eran de lino fino y escarlata. También lo despojó de sus tesoros secretos, no dejó absolutamente nada; y todo esto provocó en los judíos gran lamentación. También les prohibió los sacrificios diarios que solían ofrecer a Dios, según la ley. Y luego de saquear toda la ciudad, mató a algunos de sus habitantes y a otros los llevó cautivos…También quemó

> los mejores edificios, y cuando hubo derribado los muros de la ciudad, construyó una ciudadela…
>
> Y cuando el rey hubo construido un altar a los ídolos sobre el altar de Dios, sacrificó cerdos sobre él… También los obligó a abandonar el culto que rendían a su propio Dios, y a adorar a quienes él tomaba por dioses; y los hizo edificar templos y levantar altares a los ídolos en todas las ciudades y aldeas, y ofrecer cerdos sobre ellos todos los días.
>
> … [a los que se le oponían] los azotaban con varas; y despedazaban sus cuerpos y los crucificaban; y esto mientras aún vivían y respiraban. También estrangulaban a aquellas mujeres y a los hijos que estas habían circuncidado, según el mandato del rey, y luego de crucificarlas les colgaban a sus hijos del cuello. Y si encontraban algún libro sagrado o de la ley, lo destruían; y aquellos con quienes lo encontraban también perecían miserablemente.[2]

Todo esto ocurrió entre los días del Antiguo y Nuevo Testamento, aproximadamente ciento sesenta años antes del nacimiento de Cristo, y más de trescientos años después de los días de Daniel. No obstante, todo sucedió justo como lo predijo Daniel.

Sin embargo, la historia se hace aún más interesante. El asalto sirio, que según Josefo incluía tropas sobre elefantes, provocó una revuelta de un grupo insurgente judío dirigido por la familia de los Macabeos. La palabra *Macabeo* significa «martillo». Mediante una guerra de guerrillas, los judíos se las arreglaron para derrotar milagrosamente a los sirios. En el 164 a. C., Jerusalén fue reconquistada por los macabeos y el templo se pudo consagrar nuevamente. El pueblo judío celebra esa victoria cada año en la temporada santa de Janucá.

Se necesitaron otros veinte años para expulsar totalmente a los seléucidas de la tierra, pero Israel se convirtió finalmente en nación independiente en el 142 a. C., luego de más de quinientos años bajo el yugo de los asirios, los babilonios, los persas, los griegos y los sirios; el reparto descrito en las profecías de Daniel.

¿Qué le sucedió a Antíoco?

El segundo Libro de Macabeos, capítulo 9, indica que cuando Antíoco se enteró de la derrota de sus fuerzas en Judea, se enfureció y ordenó a su carro que se dirigiera hacia Jerusalén para convertirla…

> *... en cementerio de los judíos.» Pero el Señor Dios de Israel, que todo lo ve, lo castigó con un mal incurable e invisible: apenas había dicho estas palabras, le vino un dolor de vientre que con nada se le pasaba, y un fuerte cólico le atacó los intestinos... Pero... cayó derribado al suelo y tuvo que ser llevado en una camilla... Los ojos del impío hervían de gusanos, y aún con vida, en medio de horribles dolores, la carne se le caía a pedazos; el cuerpo empezó a pudrírsele, y era tal su mal olor, que el ejército no podía soportarlo. Tan inaguantable era la hediondez, que nadie podía transportar al que poco antes pensaba poder alcanzar los astros del cielo... Así pues, este asesino, que injuriaba a Dios, terminó su vida con una muerte horrible, lejos de su patria y entre montañas, en medio de atroces sufrimientos, como los que él había hecho sufrir a otros.* (9:4-28, DHH)

Tal vez el relato macabeo tenga un fuerte matiz dramático. Los historiadores creen que Antíoco murió de epilepsia, locura o enfermedad. Josefo, en sus escritos del siglo I, explicó que cuando Antíoco supo que sus ejércitos habían sido derrotados en Judea:

> «Se sintió desconcertado, y debido a la ansiedad quedó totalmente perturbado, lo cual duró mucho tiempo, y como sus dolores aumentaban en él, finalmente se dio cuenta de que moriría en poco tiempo. Por tanto, llamó a sus amigos y les dijo que su perturbación lo estaba afectando gravemente y confesó que esta calamidad le había sido enviada por las miserias que había causado a la nación judía, mientras saqueaba su templo y condenaba a su Dios. Y cuando hubo dicho esto, entregó el espíritu».[3]

El cumplimiento futuro de las predicciones de Daniel

No se trata sencillamente de un episodio histórico. Las profecías de Daniel apuntan de manera clara a una réplica futura de este acontecimiento, a una escala mucho mayor. El horrible momento en que Antíoco colocó la estatua de Zeus en el templo es un presagio de la mitad de la tribulación, cuando el anticristo colocará su propia imagen (la abominación desoladora) en el templo, dando inicio a los tres años y medio de gran tribulación. La historia se repetirá.

Regresemos a Daniel 8 y repasemos lo que Gabriel le dijo a Daniel sobre su sueño del macho cabrío y el carnero:

> *Mientras me decía: «Voy a darte a conocer lo que sucederá cuando llegue a su fin el tiempo de la ira de Dios, porque el fin llegará en el momento señalado. El carnero de dos cuernos que has visto simboliza a los reyes de Media y de Persia. El macho cabrío es el rey de Grecia, y el cuerno grande que tiene entre los ojos es el primer rey. Los cuatro cuernos que salieron en lugar del que fue hecho pedazos simbolizan a los cuatro reinos que surgirán de esa nación, pero que no tendrán el mismo poder.*
>
> *»Hacia el final de esos reinos, cuando los rebeldes lleguen al colmo de su maldad, surgirá un rey de rostro adusto, maestro de la intriga, que llegará a tener mucho poder, pero no por sí mismo. Ese rey causará impresionantes destrozos y saldrá airoso en todo lo que emprenda. Destruirá a los poderosos y al pueblo santo. Con su astucia propagará el engaño, creyéndose un ser superior. Destruirá a mucha gente que creía estar segura, y se enfrentará al Príncipe de los príncipes, pero será destruido sin intervención humana. Esta visión de los días con sus noches, que se te ha dado a conocer, es verdadera. Pero no la hagas pública, pues para eso falta mucho tiempo».* (vv. 19-26)

Esta predicción tiene un doble cumplimiento. Su primera iteración fue en Antíoco IV Epífanes, aunque él era solo una prefiguración del futuro lejano y del anticristo, que será el colmo de la maldad, un rey de rostro adusto, maestro de la intriga. El anticristo se hará muy fuerte, aunque no por su propia fuerza; pues será infundido con poder satánico. Cuando los judíos se sientan seguros después de la primera mitad de la tribulación, el anticristo destruirá a muchos de ellos y se opondrá al Príncipe de los príncipes, el Señor Jesucristo. Sin embargo, será destruido, aunque no por poder humano, sino por la palabra hablada de Cristo y el aliento de su boca.

Volvamos a echar un vistazo a Daniel 11, donde tenemos una descripción extensa de Antíoco / el anticristo, que incluye los versículos 36 y 37:

> *El rey* [Antíoco / el anticristo] *hará lo que mejor le parezca. Se exaltará a sí mismo, se creerá superior a todos los dioses, y dirá cosas del Dios de dioses*

> *que nadie antes se atrevió a decir* [en casi todas las ocasiones cuando se predice al anticristo en la Escritura, este protesta encolerizado contra el Señor, y blasfema contra él en el lenguaje más abominable]. *Su éxito durará mientras la ira de Dios no llegue a su colmo, aunque lo que ha de suceder sucederá. Ese rey no tomará en cuenta a los dioses de sus antepasados, ni al dios que adoran las mujeres, ni a ningún otro dios, sino que se exaltará a sí mismo por encima de todos ellos.*

Esto parece insinuar que el anticristo será ateo, tan centrado en sí mismo que no puede concebir a nadie más grande que él. La indicación de que el anticristo «no tomará en cuenta… ni al dios que adoran las mujeres» es una frase difícil de traducir. Muchos comentaristas creen que es una alusión a Cristo, pues muchas generaciones de mujeres hebreas soñaron con ser su madre.

El versículo 38 continúa: «En su lugar, adorará al dios de las fortalezas; honrará a un dios que sus antepasados no conocieron, y le presentará costosas ofrendas de oro, plata y piedras preciosas».

Si aparte de su propio ego, el anticristo tiene algún dios, ese será la fuerza militar, un nivel de poder político y militar sin precedentes en la historia. Invertirá sumas inimaginables de dinero para desarrollar sus ejércitos, marina de guerra y armamentos. Sin embargo, todo esto se le acabará en Armagedón, cuando «allí le llegará su fin, y nadie acudirá en su ayuda» (v. 45).

El pasaje más adelante afirma que este reinado de terror del anticristo será «un período de angustia, como no lo ha habido jamás desde que las naciones existen» (Dn 12:1). Jesús utilizó esta misma frase para describir la gran tribulación en Mateo 24:21.

Después, el Señor regresará y pondrá fin al anticristo. Entonces los piadosos resucitarán y «resplandecerán con el brillo de la bóveda celeste; los que instruyen a las multitudes en el camino de la justicia brillarán como las estrellas por toda la eternidad» (Dn 12:3). En el versículo 9, se nos dice que estos acontecimientos no implican solo a un gobernante sirio venidero. Las palabras están «selladas y en secreto hasta que llegue la hora final».

Confirmación del Nuevo Testamento

Antíoco IV sirvió como un avance del anticristo, pues aterrorizó y procuró destruir a la nación de Israel; invadió el templo y colocó una imagen abominable que lo asoló. Todo eso ocurrió ciento sesenta años antes de la época del Nuevo Testamento. Sin embargo, Jesús predijo un cumplimiento futuro y definitivo de los escritos de Daniel al declarar: «Así que cuando vean en el lugar santo "el horrible sacrilegio", del que habló el profeta Daniel (el que lee, que lo entienda), los que estén en Judea huyan a las montañas… Porque habrá una gran tribulación, como no la ha habido desde el principio del mundo hasta ahora, ni la habrá jamás» (Mt 24:15-16, 21).

Jesús no hablaba de un acontecimiento pasado, sino del futuro.

El apóstol Pablo anunció que el regreso de Cristo sería precedido por una figura tipo Antíoco: «… el hombre de maldad, el destructor por naturaleza. Este se opone y se levanta contra todo lo que lleva el nombre de Dios o es objeto de adoración, hasta el punto de adueñarse del templo de Dios y pretender ser Dios» (2 Ts 2:3-4).

Por tanto, el anticristo será un ateo cuyo único dios es él mismo y su poder; y en el templo judío reconstruido erigirá su propia imagen. No será Zeus. ¡Será él!

Y eso es exactamente lo que leemos en Apocalipsis a medida que aparecen más detalles. Será una imagen poseída con fuerza sobrenatural, erigida por el falso profeta, el tercer miembro de la trinidad diabólica. Apocalipsis 13 indica:

> *Les ordenó* [el falso profeta] *que hicieran una imagen en honor de la bestia que, después de ser herida a espada, revivió* [el anticristo]. *Se le permitió* [al falso profeta] *infundir vida a la imagen de la primera bestia, para que hablara y mandara matar a quienes no adoraran la imagen.* (vv. 14-15)

¡Me asombra la coherencia de los hilos proféticos que se entretejen por la Escritura!

Son predicciones específicas, repetidas, confirmadas por un cumplimiento en el pasado y que esperan una consumación futura. No obstante, no me preguntes quién será el anticristo, o si está vivo ahora; eso va más allá de mi conocimiento. No debemos mirar a las personalidades actuales en el escenario mundial y especular si podrían ser el anticristo. Él vendrá en el tiempo señalado, y será tan popular y poderoso que pocos verán su corazón diabólico y oscuro; al menos al principio.

Sin embargo, consideremos un elemento más.

No creo que Antíoco IV fuera el único precursor del anticristo. Comenzando con Nimrod, hemos tenido una serie de gobernantes poderosos y malvados que se han opuesto a Cristo, que han sido anti-Dios; muchos de los cuales han procurado destruir al pueblo judío. Por ejemplo, faraón en Éxodo 14, Amán en el Libro de Ester, y Hitler en tiempos más recientes.

El apóstol Juan habló del anticristo que vendrá, aunque nos advirtió que el espíritu del anticristo ya está en el mundo ahora. Debemos estar en guardia y, pase lo que pase, mantener nuestra lealtad eterna a nuestro Señor Jesucristo.

Concluiré este debate con las palabras esclarecedoras y alentadoras de 1 Juan 4:3-4: «Todo profeta que no reconoce a Jesús no es de Dios, sino del anticristo. Ustedes han oído que este viene; en efecto, ya está en el mundo. Ustedes, queridos hijos, son de Dios y han vencido a esos falsos profetas, porque el que está en ustedes es más poderoso que el que está en el mundo».

APÉNDICE 6

Gog y Magog

Estudio versículo a versículo de Ezequiel 38–39

A la batalla de Armagedón (por famosa que sea en el pensamiento popular) solo se le dedica una leve descripción en el Libro de Apocalipsis. Se nos dice en Apocalipsis 16:16 que los espíritus demoníacos que trabajan con el anticristo «... reunieron a los reyes en el lugar que en hebreo se llama Armagedón». Estos ejércitos son «... exterminados por la espada que salía de la boca del que montaba a caballo» (Ap 19:21), en referencia al clamor victorioso de Cristo.

La batalla de Armagedón es la guerra que se libra contra Jerusalén al final de la gran tribulación. ¿Por qué Juan no dio más pormenores? ¿Por qué no describe la guerra más detalladamente?

Quizás se deba en parte a que el profeta Ezequiel dedicó dos capítulos extensos precisamente a esta batalla, y Juan estaba escribiendo con la información que conocía muy bien de Ezequiel 38–39 como telón de fondo. Se trata de la famosa batalla de Gog y Magog, que, en mi opinión, es la misma que la batalla de Armagedón.

Respecto a Ezequiel 38–39, el eminente erudito Charles Lee Feinberg escribió lo siguiente: «Hablan, de interpretarse literalmente, de una confederación futura de naciones norteñas, de alrededor de los mares Negro y Caspio, con Persia y el norte de África, que invadirán la tierra prometida después de la restauración de Israel a ese territorio».[1]

Lo anterior resume estos dos capítulos en una oración acertada. Además, Feinberg indica que el período de tiempo más razonable para esta guerra es «el final del período de la tribulación antes de que Cristo se manifieste visiblemente al mundo (ver Zac 14:1-2). Los ejércitos de los capítulos 38 y 39 parecerían estar incluidos en las confederaciones universales que aparecen en Zacarías 12 y 14».[2]

La mejor manera de estudiar este pasaje es avanzar versículo por versículo. Hagámoslo.

El capítulo 38 comienza así:

> *El Señor me dirigió la palabra: «Hijo de hombre, encara a Gog…».* (v. 1)

Después de que Ezequiel predijera el retorno político de los judíos a una nación de Israel ya restablecida en los capítulos 36–37, el Señor le dijo que predicara un sermón de condena contra alguien llamado Gog. El significado de la palabra *Gog* es incierto, aunque, según parece, se trata más bien de un título que de un nombre propio, algo así como líder o rey o general. Esto dejó perplejos a los judíos del período del segundo templo.

También es posible que la palabra *Gog* se derive del término sumerio *gug*, que significa «oscuridad».

El *The New American Commentary* [Nuevo comentario americano] indica que Gog puede ser un criptograma (una palabra codificada o encriptada) para Babilonia. Una razón por la que esto tiene sentido es que cuando Ezequiel condenó a las diversas naciones que oprimían a Israel en Ezequiel 25–32, faltaba Babilonia; por extraño que parezca. Cabría esperar que el escritor comenzara o terminara sus condenas de las naciones mencionando a Babilonia, como hizo Jeremías. Si se pudiera identificar a Gog con Babilonia, se correspondería con otras escrituras donde se indica que el gran enemigo del pueblo de Dios desde el Génesis hasta el Apocalipsis es la impía Babilonia, con su odio hacia Dios. Entonces, Gog sería el rey de Babilonia. El comentario afirma:

> El uso de Gog como símbolo de Babilonia encajaría con la naturaleza apocalíptica de estos capítulos. Si así fuera, la propia Babilonia está siendo utilizada para representar a las naciones del mundo alineadas contra el pueblo de Dios en los últimos tiempos… La preocupación de Ezequiel no era la destrucción de la Babilonia del siglo VI a. C., sino la de la Babilonia de los últimos días, cuya destrucción sería necesaria para facilitar la restauración mesiánica de Israel que él vislumbró en

> 33:1–37:28... Si esta identificación es correcta, Gog era un símbolo de las fuerzas del anticristo que Ezequiel previó. Si la palabra Gog procede del sumerio *gug* (que significa «tinieblas»), sería una razón adicional para tratarlo como un símbolo del «príncipe de este mundo» (Jn 12:31; 14:30), una designación apropiada que encaja con el carácter de la Babilonia del final de los tiempos...
>
> Lo que más le preocupaba a Ezequiel era la forma conclusiva del Imperio babilónico, la «Babilonia Misteriosa», a la que llamó «Gog». Mediante el uso de pistas crípticas sutiles, identificó a Gog como la futura Babilonia que aparecería en los días finales para oponerse a Dios y a su pueblo. El reino anti-Dios que vio Ezequiel es similar a la imagen en Apocalipsis 16:13-14 de la «Babilonia Misteriosa» que reúne a todas las naciones contra Dios y su pueblo.[3]

Los escritores rabínicos del pasado también interpretaron a Gog de esta manera, como el enemigo final que se opondría a Israel y sería derrotado por el Mesías. Por tanto, es posible que se trate de un nombre en clave para Babilonia, o, más específicamente, que sea el último gobernante malvado de un sistema mundial conocido como «Babilonia Misteriosa».

Ahora pasaremos al resto de Ezequiel 38:2:

> *... príncipe soberano de Mésec y Tubal. Profetiza contra él.*

Gog es definido además como el príncipe soberano o rey de Mésec y Tubal. La LBLA dice: «... príncipe de Ros, Mésec y Tubal...».

Estas son regiones conocidas; que fueron áreas dentro de Asia Menor, o la actual Turquía. Durante mis años juveniles, se pensaba que Ros era Rusia, pero esa opinión ya no es sostenible. El *The New American Commentary* dice: «El área geográfica incluiría hoy partes de Irán, Turquía y provincias del sur de Rusia». Mésec y Tubal son las áreas neotestamentarias de Frigia y Capadocia, Turquía central y occidental (Hch 16:6; 1 P 1:1).[4]

Así mismo es importante entender que, para el pueblo de Israel, el norte representaba el lugar de mayor amenaza, tanto desde el punto de vista militar como espiritual. Las invasiones militares por lo general provenían del norte. Y al norte de Israel quedaban tierras de tinieblas, dominadas por el dios Baal y otras fuerzas espirituales de las tinieblas.

Seguimos con los versículos 3 y 4:

> *Y adviértele que así dice el* SEÑOR *omnipotente: «Yo estoy contra ti, Gog, príncipe supremo de Mésec y Tubal. Te haré volver, te pondré garfios en la boca y te sacaré con todo tu ejército, caballos y jinetes. Todos ellos están bien armados; son una multitud enorme, con escudos y broqueles; todos ellos empuñan la espada».*

Es el anuncio de una batalla venidera, de una gran guerra futura. Los versículos 3 y 4 añaden otro elemento importante. Estas tierras serán conquistadas por enormes fuerzas militares. Gog tendrá una pesada maquinaria militar al norte y al este de Israel.

> *Con ellos están Persia, Etiopía y Fut, todos ellos armados con escudos y yelmos.*

El versículo 5 enumera a otros aliados integrantes de esta coalición de naciones que vendrán contra Israel en los últimos días. El primero es Persia, nombre que, hasta 1935, llevaba el Irán moderno. Etiopía se refiere a una gran porción de África, naciones justo al otro lado del mar Rojo, a partir de la moderna Arabia Saudita; Sudán, Eritrea y Etiopía. La tierra de Fut es la actual Libia; en el norte de África.

> *Gómer también está allí, con todas sus tropas, y también Bet Togarma, desde el lejano norte, con todas sus tropas y muchos ejércitos que son tus aliados.*

Feinberg identifica a Gómer como «las hordas de los cimerios, tribus que se establecieron a lo largo del Danubio y el Rin, y que más tarde formaron el pueblo germánico».[5] Bet Togarma se refiere a secciones de Armenia, y son tierras situadas al norte de Israel, entre el mar Negro y el mar Caspio. Al echar un vistazo a un atlas se puede observar que los territorios aquí mencionados envuelven a Israel a lo largo de miles de kilómetros por el norte, el este y el sur. El doctor Michael Heiser también señala que algunos de estos lugares (Gómer, Bet Togarma, Mésec y Tubal) también «corresponden a Javán, que es la palabra semítica para Grecia, o la zona del Egeo». Eso estaría al oeste de Israel, lo que indica que Israel sería atacado desde el norte, este, oeste y sur; desde todas las direcciones.[6]

Como ya mencioné, en Ezequiel 38 no hay nada que se refiera específicamente a Rusia. En las traducciones antiguas, Mésec aparecía como Ros, y esto provocó que muchos maestros de profecía en los días de la Guerra Fría lo asociaran con Rusia. Recuerdo a un predicador popular decir que Mésec era Moscú y Tubal era Tobolsk. Sin embargo, hay evidencias consistentes de que los territorios de Ezequiel llegan hasta el mar Negro, al norte de Turquía, y bordean los sectores meridionales de Rusia. Esto no significa que Rusia no tome parte en la guerra final, sino que la ruta de avance será a través de Turquía. Del mismo modo, no hay nada en este pasaje en cuanto a China, aunque muchos ejércitos asiáticos bien pueden marchar a través de Persia como parte de la fuerza invasora.

> *Prepárate, mantente alerta, tú y toda la multitud que está reunida a tu alrededor; ponlos bajo tu mando. Al cabo de muchos días se te encomendará una misión. Después de muchos años invadirás un país que se ha recuperado de la guerra, una nación que durante mucho tiempo estuvo en ruinas, pero que ha sido reunido de entre los muchos pueblos en los montes de Israel. Ha sido sacado de entre las naciones, y ahora vive confiado.* (vv. 7-8)

Las frases *Al cabo de muchos días* y *Después de muchos años* indican los tiempos apocalípticos de los últimos días. Israel será restaurado como una entidad política en el Medio Oriente, poblada por gente que ha sido traída *de entre los muchos pueblos*. Vivirán confiados, lo que implica que los tratados de paz han dado a Israel una sensación de seguridad. Este es el pacto de paz de Daniel 9:27. Justo cuando la nación de Israel piensa que está segura, Gog ordenará el ataque de las naciones contra ella. El único momento en que tal ocasión parece plausible es a mediados de los siete años, lo cual se especifica en ese versículo increíble:

> *Pero tú lo invadirás como un huracán. Tú, con todas tus tropas y todos tus aliados, serás como un nubarrón que cubrirá la tierra.* (v. 9)

Gog y sus fuerzas militares arrollarán la tierra de Israel. Los siguientes versículos nos llevan al interior de la mente de Gog, y nos revelan sus pensamientos.

> *Así dice el Señor omnipotente: En aquel día harás proyectos, y maquinarás un plan perverso. Y dirás: 'Invadiré a un país indefenso; atacaré a un pueblo pacífico que habita confiado en ciudades sin muros, puertas y cerrojos. Lo saquearé y me llevaré el botín; atacaré a las ciudades reconstruidas de entre las ruinas, al pueblo reunido allí de entre las naciones; es un pueblo rico en ganado y posesiones, que se cree el centro del mundo'.* (vv. 10-12)

Los comerciantes de la tierra codiciarán el botín de la nación de Israel.

> *La gente de Sabá y Dedán, y los comerciantes de Tarsis y todos sus potentados, te preguntarán: '¿A qué vienes? ¿A despojarnos de todo lo nuestro? ¿Para eso reuniste a tus tropas? ¿Para quitarnos la plata y el oro, y llevarte nuestros ganados y posesiones? ¿Para alzarte con un enorme botín?* (v. 13)

Dios conocía la mente del anticristo. En Ezequiel, miles de años antes, Dios lo había predicho. Sin embargo, el anticristo no origina los movimientos de la historia. Dios Todopoderoso posee el control del juego de ajedrez, y dispone las piezas de una manera que llevará el mal a juicio. El capítulo continúa:

> *Por eso, hijo de hombre, profetiza contra Gog y adviértele que así dice el Señor omnipotente: "En aquel día, ¿acaso no te enterarás de que mi pueblo Israel vive confiado? Vendrás desde el lejano norte, desde el lugar donde habitas, junto con otros pueblos numerosos. Todos ellos vendrán montados a caballo, y serán una gran multitud, un ejército poderoso. En los últimos días atacarás a mi pueblo Israel, y como un nubarrón cubrirás el país. Yo haré que tú, Gog, vengas contra mi tierra, para que las naciones me conozcan y para que, por medio de ti, mi santidad se manifieste ante todos ellos.* (vv. 14-16)

El propósito de Dios es mostrar su santidad entre las naciones.

> *Así dice el Señor omnipotente: A ti me refería yo cuando en tiempos pasados hablé por medio de mis siervos, los profetas de Israel. En aquel tiempo, y durante años, ellos profetizaron que yo te haría venir contra los israelitas. Pero el día en que Gog invada a Israel, mi ira se encenderá con furor. Lo afirma el Señor omnipotente. En el ardor de mi ira, declaro que en aquel momento habrá un gran terremoto en la tierra de Israel.* (vv. 17-19)

El versículo 17 puede significar que Gog representa el mal supremo contra el cual todos los profetas han hablado. No obstante, algunos comentaristas piensan que una mejor traducción sería: «¿Eres tú de quien todos los profetas han hablado?». En otras palabras, «¿Eres tú el Mesías? ¿Eres el más grandioso en la tierra? ¿Eres la figura culminante de la historia? ¡No, ese no eres tú!».

Justo antes del regreso de Jesús, un terremoto global desmoronará las naciones del mundo. Las ciudades colapsarán. Creo que es el mismo terremoto descrito en Apocalipsis 16:18, que precede al regreso de Cristo.

> *Ante mí temblarán los peces del mar, las aves del cielo, las bestias del campo, los reptiles que se arrastran, y toda la gente que hay sobre la faz de la tierra. Se derrumbarán los montes, se desplomarán las pendientes escarpadas, y todos los muros se vendrán abajo.* (v. 20)

Todas estas descripciones se encuentran en los últimos días de la gran tribulación, en Apocalipsis 16. Cuando Cristo regrese con la espada divina del juicio en su boca (su palabra poderosa) encontrará a los ejércitos del anticristo en aprietos, confundidos, y recuperándose de los juicios del terremoto y de las copas de la ira. La batalla de Armagedón terminará inesperadamente por el regreso de Jesucristo.

> *En todos los montes convocaré a la guerra contra Gog, y la espada de cada cual se volverá contra su prójimo —afirma el Señor—. Yo juzgaré a Gog con peste y con sangre; sobre él y sobre sus tropas, lo mismo que sobre todas sus naciones aliadas, haré caer lluvias torrenciales, granizo, fuego y azufre. De esta manera mostraré mi grandeza y mi santidad, y me daré a conocer ante muchas naciones. Entonces sabrán que yo soy el Señor.* (vv. 21-23)

Ahora pasamos a Ezequiel 39, donde, por motivos de énfasis, se repite gran parte del material del capítulo 38. En la primera descripción, se nos da una idea de lo que hay en la mente de Gog. Ahora se describe el conflicto desde la perspectiva de Dios, y obtenemos una idea de lo que hay en su mente:

> *Hijo de hombre, profetiza contra Gog y adviértele que así dice el SEÑOR omnipotente: "Yo estoy contra ti, Gog, príncipe soberano de Mésec y Tubal. Te haré volver y te arrastraré; te haré salir del lejano norte, y te haré venir contra los montes de Israel. Quebraré el arco que llevas en la mano izquierda, y arrojaré a la basura las flechas que llevas en la mano derecha. Caerás sobre los montes de Israel, junto con tus tropas y las naciones que te acompañan. Te arrojaré a las aves de rapiña y a las fieras salvajes para que te devoren.* (vv. 1-4)

Esto es exactamente lo que descubrimos en Apocalipsis 19, tras el regreso de Cristo y la derrota de los ejércitos del mundo. Apocalipsis 19:17-21 sostiene que cuando Cristo regrese para combatir a los ejércitos del mundo reunidos contra Jerusalén, su venida hará que estos ejércitos queden consternados y confundidos; y luego las aves del cielo se reunirán para hartarse de los cadáveres y de los restos de los caballos de guerra y otros animales.

> *Y caerás en campo abierto, porque yo lo he dicho. Y enviaré fuego sobre Magog y sobre los que habitan confiados en las costas. Entonces sabrán que yo soy el SEÑOR. Yo, el SEÑOR omnipotente, lo afirmo. Y me daré a conocer en medio de mi pueblo Israel. Ya no permitiré que mi santo nombre sea profanado; las naciones sabrán que yo soy el SEÑOR, el santo de Israel. Todo esto se acerca, y está a punto de suceder. Este es el día del que he hablado. Yo, el SEÑOR, lo afirmo.* (vv. 5-8)

El Señor dará a conocer su santo nombre en medio de su pueblo Israel. Esto se corresponde perfectamente con la profecía de Zacarías 12:9–13:1, que afirma: «En aquel día me dispondré a destruir a todas las naciones que ataquen a Jerusalén. Sobre la casa real de David y los habitantes de Jerusalén derramaré un espíritu de gracia y de súplica, y entonces pondrán sus ojos en mí. Harán lamentación por el que traspasaron... En aquel día se abrirá una fuente para lavar del pecado y de la impureza a la casa real de David y a los habitantes de Jerusalén».

A partir del versículo 9 del capítulo 39, Ezequiel describió los resultados de esta batalla, que también se correspondería con los primeros meses del reinado de Cristo. Se tardará años en limpiar de la tierra los cadáveres de los ejércitos enemigos y el armamento.

> *Entonces los habitantes de las ciudades de Israel saldrán y prenderán una hoguera, y allí quemarán sus armas: escudos y broqueles, arcos y flechas, mazas y lanzas. ¡Tendrán suficiente leña para hacer fuego durante siete años! No tendrán que ir a buscar leña al monte, ni tendrán que cortarla de los bosques, porque la leña que usarán serán sus propias armas. Además, saquearán a sus saqueadores y despojarán a sus despojadores. Lo afirma el Señor.* (vv. 9-10)

¿Qué hacer con todos los cadáveres? ¿O con los restos óseos que dejaron los buitres? Se necesitará una tumba inmensa.

> *En aquel día abriré en Israel, en el valle de los Viajeros, frente al mar, una tumba para Gog. Ese lugar les cortará el paso a los viajeros. Allí enterrarán a Gog y a todo su ejército, y lo llamarán Valle del ejército de Gog.* (v. 11)

No sabemos dónde está ese gran valle, aunque la mayoría de los comentaristas piensan que Ezequiel se refiere al Mar Muerto. Por tanto, la ubicación podría ser en algún lugar al este del Mar Muerto, en algún sitio retirado y desértico dentro de la actual Jordania. Si por «mar» Ezequiel se refería al mar Mediterráneo, el lugar lógico sería el propio valle de Armagedón, también conocido como valle de Jezreel, valle de Meguido y llanura de Esdrelón. Según Feinberg, el número aproximado de cadáveres que serán enterrados en siete meses asciende a 360 millones.[7]

> *Para enterrarlos, y purificar así el país, los israelitas necesitarán siete meses. Toda la gente del país los enterrará. Y el día en que yo me glorifique será para ellos un día memorable. Yo, el Señor omnipotente, lo afirmo. Al cabo*

de esos siete meses, elegirán hombres que se encarguen de recorrer el país, y junto con otros enterrarán a los que aún queden sobre la tierra, y así purificarán al país. (vv. 12-14)

Según la ley mosaica, un cadáver insepulto se consideraba impuro. La tierra en su plenitud será limpiada de cadáveres y esqueletos, y purificada; y esto demorará siete meses.

Cuando al recorrer el país uno de estos hombres encuentre algún hueso humano, colocará a su lado una señal, hasta que los enterradores lo sepulten en el Valle del ejército de Gog. De esa manera purificarán al país. También allí habrá una ciudad llamada 'El ejército'. (vv. 15-16)

Se establecerá una ciudad para coordinar las labores. En el siguiente pasaje, Ezequiel retoma un cuadro anteriormente ya visto, reacio a abandonar las imágenes de las aves de rapiña que se dan banquete con los caídos. Esta imagen también se describe en Isaías 34, Jeremías 46, Sofonías 1 y Apocalipsis 19.

Hijo de hombre, así dice el Señor omnipotente: Diles a todas las aves del cielo, y a todas las fieras, que se reúnan de todos los alrededores y vengan al sacrificio que les ofrezco, un gran sacrificio sobre los montes de Israel. Allí comerán carne y beberán sangre: carne de poderosos guerreros, sangre de los príncipes de la tierra, como si fuera de carneros o corderos, de chivos o becerros, todos ellos engordados en Basán. Del sacrificio que voy a preparar, comerán grasa hasta hastiarse y beberán sangre hasta emborracharse. En mi mesa se hartarán de caballos y de jinetes, de guerreros valientes y de toda clase de soldados. Yo, el Señor, lo afirmo. (vv. 17-20)

Los ejércitos caídos de Gog serán como una ofrenda de sacrificio para aves y bestias salvajes.

En el siguiente párrafo la acción avanza hasta el reinado milenario de Cristo; mientras el mundo se reagrupa, el Señor Jesús asume el mando en Jerusalén, y su reino se establece en la tierra a través de Israel. Ezequiel explica por qué Israel se enfrentaba a tal amenaza existencial y por qué Dios la libró.

»Yo manifestaré mi gloria entre las naciones. Todas ellas verán cómo los he juzgado y castigado. Y a partir de ese día, los israelitas sabrán que yo soy el Señor *su Dios. Y sabrán las naciones que el pueblo de Israel fue al exilio por causa de sus iniquidades, y porque me fueron infieles. Por eso les di la espalda y los entregué en manos de sus enemigos, y todos ellos cayeron a filo de espada. Los traté conforme a sus impurezas y rebeliones, y les volví la espalda.*

»Por eso, así dice el Señor *omnipotente: Ahora voy a cambiar la suerte de Jacob. Tendré compasión de todo el pueblo de Israel, y celaré el prestigio de mi santo nombre. Cuando habiten tranquilos en su tierra, sin que nadie los perturbe, olvidarán su vergüenza y todas las infidelidades que cometieron contra mí. Cuando yo los haga volver de entre las naciones, y los reúna de entre los pueblos enemigos, en presencia de muchas naciones y por medio de ellos manifestaré mi santidad. Entonces sabrán que yo soy el* Señor *su Dios, quien los envió al exilio entre las naciones, pero que después volví a reunirlos en su propia tierra, sin dejar a nadie atrás. Ya no volveré a darles la espalda, pues derramaré mi Espíritu sobre Israel. Yo, el* Señor, *lo afirmo».* (vv. 21-29)

Según Apocalipsis 20:7-8, al final del reinado de mil años de Cristo, Satanás será liberado, intentará reproducir la batalla de Gog y Magog, y procurará reunir a los ejércitos del mundo en un último esfuerzo por destruir Jerusalén. Ya no contará con los servicios del anticristo ni del falso profeta, que ya estarán en el infierno. En esta ocasión, caerá fuego del cielo y consumirá a todos los oponentes, y el diablo será arrojado al infierno con sus seguidores. Por tanto, el reinado milenario de Cristo empezará y culminará con versiones separadas de la batalla de Gog y Magog. Cristo tendrá una doble victoria, que le permitirá comenzar y terminar su reinado terrenal con juicios triunfantes contra el mal, y con una supremacía eterna incuestionable.

APÉNDICE 7

Una palabra final

¿He interpretado correctamente todos los versículos de Apocalipsis? Probablemente no. Sin embargo, me resulta tan emocionante el contenido de este libro (la consumación de la Escritura), que quise compartirlos contigo de la mejor manera posible.

Aún más, quiero compartir al Señor Jesucristo de quien estos versículos hablan. En Apocalipsis lo vemos coronado en su gloria exaltada, brillando como mil millones de soles, caminando entre sus iglesias, amando a su pueblo, odiando el mal, poniendo todas las cosas bajo su autoridad, ocupando su trono incomparable, y conduciéndonos a la gloria eterna.

El mundo va a ser destruido; sin embargo ¡qué maravilloso es el futuro de los que conocen a su Señor!

Recuerda la invitación final de Apocalipsis, y de toda la Biblia:

> *El Espíritu y la novia dicen: «¡Ven!»; y el que escuche diga: «¡Ven!» El que tenga sed, venga; y el que quiera, tome gratuitamente del agua de la vida.* (Ap 22:17)

Observa la triple invitación: ¡Ven! ¡Ven! ¡Venga!

El Señor, tu Creador, tiene un regalo para ti, que te ofrece gratuitamente. ¡La vida eterna!

Jesús vino a la tierra (Dios hecho carne) para vivir de manera justa, morir sacrificialmente y resucitar triunfante. Él te invita a ir y seguirle. Los días venideros pueden ser oscuros, pero él es la Luz misma. Los tiempos futuros pueden albergar tribulación, pero él ofrece gloria. El mundo está controlado por el odio; no obstante, él es la encarnación misma del amor.

¡Él *te* ama!

La vida en la tierra es más breve que un suspiro, pero la eternidad es más larga que el tiempo. ¿Por qué no le entregas a él todo tu corazón, vida, alma, futuro y destino?

Aprovecha esta oportunidad y… ¡Ven! ¡Ven! ¡Ven!

Que el que desee tome gratuitamente del agua de la vida.

Querido Señor:

Confieso mis faltas, fracasos, pecados y aflicciones. Perdona todo lo que necesita perdón dentro de mí, y sana todas mis heridas interiores. Creo que Jesús murió, resucitó, y que volverá. Le doy mi vida, ahora y siempre. Que pueda conocerlo y darlo a conocer mientras espero con ansias su regreso glorioso. En el nombre de Jesús, ¡amén!

Agradecimientos

¡Hay tanta gente a la que agradecer!

Sealy y Matt Yates han sido mis agentes literarios durante años, y espero que lo sigan siendo en los venideros. Ellos facilitaron este proyecto y me animaron durante todo el proceso.

El equipo de W Publishing es el mejor. No tengo palabras para expresar lo mucho que disfruto trabajar con mi editor, Damon Reiss. Hace años (décadas, para ser más exacto) Kyle Olund me guio en el proyecto *The Red Sea Rules* [Las reglas del mar Rojo], y ha sido muy divertido volver a trabajar con él. Carrie Marrs, redactora principal de W, tiene la paciencia de Job y la sabiduría de Salomón. Allison Carter conoce a todas las personas en el mundo, y puede contactarlas. Debbie Eicholtz y Denise Froehlich crearon un diseño interior impresionante que facilita navegar por un libro tan complejo como este.

El equipo de Clearly Media trabaja conmigo entre bastidores; y lo hace con precisión. Joshua Rowe y su equipo ayudan a lanzar cada proyecto y a mantenerlo en órbita. Brandon Riesgo, artista gráfico de Clearly Media, creó las imágenes y diagramas que aparecen en estas páginas.

Mi ayudante y colega, Sherry Anderson, aparece en los agradecimientos de casi todos mis libros, pues sin ella estos nunca hubieran salido.

Por último, pero no menos importante, gracias, Luke Tyler. Conmigo tienes trabajo por siempre como alumno de prácticas… ¡si lo deseas!

Notas

Introducción: El curso de nuestra época

1. J. Barton Payne, *Encyclopedia of Bible Prophecy* (Nueva York: Harper & Row, 1973), p. 13. Según Payne, hay 8352 versículos predictivos (de un total de 31 124 en toda la Biblia). Es decir, el 27 %. La distribución es la siguiente: en el Antiguo Testamento, 6641 versículos de un total de 23 210 (28,5 %), y en el Nuevo Testamento, 1711 versículos de un total de 7914 (21,5 %).

Capítulo 2: Próxima parada: Patmos

1. Parmy Olsen, «Europe's Most Idyllic Places to Live», *Forbes*, 3 de septiembre del 2009, http://www.forbes.com/2009/09/03/europe-most-idyllic-places-lifestyle-real-estate.html.
2. Ver, por ejemplo, Paige Patterson, *The New American Commentary: Revelation* (Nashville, TN: Broadman & Holman, 2012), p. 51.
3. Ver W. A. Criswell, *Expository Sermons on Revelation: Vol. 1* (Grand Rapids, MI: Zondervan, 1969), p. 38.
4. Adela Collins, «Patmos», ed. Paul J. Achtemeier. Paul J. Achtemeier, *Harper's Bible Dictionary* (San Francisco, CA: Harper & Row, 1985), p. 755.
5. «Patmos to Ephesus Distance, Location, Road Map and Direction», DistanceBetween2.com, consultado el 7 de octubre del 2021, http:// distancebetween2.com/patmos/ephesus.
6. Existe una forma alternativa de entender este versículo, y que depende de si se pone una coma o dos puntos después de la palabra *visto* en el versículo 19. Podría ser *Escribe, pues, lo que has visto*: 1) *lo que sucede ahora* (caps. 1–3) y 2) *lo que sucederá después* (caps. 4–22). No se trata de una gran diferencia de interpretación. Si bien la mayoría de los expertos en griego prefieren la segunda opción, la mayoría de los estudiantes de la Biblia de habla inglesa (incluyéndome a mí) prefieren la primera, lo cual le confiere al Libro del Apocalipsis una triple división.

Capítulo 3: Mensajes finales de Cristo a las iglesias

1. «Casting Light on "Angel"», Merriam-Webster, consultado el 7 de noviembre de 2021, https://www.merriam-webster.com/words-at-play/word-history-of-angel.
2. Everett Ferguson, «Angels of the Churches in Revelation 1–3: *Status Quaestionis* and Another Proposal», *Bulletin for Biblical Research* 21, no. 3 (2011): pp. 371–86, https://www.jstor.org/stable/26424375.
3. La suposición de que el apóstol Juan vivió y escribió desde Éfeso se remonta a Ireneo, como señala Leon Morris en *The New International Commentary on the New Testament: The Gospel According to John* (Grand Rapids, MI: Eerdmans, 1971), p. 59. Ver también Colin G. Kruse, *The Letters of John* (Grand Rapids, MI: Eerdmans, 2020), pp. 13-14.

Capítulo 4: El futuro previsible

1. Admito que la numeración de estos acontecimientos parte de un concepto mío. Podría haber enumerado cuarenta y nueve o cincuenta y uno, sin cambiar el orden o la disposición de los acontecimientos. Sin embargo, elegí esa cifra porque cincuenta es un número redondo y abarca todos los contenidos. De haber desglosado algunos de los acontecimientos de los capítulos 4 y 5, por ejemplo, o de los capítulos 21–22, podría haber añadido más pasos; y si hubiera combinado acontecimientos, podría haber eliminado algunos pasos. Mi numeración no tiene nada de inspirada ni de infalible; no es más que una herramienta didáctica para simplificar el material y ayudar a comprender su cadencia.

Acontecimientos; sección 1: La primera mitad de la tribulación

1. Algunos de los principales defensores de la pretribulación son David Jeremiah, J. Dwight Pentecost, Tim LaHaye, Craig Blaising y John MacArthur. Los defensores de la tribulación intermedia están representados por Harold Ockenga y Norman Harrison. Entre los pretribulacionistas tenemos a Marvin Rosenthal, Alan Kurschner, Alan Hultberg y Robert Van Kampen. El postribulacionismo es defendido por William Lane Craig, John Piper, George Ladd y Douglas Moo.
2. Charles W. Cooper, «A Jasper Stone, Clear as Crystal», https:// biblicalstudies.org.uk/pdf/churchman/042-01_047.pdf.
3. Ver, por ejemplo, Mal Couch, *A Bible Handbook to Revelation* (Grand Rapids, MI: Kregel, 2001), p. 226.
4. Me sorprende la frecuencia con que me preguntan si los ángeles cantan. El verbo griego significa sencillamente «comunicar de forma oral», y

podría incluir tanto hablar como cantar. No me cabe duda de que los ángeles cantan. Dios ha capacitado a toda su creación para que cante, desde los perros que aúllan hasta los insectos que chirrean. Considera los pájaros cantores y los grandes coros de voces humanas. Si una voz no tuviera cualidades de tonalidad, sería un monótono constante. La idea de que Dios someta a los líderes de alabanza en el cielo a un monótono constante no parece algo factible. En resumen, sí, yo utilizo la palabra *cantar* para describir los himnos angelicales en Apocalipsis.

5. Dictionary.com, s.v. «tribulation», consultado el 7 de noviembre del 2021, https://www.dictionary.com/browse/tribulation.
6. *Encyclopaedia Britannica Online*, s.v. «Baal», consultado el 7 de noviembre del 2021, https://www.britannica.com/topic/Baal-ancient-deity.
7. Michael Heiser, *The Unseen Realm* (Bellingham, WA: Lexham Press, 2015), p. 366.
8. Toby Ord, de la Universidad de Oxford, y Angus Mercy, del Centre for Long-Term Resilience, escribieron: «Según nuestros cálculos (sopesando las distintas probabilidades de acontecimientos que van desde el impacto de un asteroide hasta una guerra nuclear), la probabilidad de que el mundo sufra una catástrofe existencial en los próximos 100 años es de una entre seis». Cabe preguntarse: ¿tomaríamos un avión si la probabilidad de que se estrellara fuera de una entre seis? Ord continúa: «No podremos sobrevivir muchos siglos si operamos con un nivel así de riesgo extremo. Y, a medida que la tecnología se acelera, hay razones de peso para creer que los riesgos solo se incrementarán... No sabemos cuál será el próximo acontecimiento de riesgo extremo. Podría ser otra pandemia; o podría ser algo completamente diferente, como una amenaza que surja de la tecnología emergente». Toby Ord, «Politicians Need to Pay Attention to Existential Risks», *WIRED*, 8 de agosto del 2021, https://www.wired.co.uk/article/existential-risk-catastrophe-future-proof.
9. «Hunger and War», *National Geographic*, 15 de enero del 2020, https://www.nationalgeographic.org/article/hunger-and-war/.
10. Tom Whipple y Oliver Moody, «Stephen Hawking on Humanity (y Jeremy Corbyn)», *The Times*, 7 de marzo del 2017, https://www.thetimes.co.uk/article/hawking-on-humanity-and-corbyn-jk88zx0w2?region=global. Mary Bowerman, «Stephen Hawking: Technological Advances "May Destroy Us All"», *USA Today*, 7 de marzo del 2017, https://www.usatoday.com/story/tech/nation-now/2017/03/07/stephen-hawking-technological-advances-may-destroy-us-all/98841862/.

11. Paige Patterson, *The New American Commentary: Revelation* (Nashville, TN: Broadman & Holman, 2012), p. 189.
12. Una de las preguntas más frecuentes en Apocalipsis es por qué la tribu de Dan no aparece en esta lista. No se nos dice y sencillamente no lo sabemos. Se menciona a Leví, y José recibe dos lugares mediante la inclusión de su hijo. La tribu de Dan sí reaparece más tarde durante el milenio; según Ezequiel 48:1.
13. «The World Watch List», Open Doors, 2021, consultado el 7 de noviembre del 2021, https://www.opendoorsusa.org/christian-persecution/world-watch-list/.
14. Para más información sobre la persecución que tiene lugar en Corea del Norte y en las otras naciones que he mencionado, estudiar *The World Watch List*, publicada cada año por Open Doors, en OpenDoorsUSA.org/WWL.
15. Frank Gardner, «Iraq's Christians "Close to Extinction"», BBC News, 23 de mayo del 2019, https://www.bbc.com/news/world-middle-east-48333923.
16. Lindy Lowry, «30 More Christians Arrested in Eritrea—Renounce Your Faith or Go to Jail», Open Doors, 4 de junio del 2019, https://www.opendoorsusa.org/christian-persecution/stories/30-more-christians-arrested-in-eritrea-renounce-your-faith-or-go-to-jail/.
17. Seth Gray, «China Is Exporting Surveillance Technology Used to Track the Christians It Persecutes to Other Countries», *Christianity Daily*, 13 de febrero del 2021, https://www.christianitydaily.com/articles/10835/20210213/china-is-exporting-the-surveillance-technology-it-uses-to-track-people-it-persecutes-to-other-countries.htm.
18. «The World Watch List», Open Doors, consultado el 7 de nov. del 2021.
19. Jessica Udall, «What Does Maranatha Mean in the Bible?», Christianity.com, 12 de febrero del 2021, https://www.christianity.com/wiki/christian-terms/what-does-maranatha-mean-in-the-bible.html.
20. Thomas L. Constable, «Notes on Revelation: 2021 Edition», Plano Bible Chapel, consultado el 16 de diciembre del 2021, https://www.planobiblechapel.org/tcon/notes/html/nt/revelation/revelation.htm#_ftnref471.
21. Eric Mack, «Earth "Will Be Hit" by an Asteroid, Just Not the Huge Pair Flying By Now», *Forbes*, 13 de septiembre del 2019, https://www.forbes.com/sites/ericmack/2019/09/13/earth-will-be-hit-by-an-asteroid-just-not-the-huge-pair-flying-by-now/.
22. Stephen Hawking, *Brief Answers to the Big Questions* (Nueva York: Penguin Random House, 2018), p. 159.

23. Frederick W. Danker, ver «ἀψίνθιον», *A Greek-English Lexicon of the New Testament and Other Early Christian Literature*, 3.ª ed. (Chicago: University of Chicago Press, 2000), p. 161.
24. Fraser Cain, «How Long Does It Take Sunlight to Reach the Earth?», Phys.org, 15 de abril del 2013, https://phys.org/news/2013-04-sunlight-earth.html.
25. «What Would Happen If a "Supervolcan" Eruption Occurred Again at Yellowstone?», USGS, consultado el 7 de noviembre del 2021, https://www.usgs.gov/faqs/what-would-happen-if-a-supervolcano-eruption-occurred-again-yellowstone?qt-news_science_products=0#qt-news_science_products.
26. 1 Enoc 21:10. Para leer el vigésimo capítulo de 1 Enoc completo, ver https://intertextual.bible/text/1-enoch-21.10-1-peter-3.19. El erudito Grant R. Osborne indica que la palabra abismo «llegó a utilizarse para referirse al "foso" o "prisión" (1 Enoc 18:14) en el que estaban encarcelados los ángeles caídos». Grant R. Osborne, s.v. «1) El Ángel-Estrella que cae del cielo abre el abismo (9:1)», *Apocalipsis*, Baker Exegetical Commentary on the New Testament (Grand Rapids, MI: Baker Academic, 2002). Un texto clave al respecto es 1 Enoc 18:14: «El ángel dijo: "Este lugar es el fin del cielo y de la tierra: esto se ha convertido en una prisión para las estrellas y el ejército del cielo». Para leer todo el capítulo 18 de 1 Enoc, ver https://intertextual.bible/text/1-enoch-18.15-jude-1.13. Ver también Kelley Coblentz Bautch, *A Study of the Geography of 1 Enoch 17-19* (Boston, MA: Brill, 2003), pp. 137, 178; y el estudio del Institute for Biblical & Scientific Studies sobre Génesis 1:2, «The Deep», https://www.bibleandscience.com/bible/books/genesis/genesis1_deep.htm.
27. Walter A. Elwell, ver «Abyss», *Evangelical Dictionary of Theology*, https://www.biblestudytools.com/dictionary/abyss/.
28. Bob Yirka, «Why Scorpion Stings Are So Painful», Phys.org, consultado el 3 de agosto del 2017, https://phys.org/news/2017-08-scorpion-painful.html.
29. Mark Cartwright, «Hanging Gardens of Babylon», *World History Encyclopedia*, 27 de julio de 2018, https://www.worldhistory.org/Hanging_Gardens_of_Babylon/.
30. Michael Heiser y Trey Stricklin, «Apocalipsis 9», consultado el 22 de mayo del 2021, *Naked Bible Podcast*, https://nakedbiblepodcast.com/wp-content/uploads/2021/05/NB-377-Transcript.pdf.
31. «About the Temple Institute», Temple Institute, consultado el 7 de noviembre del 2021, https://templeinstitute.org/about-us/.

32. Ver, por ejemplo, Tim LaHaye, *Revelation Unveiled* (Grand Rapids, MI: Zondervan, 1999), p. 187.

Acontecimientos; sección 2: Momento intermedio de la tribulación

1. Aquí interpreto que las estrellas son un símbolo de los ángeles; sin embargo, en Apocalipsis 6:13, cuando «las estrellas del firmamento cayeron sobre la tierra», las interpreté como estrellas literales; y la razón de ello es el contexto. Cuando la Biblia habla de cambios catastróficos en el universo físico, el uso del sol, la luna y las estrellas parece ser literal, lo cual es paralelo en las referencias cruzadas. Aquí el contexto indica una rebelión en los dominios invisibles. En otras referencias cruzadas, se describe a los ángeles como estrellas.
2. Harvey Solomon, «When the Greenbrier and Other Appalachian Resorts Became Prisons for Axis Diplomats», *Smithsonian Magazine*, consultado el 21 de febrero del 2020, https://www.smithsonianmag.com/travel/when-greenbrier-other-appalachian-resorts-became-prisons-for-axis-diplomats-180974243/. Joshua E. Keating, «So, How Do You Expel an Ambassador, Anyway?», *FP*, consultado el 29 de mayo del 2012, https://foreignpolicy.com/2012/05/29/so-how-do-you-expel-an-ambassador-anyway/.
3. Keating, «So, How Do You Expel an Ambassador, Anyway?».
4. *Encyclopaedia Britannica Online*, ver «Antiochus IV Epiphanes», consultado el 7 de noviembre de 2021, https://www.britannica.com/biography/Antiochus-IV-Epiphanes.
5. Jack Wellman, «What Does the Number Six (6) Mean or Represent in the Bible», Patheos, consultado el 14 de junio de 2015, https://www.patheos.com/blogs/christiancrier/2015/06/14/what-does-the-number-six-6-mean-or-represent-in-the-bible/.

Acontecimientos, sección 3: La última mitad de la tribulación

1. Gwendolyn Leick, *The Babylonians: An Introduction* (Londres: Routledge, 2003), pp. 68-69.
2. Henry M. Morris, *The Revelation Record* (Wheaton, IL: Tyndale House, 1983), pp. 348-49.
3. Los campesinos polacos se sublevaron durante la insurrección de Kościuszko en 1794, y ese año Chrystian Piotr Aigner publicó un reglamento de campo titulado *Short Treatise on Pike and Scythes* [Breve tratado sobre picas y guadañas], donde describía el uso de estas herramientas en la guerra. Wikipedia, ver «Chrystian Piotr Aigner»,

consultado el 26 de diciembre del 2021, https://www.wikibook.wiki/wiki/es/Chrystian_Piotr_Aigner.

4. *Encyclopaedia Britannica Online*, ver «Gog y Magog», consultado el 7 de noviembre del 2021, https://www.britannica.com/topic/Gog.
5. «Ocean Pollution: 11 Facts You Need to Know», Conservation.org, consultado el 7 de noviembre del 2021, https://www.conservation.org/stories/ocean-pollution-11-facts- you-need-to-know?
6. Al referirse a los progresos militares recientes de China, el general Mark Milley afirmó: «Estamos siendo testigos de uno de los mayores cambios en el poder geoestratégico global que el mundo haya presenciado jamás». También dijo: «Hoy [China] tiene capacidades espaciales y cibernéticas, terrestres, marítimas, aéreas y submarinas, y nos está desafiando claramente a nivel regional… Así que estamos ante un caso de un país que se está haciendo extraordinariamente poderoso, que quiere ajustar el orden internacional para sacar ventaja. Eso va a ser un verdadero desafío en los próximos años». Desde 2018 China ha sido identificada como la principal amenaza de defensa para Estados Unidos. Hay varios informes de los medios de comunicación al respecto. Por ejemplo: Ellen Mitchell y Jordan Williams, «China Triggers Growing Fears for US Military», *The Hill*, consultado el 7 de noviembre del 2021, https://thehill.com/policy/defense/580248 -china-triggers-growing-fears-for-us-military; Ross Anderson, «The Panopticon Is Already Here», *The Atlantic*, septiembre del 2020, https://www. theatlantic.com/magazine/archive/2020/09/china-ai-surveillance/614197/; y Chris Buckley y Paul Mozur, «How China Uses High-Tech Surveillance to Subdue Minorities», *New York Times*, consultado el 22 de mayo del 2019, https://www.nytimes.com/2019/05/22/world/asia/china-surveillance -xinjiang.html.
7. John MacArthur, *The MacArthur Bible Commentary* (Nashville, TN: Thomas Nelson, 2005), p. 2025.
8. Walter A. Elwell, ver «Armageddon», *Evangelical Dictionary of Theology*, https://www.biblestudytools.com/dictionary/armageddon/.
9. Kristin Baird Rattini, «Was This Ancient Egypt's Greatest Military Leader?», *National Geographic*, consultado el 10 de junio del 2019, https://www.nationalgeographic.com/culture/article/thutmose-iii.
10. Por ejemplo, ver Michael Heiser, «The Mount of Assembly», cap. 41 en *The Unseen Realm* (Bellingham, WA: Lexham Press, 2015).
11. «Built to Order: Myanmar's New Capital Isolates and Insulates Junta», consultado el 24 de junio del 2008, *New York Times*,

https://www.nytimes.com/2008/06/24/world/asia/24myanmar-sub.html.

12. R. J. Wilson, «This Abandoned City Is 6 Times the Size of NYC, but No One's Heard of It», Urbo, consultado el 1 de junio del 2017, https://www.urbo.com/content/this-abandoned- city-is-6-times-the-size-of-nyc-but-no-ones-heard-of-it/.
13. «Babylon as Seen in Scripture: An Introduction to Revelation», Bible.org, consultado el 7 de noviembre del 2021, https://bible.org/seriespage/23-babylon-seen-scripture-introduction-rev-17-18.
14. Alyssa Roat, «7 Facts You Didn't Know About Nimrod in the Bible», Crosswalk.com, 15 de diciembre del 2020, https://www.crosswalk.com /faith/bible- study/facts-about-nimrod-in-the-bible.html.
15. «Los tentáculos del acto desafiante de Nimrod han demostrado mantener consecuencias a largo plazo e imposibles de erradicar. La filosofía y los ritos del culto babilónico eran secretos y paganos; la sociedad era violenta, indulgente, pagana, egoísta e inmersa en la idolatría… A lo largo de los siglos, la influencia de Babel ha adoptado innumerables variantes de culto, ocultismo, animismo y satanismo… A partir de Marduk y Semiramis surgieron los numerosos dioses y diosas del mundo antiguo, muchos de los cuales se encuentran en la Escritura. Podemos rastrear el espíritu de la insipiente Babilonia desde la era de Nimrod hasta los antiguos cultos de fertilidad, el antiguo zoroastrismo, a través de la brujería medieval, y hasta el cultismo moderno, el monismo de la nueva era, y el sectarismo divisivo de muchas descripciones». Bernie L. Calaway, *Prophecy A-Z: The Complete Eschatological Dictionary* (lulu.com, 2012), p. 440. Ver también Donald A. Mackenzie, *Mythology of the Babylonian People* (Londres: Bracken Books, 1996), especialmente las páginas 276-77. Este libro se publicó por primera vez en 1915 con el título *Myths of Babylonia and Assyria*.
16. Lamia a-Gailani Werr, «Archaeology and Politics in Iraq», en *Critical Approaches to Ancient Near East*, ed. Brian A. Brown y Marian H. Feldman (Boston, MA: de Gruyter, 2014).
17. Bobby Allyn, «UNESCO Adds Ruins of Ancient Babylon to Its List of World Heritage Sites», NPR, consultado el 5 de julio del 2019, https://www.npr.org /2019/07/05/738970664/unesco-adds-ruins-of-ancient-babylon-to-its-list-of-world- heritage-sites.
18. Joel Rosenburg, «Islamic Extremists Are Trying To Hasten the Coming of the Mahdi», National Review, consultado el 11 de

septiembre de 2015, https://www.nationalreview.com/2015/09/radical-islam-iran-isis-apocalytpic-messiah-mahdi/.

19. A continuación una lista de referencias a terremotos y cataclismos globales relacionados a la segunda venida: Isaías 2:19, 21; 13:13; 24:18; 29:5-6; Ezequiel 38:17-23; Joel 2:10; Zacarías 14:4-5; Mateo 24:4-8; Hebreos 12:25-29; Apocalipsis 16:18.

Acontecimientos, sección 4: El regreso de Cristo

1. Martín Lutero, «A Mighty Fortress Is Our God», 1529, trad. Frederick H. Hedge, 1852, https://hymnary.org/text/a_mighty_fortress_is_our_god_a_bulwark.
2. J. Dwight Pentecost, *Things to Come: A Study in Biblical Eschatology* (Grand Rapids, MI: Zondervan, 1980), p. 476.
3. W. A. Criswell, *Expository Sermons on Revelation* (Grand Rapids, MI: Zondervan, 1962).
4. Apocalipsis 21:16
5. Elizabeth Howell, «International Space Station: Facts, History & Tracking», Space, 13 de octubre de 2021, https://www.space.com/16748-international-space-station.html.
6. No es más que especulación mía. La nueva tierra será mucho más grande que la actual, y Juan señala que ya no habrá mar. Sin embargo, en el capítulo 22 se menciona un río, y en nuestro mundo actual, al Señor le encanta adornar su creación con elementos acuáticos. Así que mi mejor suposición es que habrá masas de agua, aunque no en proporciones tan grandes como en la tierra actual.
7. Alexis C. Madrigal, «Good News, Facebook! The Root Word for "Paradise" Originally Meant "Walled Garden"», *The Atlantic*, consultado el 20 de julio del 2012, https://www.theatlantic.com/technology/archive/2012/07/good-news-facebook-the-root-word-for-paradise-originally-meant-walled-garden/260140/.
8. Charles Q. Choi, «"Superdeep" Diamonds Hint at Depth of Carbon Cycle», *Scientific American*, 16 de septiembre del 2011, https://www.scientificamerican.com/article/superdeep-diamonds-hint-at-depth-of-carbon-cycle/.
9. Clara Moskowitz, «Super-Earth Planet Likely Made of Diamond», Space, consultado el 11 de octubre del 2012, https://www.space.com/18011-super-earth-planet-diamond-world.html.
10. Michelle Starr, «Myriad Exoplanets in Our Galaxy Could Be Made of Diamond and Rock», Science Alert, consultado el 14 de septiembre del 2020, https://www.sciencealert.com/

there- could-be-a-whole-bunch-of-exoplanets-out-there-made-out -of-rock-and-diamond. Ver también Emma Yasinski, «Outer Space Is a Treasure Chest of Gemstones», *Discover Magazine*, consultado el 4 de febrero del 2021, https://www.discovermagazine.com/the-sciences/outer-space-is-a-treasure-chest-of-gemstones.

11. Randy Alcorn, Heaven (Wheaton, IL: Tyndale House, 2004), p. 241.
12. *Shejiná* es una transliteración española de una palabra hebrea que significa «morada». En la literatura rabínica llegó a referirse a los asentamientos o morada de Dios entre su pueblo. Ver *Dictionary of Comparative Religion*, ed. S. G. F. Brandon (Nueva York: Scribner's Sons, 1970), p. 573. Según H. L. Drumwright Jr., *Shejiná* es un término no bíblico que apareció en los tárgumes y en el Talmud para describir la presencia gloriosa de Dios. H. L. Drumwright Jr., *Zondervan Pictorial Encyclopedia of the Bible*, vol. 5, ed. Merrill C. Tenney (Grand Rapids, EE. UU.). Merrill C. Tenney (Grand Rapids, MI: Zondervan, 1975).

Apéndice 5: Antíoco IV Epífanes

1. Flavio Josefo, *La guerra de los judíos*, vol. 1, cap. 1, sec. 2.
2. Flavio Josefo, *Antigüedades judías*, vol. 7, cap. 5, sec. 4.
3. *Antigüedades judías*, vol. 7, cap. 9, sec. 1.

Apéndice 6: Gog y Magog

1. Charles Lee Feinberg, *The Prophecy of Ezekiel* (Eugene, OR: Wipf and Stock, 2003), p. 218.
2. Feinberg, p. 218.
3. L. E. Cooper, *The New American Commentary: Ezekiel* (Nashville, TN: Broadman & Holman, 1994), p. 332.
4. Feinberg, *Prophecy of Ezekiel*, p. 220.
5. Feinberg, p. 221.
6. Michael Heiser y Trey Stricklin, "Ezekiel 38–39, Part 2", consultado el 8 de abril del 2017, *Naked Bible Podcast*, https://nakedbiblepodcast.com/wp-content/uploads/2017/04/NB-153-Transcript.pdf.
7. Feinberg, *Prophecy of Ezekiel*, pp. 219, 227. Esto se explica mediante los siguientes cálculos. Si un millón de hombres están ocupados durante ciento ochenta días, y si cada persona enterrara dos cuerpos al día, el total de muertos sería de 360 millones.

Sobre el autor

ROBERT J. MORGAN estuvo involucrado en el ministerio pastoral durante más de 40 años en Nashville, Tennessee. Es autor de *bestsellers*, con más de 35 libros impresos y aproximadamente 5 millones de copias en circulación en varios idiomas. Rob ha aparecido en numerosos programas de radio y televisión. Habla ampliamente en iglesias, conferencias, escuelas y eventos corporativos.

www.robertjmorgan.com